Die Welt der Börse

Bernd Niquet, Jahrgang 1956, ist promovierter Wirtschaftswissenschaftler und lebt als unabhängiger Journalist und Schriftsteller in Berlin. Zuletzt erschien von ihm 1999 bei Campus *Keine Angst vorm nächsten Crash*. In seinem neuesten Forschungsprojekt beschäftigt er sich mit den Parallelitäten der Welt der Finanzmärkte und der Welt der Kaninchen.

Die Welt der Börse

eröffnet von
Bernd Niquet

Campus Verlag
Frankfurt/New York

Die Deutsche Bibliothek – CIP-Einheitsaufnahme

Ein Titeldatensatz für diese Publikation ist bei
Der Deutschen Bibliothek erhältlich
ISBN 3-593-36558-8

Umschlaggestaltung: Guido Klütsch, Köln
Umschlagmotiv und Illustrationen: Silke Henßel, Mainz
Satz: TypoForum GmbH, Nassau
Druck und Bindung: Druckhaus Beltz, Hemsbach
Gedruckt auf säurefreiem und chlorfrei gebleichtem Papier.
Printed in Germany

Inhalt

Kapitel 1

Brian, Jeannette, Hemingway und der Professor

Nein, dachte sich Brian, die Geschichte konnte an dieser Stelle unmöglich zu Ende sein. Schließlich hatten sie ihr Schicksal ja gerade jetzt in die eigene Hand genommen. Oder etwa nicht? Anscheinend musste er also tatsächlich die Probe aufs Exempel machen. Denn konnte es wirklich wahr sein, dass all die Mühe, die sie sich gemacht hatten, Börsenprofis zu werden, nun letztlich doch vergebens gewesen sein sollte? Oder war das hier nur das Drehbuch für einen schlechten Film, dem sie sich nicht entziehen konnten?

Eines jedoch war sicher: In Wirklichkeit hieß Brian überhaupt nicht Brian, sondern René. Seine Eltern hatten ihm diesen Namen in Anlehnung an die Hauptfigur aus der gleichnamigen Erzählung von François René de Chateaubriand gegeben. Denn sie erhofften sich, damit ein wenig Tiefgründigkeit und Romantik von diesem auch auf ihren Sohn übertragen zu können. Da man heutzutage jedoch mit dem Namen Chateaubriand allenfalls noch ein doppelt geschnittenes Stück Beefsteak in Verbindung brachte, waren ihre Motive zumindest in dieser Hinsicht kein Volltreffer gewesen.

Aber so war das ja vielleicht nicht nur bei der Namensgebung von Kindern, sondern ganz generell im Leben und an der Börse. Denn immer und immer wieder stellte man sich Wunderbares vor, rechnete dann jedoch nur in den seltensten Fällen damit, dass die Wirklichkeit im Grunde genommen eher banal war.

Nicht ganz ohne Zufall hatte der Name Brian deshalb vielleicht auch mit Musik zu tun, da hier derartige Enttäuschungen am leichtesten vermeidbar waren. Zumindest dann, wenn es sich um gute Musik handelte, und das war bei Brian insofern der Fall, als dieser Name für seine Vorliebe für die Musik von Brian Wilson und den Beach Boys stand. Brian Wilson war zwar mittlerweile bereits ein Urgroßvater – und von daher eigentlich eher schlecht geeignet als Identifikationsfigur für einen Gymnasiasten. Andererseits jedoch war er gerade von einem bekannten Musikmagazin zum einflussreichsten Musiker der Jahrtausendwende gekürt worden, da gegenwärtig kein anderer Musiker dermaßen stark auf jüngere Bands wirkte wie eben dieser Brian Wilson.

Brian gehörte zu einer Gruppe von Schulkameraden, die alle auf das selbe Gymnasium gingen und vor einiger Zeit gemeinsam ihre Leidenschaft für die Börse entdeckt hatten. Da waren außer ihm noch Marc, den sie alle nur »Professor« nannten, weil ihm in seinem Lieblingsfach Mathematik niemand etwas vormachen konnte, »Hemingway«, die Leseratte, und natürlich Jeannette, das einzige Mädchen in der Clique, welches jedoch den Jungen in keiner Weise nachstand. Sie wurde wegen ihrer direkten Art – sowie aufgrund ihres Interesses für Geschichte – auch »Jeanne d'Arc« genannt, wie die berühmte »Johanna von Orleans«, die nahezu eigenhändig mit dem Schwert die Briten aus Frankreich vertrieben hatte, mit bürgerlichem Namen hieß.

Brian saß gerade auf der Couch im Wohnzimmer und fühlte sich momentan eher wie der Brian aus dem Film *Das Leben des Brian*. Denn gleich, davon war er überzeugt, musste der Gang zur Kreuzigung anstehen, und der Wärter würde sagen: »Bitte nicht drängeln! Jeder nur ein Kreuz, sonst gehen die letzten leer aus.« Ja, die letzten würden wohl wirklich leer ausgehen, und so wie es aussah, waren sie diejenigen, die es treffen würde. Würde er denn so überhaupt noch in der Lage sein, in der Schlussszene zu singen: »Always look on the bright side of life …«

Eigentlich hatten sie alle ein relativ unbeschwertes Leben gehabt, bevor sie begonnen hatten, sich für die Börse zu interessieren und mit eigenem Geld in die Aktienanlage eingestiegen waren. Die Schule machte zwar keinen Spaß, aufgrund des Kurssystems konnte man sich jedoch wenigstens

Karstadt Quelle*
Linde
Lufthansa NA vink
Metro StA
Münchner R. vink NA
Preussag
RWE StA
SAP VA
Schering
Siemens
Thyssen Krupp
Veba
Viag
VW StA
M-DAX

auf das spezialisieren, was man am liebsten machte und am besten konnte. Und musste zumindest nicht mehr alle ungeliebten Fächer mit durchschleppen.

Brian konnte dadurch Musik zu einem Leistungskurs machen, was bedeutete, dass es ihm mit seiner Wahl von Biologie als zweitem Leistungskurs erfolgreich gelang, so ungeliebte Fächer wie Mathematik, Englisch oder Deutsch in die zweite Reihe abzudrängen. Eigentlich jedoch war es Brian viel lieber, einfach nur Musik zu hören, anstatt sich damit auf schulischem Niveau zu befassen. Denn weder Noten lesen noch klassische Musik fanden sein ungeteiltes Interesse; es fiel ihm aber nicht sonderlich schwer und sparte folglich im Vergleich zum Lösen von Matheaufgaben viel Zeit.

Und diese gewonnene Zeit, da war Brian ein Meister, verstand er immer wieder gewinnbringend einzusetzen. Am liebsten, um im Sommer mit dem Cassettenrecorder zum Badesee zu fahren, mit den Freunden herumzualbern und den Mädchen nachzuschauen. Aber auch im Winter ergaben sich immer wieder treffliche Gelegenheiten, die Zeit sinnvoller als für Schulaufgaben einzusetzen. Am liebsten ging er dann Schlittschuh laufen, um anschließend mit den Freunden an der Bude ein Glas Glühwein zu trinken.

Wenn Brian zum Badesee kam, war der Professor allerdings meistens schon da. Denn aufgrund seiner überdurchschnittlichen mathematischen Begabung erledigte er seine beiden Leistungskurse Mathe und Physik im Vorbeigehen und hatte auch bei den anderen Kursen keine Verständnisschwierigkeiten. Jeannette und Hemingway, die restlichen beiden Mitglieder des engen Kerns dieser eingeschworenen Clique, hatten hingegen viel mehr Probleme mit der Schule.

So kannte Jeannette zwar die deutsche und europäische Geschichte der letzten Jahrhunderte fast auswendig und war überdies in sportlicher Hinsicht auch von den Jungen nicht zu übertreffen, stellte sich jedoch in Mathe, Deutsch und Englisch, wie sie selbst sagte, als eine elende Versagerin dar. Und Hemingway war dies sogar auf der ganzen Linie, zumindest was die Schule betraf. Er war bereits zwei Mal sitzen geblieben, und die Chancen, dass er das Abitur überhaupt schaffen würde, standen nicht gerade gut.

Denn Hemingway interessierte sich neben den Sachen, die auch für die anderen Jungs das Wichtigste waren, nämlich Musik, Mädchen und Feiern, hauptsächlich für Romane der moderneren Literatur. Doch davon wurde natürlich, ganz zu seinem Leidwesen, an der Schule niemals etwas gelesen. Immerhin wurde er auf diese Weise, wie er selbst behauptete, für das Leben klug, auch wenn ihm der vermeintliche Gipfel der Klugheit, nämlich das Abitur, damit wohl versperrt blieb.

Hemingway und Brian waren körperlich und geistig ziemlich robust, an Jeannette hätten sie sich jedoch nicht herangetraut. Denn diese war zwar zierlicher als die beiden Jungs, dafür jedoch viel drahtiger und schneller. Und hätten Hemingway und Brian ihr eventuell sogar Avancen gemacht, dann, so fürchteten sie, hätte das wohl eher mit einer Niederlage geendet. Weshalb sie es lieber gleich bleiben ließen.

Der Professor hingegen zeichnete sich eher durch eine etwas schüchterne und zurückgezogene Art aus. Aber stille Wasser können ja bekanntlich tief sein. Und davon sollten sie später alle noch ein Liedchen singen können, zu dem die »Welt der Börse« schließlich den Text liefern würde. Momentan jedoch standen sie ja noch ganz am Anfang. Doch was für ein Anfang war das eigentlich genau? Mit oder ohne Kreuz? Und mitten in der Wirklichkeit oder nur als Komparsen in einer geheimnisvollen Geschichte, die sich um etwas ganz anderes drehte?

KAPITEL 2

Soros der Zweite

Soros der Zweite saß auf einer Baumwurzel und redete fast ohne Luft zu holen. Denn hier schien er wirklich in seinem Element zu sein. Soros der Zweite war vier Jahre älter als Brian und seine Freunde und hatte gleich nach dem Abitur angefangen, neben dem Studium bei der deutschen Niederlassung einer amerikanischen Investmentbank zu arbeiten. Denn er wollte, so hatte er gerade gesagt, in möglichst kurzer Zeit möglichst viel lernen, um anschließend dann maximal erfolgreich zu werden.

Brian, Jeannette, Hemingway und der Professor hatten zwar, obwohl sie mit Soros dem Zweiten die selbe Schule besucht hatten, niemals engeren Kontakt zu ihm gehabt. Der Altersabstand war einfach zu groß. Aber irgendwie hatte sich ihnen das Bild dieses großen und schlaksigen jungen Mannes eingeprägt, der, so fanden sie, selbst in seiner Badehose noch irgendwie souverän wirkte.

Soros der Zweite hieß eigentlich Guido. Seit dem Tag jedoch, an dem sie Guido zum ersten Mal nach dessen Abgang von der Schule unten am Badesee wiedergetroffen hatten, nannten sie ihn nur noch Soros den Zweiten. Denn schließlich hatte er ihnen fast zwei Stunden lang von den Erlebnissen erzählt, die er in seinem Job bei einer amerikanischen Investmentbank an den internationalen Finanzmärkten gehabt hatte. Über die Börsenzusammenbrüche der Jahre 1997 und 1998, die er stets Crashs nannte. Wie es erst in Thailand geknallt hatte – und dann alle anderen asiatischen Tigerstaaten, wie Malaysia, Indonesien, Honkong, Korea und wie sie sonst alle hießen, mit ihren Währungen und Aktienkursen ebenfalls baden gegangen waren.

Woraufhin dann schließlich auch alle westlichen Händler und sonstigen

Marktteilnehmer, wie Soros der Zweite es ausgedrückt hatte, »die Hosen voll und alle ihre Papiere wie in Panik auf den Markt geworfen hatten«. Und dann die Finanzkrise in Russland und die Vermittlungsversuche des international bekannten Großspekulanten George Soros. Der in Fernost mit den Milliarden aus seinen Fonds – und noch einmal mit einem Vielfachen davon als Kredit – die Währungen in den Keller getrieben hatte, jetzt aber in Russland als Schutzengel auftreten wollte.

Sie lauschten seinen Erzählungen wie gebannt. Und immer, so schien es, hatten sich Soros der Zweite und seine Bank mitten im Zentrum des Geschehens befunden. Im Auge des Taifuns und Seite an Seite mit den größten Spekulanten der Welt. So wie er erzählte, hatten sie regelrecht den Eindruck, als würde sich das ganze Universum der Finanzmärkte nur um ihn drehen. Er war also, so fanden sie, fast wie ein richtiger kleiner Soros. Und deswegen nannten sie ihn schließlich auch so, nämlich Soros den Zweiten.

Was war das im Übrigen für ein herber Unterschied zu ihrem Leben? Hier das ereignislose Schülerdasein, eingepfercht zwischen Eltern und Lehrern, gejagt von schnöden Pflichten und Zwängen, die nur unterbrochen wurden vom nachmittäglichen Ausbüchsen an den Badesee. Und dort die große Welt, der Dschungel der Finanzmärkte, in dem alles möglich schien und wo man vor allem endlich nicht mehr auf die Eltern hören musste. Kurz und knapp also: Das war die große Freiheit, dessen waren sie sich sicher. Und sie mussten sofort an die Werbung im Fernsehen denken, in der ein Mann das genau auf den Punkt brachte: »Nur der Kurs und ich, nur wir beide, ganz allein auf der Welt.« Oder eben auch an Gordon Gekko, cool gespielt von Michael Douglas in dem Kino-Kultfilm *Wall Street*.

»Toll«, platzte es dann auch aus Hemingway zuerst heraus, »wenn wir mit der Schule fertig sind, dann glaube ich, werde ich auch so etwas machen.«

»Dann kannst du ja bald als Erster anfangen«, stichelte Brian und spielte auf Hemingways schulische Leistungen an.

»Sei du nur vorsichtig«, konterte Hemingway, »denn wer im Glashaus sitzt, sollte nicht mit Steinen werfen.«

»Streitet euch doch nicht«, entgegnete Soros der Zweite, »denn prinzipiell könnt ihr das doch auch nebenbei machen. Dann müsst ihr gar nicht warten und könntet bald anfangen.«

»Meinst du?«, fragte Hemingway ungläubig.

»Na klar!«, versicherte ihm Soros der Zweite. »Und wenn du noch nicht voll einsteigen willst, dann kannst du immerhin schon anfangen, dir die Grundkenntnisse anzueignen.«

»Super Idee!«, erwiderte Hemingway spontan, und die anderen pflichteten ihm bei.

»Aber ein bisschen wisst ihr doch sicher schon?«, fragte Soros der Zweite nach.

»Logisch«, preschte jetzt Brian vor. »Daytrading, Optionen und Charts, alles schon gehört.«

»Stimmt«, pflichtete Jeannette ihm bei. »Aber wie das alles dann ganz genau miteinander zusammenhängt, darüber würde ich schon gerne mehr wissen.«

»Das trifft sich gut«, sagte Soros der Zweite, »denn wenn ihr wollt, kann ich euch genügend Material zur Verfügung stellen. Schließlich habe ich in meiner Anfangszeit viele Referate über die Funktion und die Bedeutung der Börse gehalten. Die müsste ich nur noch einmal ausdrucken.«

»Kannst du doch auch per E-Mail schicken«, unterbrach ihn Hemingway und kramte aus seiner Tasche einen Zettel und einen Stift hervor. »Hier!«, sagte er dann, als er den Zettel beschrieben hatte, »hier hast du meine E-Mail-Adresse: hem.hem@mail.com.«

»Okay«, versprach daraufhin Soros der Zweite, »heute abend muss ich noch einmal ins Büro, um zu schauen, wie die Börse in Amerika schließt. Dann maile ich dir den ersten Teil gleich zu.«

Nachdem Soros der Zweite schließlich verschwunden war, losten Brian, Jeannette, Hemingway und der Professor aus, wer zur Feier dieses Tages etwas zu Trinken holen musste. Es traf, wie so oft bei derartigen Gelegenheiten, Jeannette. Eine typische Benachteiligung von Frauen, wie sie fand.

Aber ausgelost war ausgelost, das wusste Jeannette. Und wer verlor, der musste gehen, das war Ehrensache. Schließlich war das Losverfahren mit Abstand die gerechteste Entscheidungsfindung in dieser Hinsicht. Auch wenn man manchmal den Eindruck hatte, dass hierbei die Jungens generell besser fuhren. Während sich Jeannette also langsam anschickte, sich auf ihr Fahrrad zu schwingen, fingen die anderen bereits an, die wildesten Pläne zu schmieden.

»Das ist wirklich eine tolle Idee mit der Börse«, begeisterte sich Hemingway, »endlich ein Ende der Taschengeldknappheit.«

»Das ist ja wieder mal typisch«, warf der Professor ein, »Old-Hemi interessiert wieder mal hauptsächlich die Kohle.«

»Stimmt doch gar nicht«, antwortete dieser, »aber ein netter Neben-

vicvic

effekt ist das natürlich. Denn was meinst du, was ich alles für Ausgaben habe: die Bücher und die Frauen...«

»Die Frauen«, lachte der Professor, »nun mach dich mal nicht größer als du bist. Die eine pro Jahr macht doch den Kohl wirklich nicht fett. Und wahrscheinlich lässt du dich zu allem Überfluss dann noch von ihr einladen?«

»Keine Respektlosigkeiten«, beschwerte sich Hemingway.

»Keine Angst«, beschwichtigte ihn der Professor. »Denn ich finde diese Idee mit der Börse auch interessant, wenn auch vielleicht aus etwas anderer Sicht. Schließlich kann man, wenn man clever genug ist, hier sicherlich fast mit mathematischer Genauigkeit systematisch Geld verdienen. Ganz im Unterschied zu sonstigen Spielchen wie Roulette oder Lotto.«

»Aber Professore!«, entgegnete Hemingway spöttisch, »wenn das nun nicht umgekehrt wieder einmal völlig typisch für dich ist. Denn immer ist es derselbe, der anscheinend viel klüger ist als alle anderen Menschen. Und immer bist du das.«

»Hört doch auf, euch zu streiten«, warf Brian ein. »Es ist doch egal, warum man eine Sache machen möchte, Hauptsache man hat überhaupt Lust auf etwas.«

»Apropos Lust«, entgegnete Hemingway, wurde jedoch sofort vom Professor unterbrochen, der sagte: »Aufgepasst, jetzt kommt wieder die alte Nummer.«

»Aber nein, keine Nummer«, entgegnete Hemingway, »ich bin ja viel bescheidener. Alles, was ich jetzt will, ist ein kleines Fläschchen Bier.«

»Also doch wieder die alte Nummer«, beharrte der Professor und wusste sich dabei im Einverständnis sowohl mit Brian und Jeannette als auch sogar mit Hemingway selbst, der dies jedoch niemals zugegeben hätte.

Denn Hemingway hatte eine Marotte, die er bei jeder passenden Gelegenheit hervorkehrte, um, wie er sagte, »seinem Affen etwas Zucker zu geben«. Dies hing mit seiner Vorliebe für den Schriftsteller Ernest Hemingway zusammen, die ihm letztlich ja auch den Spitznamen »Hemingway« eingebracht hatte. Der alte Hemingway war nämlich nicht nur ein exzellenter Schriftsteller gewesen, sondern hatte in seinem Leben auch gerne einmal einen Schluck über den Durst getrunken.

Und gerade mit dieser vermeintlichen Lockerheit eines Schriftstellerlebens, die in Wirklichkeit vielleicht überhaupt nicht existierte, kokettierte Hemingway oft und gerne. So ließ er nur ganz selten eine Gelegenheit aus, lauthals nach einem Bier zu rufen, wobei er natürlich als der Schüler, der er ja noch war, dabei häufiger ein Lächeln als ein Bier erntete.

Und genauso war es auch hier. Was jedoch Brian nur dazu motivierte, Hemingway noch ein wenig mehr anzustacheln, als das bereits ohnehin schon der Fall war. »Stell dir nur vor, Hem«, sagte Brian, »wie das wäre, wenn wir wirklich an der Börse erfolgreich sein sollten und uns dann alles, was wir haben wollen, im Überfluss kaufen können.«

»Du meinst wirklich alles?«, fragte Hemingway zurück und schnalzte mit der Zunge. »Und dann auch noch so viel davon, wie wir wollen?«

»Warum nicht?«, entgegnete Brian.

»Hört sich wirklich gut an«, bestätigte Hemingway, »doch momentan ist das wirklich noch reine Zukunftsmusik. Der Spatz auf dem Dach ist wirklich interessant, doch lieber wäre mir jetzt eine schöne Taube in der Hand.«

»Aber auch darauf wirst du noch ein bisschen warten müssen«, stichelte Brian erneut, konnte Hemingway jedoch nicht mehr weiter aus sich herauslocken, denn ganz lapidar erwiderte dieser nur noch: »Das ist zwar richtig, Brian, aber Jeannette, unsere Jeanne d'Arc, wird doch sicherlich nicht so lange für ein paar läppische Getränke brauchen, wie es damals gedauert hat, die Engländer mit dem Schwert aus Frankreich zu vertreiben.«

Kapitel 3

Auch die Börse stammt aus dem Wasser

Anfänge und Grundlagen des Aktienwesens

Brian setzte sich an den Schreibtisch in seinem Zimmer und schaltete den Computer an. Er rief den Mailserver auf, und sofort klickte es. Er hatte Post bekommen – Absender: guido@artlover.com. Brian speicherte die beigefügte Datei in einem neuen Verzeichnis ab und öffnete sie sogleich:

E-Mail

Warum gibt es eigentlich eine Börse?
Die Börse hat – locker betrachtet – grundsätzlich die Aufgabe, zwei völlig unterschiedliche Arten von Leuten zusammenzubringen, nämlich diejenigen, die Geld brauchen und diejenigen, die zu viel davon haben. Oder, seriöser betrachtet: An der Börse treffen die Leute, die für ihre Geschäfte Geld benötigen, auf diejenigen, die genug davon haben, dass sie nicht alles zum Bestreiten ihres Lebensunterhaltes verbrauchen, sondern in die Unternehmungen von anderen investieren wollen und können.
Zu diesem Zweck geben die an der Börse eingeführten Unternehmungen Aktien heraus, wofür sie Geld einspielen, im Gegenzug jedoch den Aktienkäufern, also den Aktionären, damit das Recht einräumen beziehungsweise »verbriefen«, Miteigentümer der entsprechenden Gesellschaft zu sein. »Verbriefen« heißt in dieser Hinsicht, den Aktionären mit der Aktie ein Papier in die Hand zu geben, welches diese Rechte deutlich macht.
Neben der Herausgabe von Aktien gegen Geld, der so genannten »Emission« oder auch »Neuemission« von Aktien, hat die Börse jedoch

noch eine weitere Funktion. Da die Unternehmen nämlich in der Regel die von ihnen herausgegebenen Aktien nicht mehr zurücknehmen, findet jeder Aktionär in der Börse einen Marktplatz, auf dem er seine Aktien wieder zu Geld machen kann. Und zwar dadurch, dass er mit einem anderen Anleger zusammengebracht wird, der seinerseits diese Aktien sucht und folglich bereit ist, ihm seine Aktien abzukaufen.

Die Börsen haben sich historisch einerseits aus den Warenmärkten des Mittelalters und andererseits aus den Kapitalbedürfnissen der Neuzeit entwickelt. Die älteste Aktienbörse wurde Anfang des 17. Jahrhunderts in Amsterdam gegründet, und die erste handelbare Aktiengesellschaft war die Niederländische Vereinigte Ostindische Compagnie.

Zweck dieser Gesellschaft war es, Schiffe in die südlichen Meere zu schicken und durch Handel und Tauschgeschäfte Güter aufzubringen, die es in Europa zum damaligen Zeitpunkt nicht gab und für die sich folglich hohe Preise erzielen ließen: Gewürze, Stoffe und Porzellan. Da jedoch kaum jemand allein über die Mittel verfügte, um die Schiffe für ihre lange Reise mit allem auszustatten, was für ein erfolgreiches Unternehmen erforderlich war, beschaffte man sich das hierzu erforderliche Geld über die Aktienbörse.

Für die Aktionäre der Ostindischen Compagnie war es nun durchaus lukrativ, die Aktien zu besitzen, denn es zeigte sich, dass mit den Jahren immer wertvollere Güter herangeschafft werden konnten – und der Überschuss entweder in Form von Gold, Geld und Anleihen oder aber auch direkt in Gewürzen ausgezahlt wurde.

Prinzipiell hat sich an dieser Situation bis in die heutige Zeit nichts geändert. Zwar sind die meisten Unternehmungen von Aktiengesellschaften heutzutage nicht mehr so gefährlich wie die damalige Seefahrt, dennoch sind auch hier permanent große Investitionen notwendig, die man prinzipiell jedes Mal entweder über die Aufnahme von Krediten oder die Herausgabe von Aktien finanzieren kann.

Das Aufnehmen eines Kredites durch ein Unternehmen bezeichnet man als Aufstockung des »Fremdkapitals«, da das Geld, welches hierbei in der Regel von den Banken kommt, von Institutionen bereitgestellt wird, die nicht zu diesem Unternehmen gehören, also letztlich so etwas wie Fremde sind. Fremdkapital wird zu einem bestimmten festgelegten Zinssatz verzinst und ist nach einem so genannten »Tilgungsplan« wieder zurückzuzahlen. Dies ist natürlich gerade in den Fällen für den Unternehmer sehr unangenehm, in denen die Erträge einer Investition relativ unsicher und ungewiss sind. Viel besser ist es da, Aktien herauszugeben und damit den Bestand an Eigenkapital aufzustocken. Das Kapital, welches durch die Emission von Aktien eingenommen wird, heißt deshalb »Eigenkapital«, weil es von den Eigentümern der Gesellschaft, nämlich von den – neuen oder alten – Aktionären bereitgestellt wird.

Das hat den Vorteil, dass dieses Kapital dem Unternehmen unbefristet zur Verfügung steht, weshalb sich damit auch mögliche Krisen besser überstehen lassen.

Doch warum, so wird man sofort fragen, wird der Aktionär nun so dumm sein, dem Unternehmen sein Geld zu geben, wenn er doch die Aktie, die er dafür erhalten hat, auch im Notfall beim Unternehmen niemals wieder in Geld zurückgetauscht bekommt? Hier kommt nun die zweite Funktion der Börse neben der Kapitalaufbringung ins Spiel, nämlich die des Aktienhandels: Zwar kann der einzelne Anleger von der Aktiengesellschaft sein Geld nicht wieder zurückverlangen, doch erlaubt ihm der Aktienhandel, seine Aktie an einen anderen Interessenten weiterzuverkaufen.

Doch zu welchem Preis wird dies passieren? Auch hier wird schnell klar, dass sich am Mechanismus der Preisbildung im Laufe der vergangenen Jahrhunderte relativ wenig verändert hat, ja überhaupt nicht verändern konnte. Denn genau wie damals die Aktie der Ostindischen Compagnie immer dann stieg, wenn sich herumsprach, dass die Ladung, die die Schiffe zurückbrachten, wertvoller als erwartet war, so wird auch heute die Microsoft-Aktie nur dann ansteigen, wenn erwartet wird, dass die Software-Verkäufe des Unternehmens deutlich zunehmen.

Womit jedoch bereits die Hauptschwierigkeit bei der Bewertung von Aktien angesprochen ist. Denn einerseits hängt der Kurs von den tatsächlichen Erträgen, andererseits jedoch mindestens im gleichen Maße von den Erwartungen bezüglich der zukünftigen Erträge ab. Und zwar nicht nur derjenigen eines einzelnen Investors, sondern derjenigen aller Investoren gemeinsam. Sind jedoch die tatsächlichen Erträge selbst noch messbar, so führt jeder Blick in die Zukunft in den Bereich der Erwartungen von Erwartungen hinein . . .

40
30
40
40
80
120
160
1597
Spitzbergen
Nowaja
Semlja
Island
Sibirie
Tobolsk
1587
Sibir
Cabot
London
Amsterdam
Paris
St.-Malo
Venedig
Genua
Tordesillas
Florenz
Zaragoza
Lissabon
Madrid
Palos
Karakorum
Peking
Ormuz
1515
Medina
Mekka
Hindustan
Ostindien
Aden
1524
Äthiopien
K. Verde
1445
Afrika
1472
1482
Melinde
1505
Vasco da Gama 1497
St Helena
1502
Sofala
1505
Madagaskar
1506
Maskarenen
Drake 1580

Brian stutzte. Hier endete das Manuskript abrupt. Das klang ja alles sehr interessant, fand er, was Soros der Zweite hier zusammengeschrieben hatte. Nur: Warum hatte er gerade am entscheidenden Punkt aufgehört? Und was sollten eigentlich »Erwartungen von Erwartungen« sein?

»Egal«, sagte er sich, »das schick ich auf jeden Fall erst einmal an Jeannette und an die Jungs weiter.« Er klickte auf den Button »Weiterleiten« und gab zunächst die Adresse »ilprofessore@mail.com« ein. Dann schrieb er: »Hey alter Geistesarbeiter, Soros der Zweite hat schon geantwortet. Die Beispiele erinnern mich zwar an den Religionsunterricht, aber verstanden habe ich es trotzdem. Vor allem nicht so ein nüchterner Zahlenschrott, wie man ihn immer in den Zeitungen im Börsenteil findet. Bin gespannt, wie dir das gefällt. Grüße Brian.«

Dann kopierte er den Text, klickte auf »neue Nachricht verfassen« und gab nacheinander die E-Mail-Adressen von Hemingway und Jeannette ein. Anschließend fügte er jeweils den Text ein, wobei er jedoch bei Jeannette das Wort »Geistesarbeiter« durch »Märtyrerin« und bei Hemingway durch »Stierkämpfer« ersetzte. Zum Schluss fügte er die Datei in die E-Mails ein und schickte sie los.

Plötzlich ein erneutes Klingeln in Brians Computer. »Was, schon eine Antwort vom Professor?«, fragte er sich. »Vielleicht war der ja mittlerweile nicht nur ein Genie im Rechnen, sondern auch eines im Schnelllesen.« Aber er sollte sich täuschen. Denn noch einmal kam eine Mail von Soros dem Zweiten, wieder mit einer angehängten Datei. »The same procedure as last time«, sagte Brian zu sich, als er wie beim letzten Mal die Datei zuerst aus dem Mailprogramm heraus in seinem neuen Verzeichnis abspeicherte, an seine Freunde weiterleitete und sie anschließend für sich selbst öffnete:

E-Mail

Um den Mechanismus der Kursbewegung anhand der Erwartungsbildung zu verstehen, bedient man sich am besten erneut der Niederländischen Vereinigten Ostindischen Compagnie und dem ersten »Crash« in der Geschichte des Aktienmarktes.

Die Aktien der Ostindischen Compagnie wurden bereits während der Verkaufsfrist, der so genannten Zeichnungsfrist, mit Aufschlägen von 10 bis 15 Prozent auf ihren Emissionspreis gehandelt. Das bedeutete: Wer kein Glück hatte und keine Aktien zugeteilt bekam, musste, wenn er doch welche haben wollte, auf dem Markt bereits vor dem offiziellen Handel schon deutliche Zuschläge bezahlen.

Man ist hier also bereits im Jahre 1602 unweigerlich an die Ereignisse am Neuen Markt, der hoch spekulativen Abteilung des Aktienmarktes für junge Technologieunternehmen knapp 400 Jahre später, erinnert. Der Kursverlauf der Aktien konnte sich jedoch auch im Anschluss sehen lassen, denn aufgrund der guten Handelserträge verdreifachte sich der Kurs innerhalb kurzer Zeit. Wobei man als »Kurs« die Feststellung des Preises einer Aktie durch einen – amtlichen – Makler an einer Wertpapierbörse bezeichnet.

Im Jahre 1688 jedoch kamen die Aktien der Ostindischen Compagnie in fürchterliche Turbulenzen. Und das passierte folgendermaßen: Aktienkurse richten sich in der Regel nach dem Geschäftsverlauf der jeweiligen Gesellschaft. Wird viel verdient, steigt der Kurs, wird weniger verdient, dann fällt er. Ganz besonders direkt ist jedoch diese Abhängigkeit, wenn die Geschäftserfolge der Gesellschaft nicht im Unternehmen verbleiben und dort wieder investiert werden, sondern – wie bei der Ostindischen Compagnie – direkt an die Aktionäre ausgeschüttet werden.

Eine derartige Ausschüttung nennt man »Dividende« – und es wird sicherlich schnell klar, dass steigende Aktienkurse letztlich auch immer mit steigenden Dividenden »belohnt« werden müssen.

Angenommen, bei der letzten Reise war für jeden Aktionär ein Sack Pfeffer abgefallen und die Aktie stand bei 300, so musste sie folglich, wenn man nun zwei Säcke pro Aktionär erwartete, eigentlich auf 600 steigen.

Entscheidend für den Kurs war also die folgende Frage: Würde es bei einem Sack Pfeffer bleiben oder würden es mehr werden? Im Jahre 1688 nun konnte der niederländische Gouverneur am Kap der Guten Hoffnung von einem hohen Felsen aus eine wunderbare Aussicht über das Meer genießen, die ihm auch einen frühzeitigen Blick auf die aus Indien kommenden Schiffe bescherte. Und so meldete er eine reich beladene Flotte nach Amsterdam, worauf die Kurse steil anstiegen, da die Nachricht schneller ankam als die Flotte. Jeder wollte jetzt an den reichen Erträgen teilhaben, weshalb man denjenigen, die dennoch bereit waren, ihre Aktien abzugeben, nunmehr einen deutlich höheren Kurs bieten musste.

Doch kaum waren die Kurse steil angestiegen, verbreitete sich an der Amsterdamer Börse das Gerücht, dass sämtliche Schiffe auf einer Sandbank gestrandet und die Waren damit weitgehend verloren seien.

Ebenso steil, wie sie gerade noch angestiegen waren, fielen die Kurse jetzt in den Keller. Woher dieses Gerücht kam, wusste zwar niemand so recht, aber man dachte sich wohl einfach, wo Rauch ist, da ist auch Feuer, und verkaufte einfach in breiter Masse.

Auf das Gerücht folgte allerdings ein Dementi der Compagnie zusammen mit der Mitteilung, dass vielmehr im Gegenteil noch mehr Schiffe mit noch mehr Fracht auf dem Weg nach Amsterdam seien. Sofort schnellten die Kurse wieder in die Höhe. Als dann jedoch die Schiffe tatsächlich in Amsterdam eintrafen und die Kaufleute die Waren prüften, stellten sie fest, dass ihre zuvor gehegten Erwartungen weit überzogen waren, denn in den Laderäumen befand sich weit weniger als im Vorjahr. Die Aktien setzten deshalb zu einer regelrechten Talfahrt an – diese Talfahrt nennt man in der Börsensprache »Baisse«, was im Französischen »Fallen« heißt und so viel bedeutet wie die Ebbe bei Gezeiten –, die einige lange Jahre andauern und viele der Vermögen, die in der Aufwärtsbewegung entstanden waren, gänzlich vernichten sollte.

Was ist nun das Wichtigste an diesem Beispiel? Die Börse ist und bleibt geheimnisvoll. Sie stellt sich jeden Tag aufs Neue wieder als völlig unberechenbar dar. Sie wird nicht von naturwissenschaftlichen Gesetzmäßigkeiten gelenkt, sondern nahezu ausschließlich von der Psychologie der Marktteilnehmer. Letztlich setzen sich zwar immer die wirtschaftlichen Realitäten durch, in der Zwischenzeit jedoch ist alles möglich. Denn niemand weiß wirklich mehr als die anderen, auch wenn er sich selbst noch so sicher ist.

Deshalb ist in dieser Zeit auch derjenige der Gewinner, der am besten vorausahnt, was die anderen vorausahnen werden, also derjenige, der die zutreffendsten Erwartungen über die Erwartungen der anderen gebildet hat. Und hier stehen sich immer und immer wieder die so genannten »Haussiers«, die wie bei den Gezeiten auf ein Ansteigen der Flut, also auf eine Hausse setzen und steigende Kurse erwarten, sowie die »Baissiers«, die zukünftig niedrigere Kurse sehen, gegenüber. So war es bereits 1688, als der Spanier Don Joseph de La Vega das heute älteste Buch über die Börse mit dem schönen Titel *Die Verwirrung der Verwirrungen* schrieb.* Und so ist es auch heute noch. Was jedoch meistens vergessen wird.

* Hinweise zu den erwähnten Büchern und Autoren gibt es im kommentierten Literaturverzeichnis am Ende dieses Buches.

Deshalb noch einmal ein Blick zurück zur Schilderung der Ereignisse bei der Heimkehr der Schiffe der Ostindischen Compagnie, im Originalton der *Verwirrung der Verwirrungen*:

»Zuerst hielt man jeden, der nicht an der Freude teilnahm, für einen Narren, jeden Abgeber von Aktien für einen hartnäckigen Todfeind seiner eigenen Interessen und bezeichnete jeden Verkauf als Wahnsinn, Tollheit und Verbrechen. Als sich nun jedoch verbreitete, dass die Ladung nur 34 Tonnen gegenüber 50 Tonnen im Vorjahr ausmachte, so schlug die Stimmung um, und der Optimismus hörte auf.

Aber der Schlag wäre nicht so schwer gewesen, wenn nicht auch die Baissepartei sich in der Hausse befunden hätte; denn erschreckt über die prachtvollen Nachrichten hatte sie kein Engagement gewagt. Hätte die Baissepartei viel verkauft, so hätte sie, wenn die Kurse im ersten Ansturm um 20 Prozent wichen, sich wieder mit Papieren eingedeckt und den Nutzen mitgenommen. Der Kursrückgang wäre dann nicht so heftig gewesen. Da aber die einen verkaufen wollten, um nicht noch mehr zu verlieren, die anderen, um überhaupt einen Verlust zu vermeiden, andere wieder, um noch zu gewinnen, so erfolgten allgemeine Abgaben und es trat eine allgemeine Entmutigung ein.

Die zur Abnahme Verpflichteten verkauften, um ihre Verpflichtungen erfüllen zu können. Wer verpfändete Aktien in Händen hielt, verkaufte, weil der Wert unter den Betrag der geliehenen Summe gefallen war. Und die wenigen Verkäufer, die schon vorher Abgaben gemacht hatten, drückten, belebt von der Aussicht auf Gewinn, noch mehr die Kurse, um sich ihres Glücks zu freuen.

Schließlich ging man mit den Aktien förmlich betteln, als ob man vom Käufer ein Almosen verlange. Es entstand eine solche Panik, eine so unerklärliche Erschütterung, dass die Welt unterzugehen, die Erde zu versinken und der Himmel einzustürzen schien.«

Und an das Ende dieses Textes hatte Soros der Zweite schließlich noch die folgende Passage angehängt:

E-Mail

Na, ihr kleinen Schlauberger, alles verstanden? Dann könnt ihr gewieften Gymnasiasten von heute doch sicherlich das alte Rätsel lösen, in dem der Autor der *Verwirrung der Verwirrungen* seine gesamte Börsentheorie zusammengefasst hat. Denn die Börsianer mussten, so de la Vega, um erfolgreich sein zu können, das folgende Rätsel lösen: Essen kam von dem, der frisst; Süßes kam vom Grimmigen. Auf Seite 211 übrigens, wenn ihr in der Bibliothek in der Neuauflage selbst nachlesen wollt. Bis demnächst wieder einmal am Badesee!

KAPITEL 4

Hemingway und das große Rätsel

Erste Finessen des Börsenhandels

Brian hatte gerade zu Ende gelesen, da signalisierte sein Computer, dass erneut eine Mail eingetroffen war. Diesmal stammte sie allerdings nicht von Soros dem Zweiten, sondern von Jeannette, die anscheinend noch schneller als der Professor gelesen hatte. Denn sie schrieb:

E-Mail

Ich bin ja begeistert! Zuerst hatte ich nämlich etwas Bammel, dass die Börse nur etwas mit Zahlen zu tun hat und man daher dabei zum Rechenknecht verkommt. Denn darauf habe ich nun wirklich keinen Bock. Dass aber Börse anscheinend so viel mit Geschichte zu tun hat, finde ich genial.

Alles habe ich jedoch nicht verstanden. Das von Soros dem Zweiten schon, den Buchtext jedoch nicht ganz. Wie ist denn beispielsweise die folgende Passage zu verstehen: »Hätte die Baissepartei viel verkauft, so hätte sie, wenn die Kurse im ersten Ansturm um 20 Prozent wichen, sich gedeckt und den Nutzen mitgenommen.« Und dann noch: Wer sind denn im nächsten Abschnitt die »zur Abnahme Verpflichteten«, die zusätzlich noch verkauften, um ihre Verpflichtungen erfüllen zu können?

Hier müssen wir sicherlich noch einmal bei Soros dem Zweiten nachfragen, oder weißt du die Antwort? Und überhaupt: Das Rätsel ist wohl eher ein Witz, oder? Tschau! Die große Märtyrerin

Wie Recht Jeannette dabei hatte, dachte sich Brian, der ehrlich zugeben musste, auch keine passende Antwort auf Jeannettes Fragen zu haben. Und das Rätsel? Brian konnte es auch nicht lösen. Ja, viel schlimmer noch, er verstand überhaupt nicht, wo das Rätsel lag. Denn so ein komischer Satz, was konnte denn daran ein Rätsel sein? Vielleicht war das im 17. Jahrhundert ein Rätsel. Aber im Computerzeitalter konnte doch keiner im Ernst mit so einem Zeug kommen. Vielleicht sollten sie ja wirklich einmal in der Bibliothek nachschauen.

Dann jedoch kam Hemingways Mail. Und bei Hemingway, das wusste Brian, musste man wirklich immer auf alles gefasst sein. Denn auch Hemingway hatte sich, ebenso wie er selbst es mit Brian Wilson gemacht hatte, sehr stark mit seinem Idol identifiziert. Und da der alte Hemingway stets für einen originellen Einfall und eine abrupte Kehrtwendung gut gewesen war, nahm der junge Hemingway sich stets selbst auch dieses Recht heraus, ebensolches zu tun. Hemingway ahmte also Hemingway nach, dachte sich Brian und schmunzelte. Vielleicht war er damit ja sogar prädestiniert für den Aktienmarkt, denn schließlich ging es dabei ja darum, die Erwartung der Erwartungen herauszubekommen oder die Verwirrung der Verwirrungen zu entwirren.

Und Hemingway ließ ihn auch keineswegs im Stich, denn er mailte Brian, dass er die Lösung des Rätsels gefunden habe, dieses aber erst beim nächsten Treffen näher erläutern würde, da er ohne einen »Daiquiri« überhaupt nichts schreiben oder sagen könne. Das war natürlich ein Scherz, denn Hemingway trank zwar gerne einmal ein Bier, noch lieber aber redete er bekanntlich davon. An harte Sachen wie einen Daiquiri jedoch traute er sich schon überhaupt nicht heran. Hier war also die Phantasie mit ihm durchgegangen, was ihn andererseits jedoch nur noch umso mehr für eine Börsenkarriere qualifizierte.

Beim nächsten Treffen platzte Hemingway auch gleich mit dem Satz heraus: »Honig schleckt der Bär der Braune, ein neues Mädel macht auch mal wieder Laune.«

Das brachte ihm jedoch wenig Applaus, sondern vielmehr einen harten Tritt von Jeannette gegen das Schienbein ein. Auch der Professor war nicht begeistert und sagte: »Hör auf mit den Albernheiten, Hem, wir sind hier doch hier nicht beim Stierkampf oder in der Stranddisco.«

»Aber Professorchen«, antwortete Hemingway mit einem Ausdruck des Triumphes im Gesicht. »Du bist doch ein Mann der Mathematik und kannst dich folglich doch auch nicht aus Prüderie einer logischen Über-

200-Tage-Durchschnitt
M J J A S O N
1,82 €
1,72 €

legung entziehen.« Er legte den Arm um den Professor und redete weiter: »Schau her: Mädels sind süß, oder? Das wirst du doch nicht bestreiten. Und Bären sind grimmig. Außerdem stehen Bären für fallende Kurse. Wenn also Bären und Honig in Verbindung gebracht werden, dann ist irgendetwas faul.«

»Das ist ja wie in meinem Lieblingswitz«, unterbrach ihn der Professor. »Fragt der eine den anderen: ›Entschuldigen Sie, sind Sie der Mann, der jede Frage mit einer Gegenfrage beantwortet?‹ Daraufhin antwortet dieser: ›Wer hat Ihnen das gesagt?‹«

»Genauso ist es aber hier!« beharrte Hemingway auf seinem Standpunkt.

»Vielleicht hast du ja Recht«, gab der Professor zu, »denn der Satz ›Essen kam von dem, der frisst; Süßes kam vom Grimmigen‹ bezeichnet letztlich eine ähnlich widersprüchliche und paradoxe Situation.«

»Genau«, stimmte Hemingway zu, »aber solche Situationen gibt es oft im Leben. Dazu müsstest du nur einmal die Nase aus deinem Mathebuch nehmen und dich um die wirkliche Welt kümmern. Oder einfach einen guten Roman lesen.«

»Wohl Hemingway, was?«, fragte der Professor nach.

»Na, wer hat denn sonst noch gute Romane geschrieben?«, antwortete Hemingway ganz bewusst mit einer Gegenfrage.

»Aber der ist doch schon seit 1966 tot. Und seitdem hat es keine guten Romane mehr gegeben?«

»Seit 1961! 1966 war der Betrug in Wembley.«

»Aber das war kein Betrug, denn der Ball war drin.«

»War er nicht.«

»Und Hemingway?«

»Der war schon tot.«

»Und nach ihm?«

»Nur geschriebener und gesprochener Mist. Natürlich gab es noch gute Romane, aber kaum noch gute Inhalte. Wie im ganzen Leben sonst auch: Es wurde immer mehr Wert auf die Form gelegt und immer weniger Wert auf den Inhalt.«

»Und was hat das jetzt mit der Börse zu tun?«, mischte sich Brian ein.

»Keine Ahnung«, entgegnete der Professor, »wahrscheinlich überhaupt nichts.«

»Quatsch«, widersprach Hemingway, »wenn die Börse etwas mit dem Leben zu tun hat, dann hat auch alles Leben etwas mit der Börse zu tun.

Wie auch in diesem Beispiel: Klassischer Fall von wechselndem Wind, würde der Segler sagen. Oder im Jargon der Börsianer: Trendwende. Aus der Hausse wird die Baisse. Aus Gutem wird Schlechtes. Essen kommt von dem, der frisst. Süßes kommt vom Grimmigen.« Er schaute genüsslich in die Runde: »Sonst noch Fragen?«

»Oh nein, du mein Guru«, entgegnete Brian.

Doch Jeannette gab sich damit noch nicht zufrieden. Schließlich hatte sie noch immer nicht die Antworten auf ihre Fragen zum Text bekommen. Deshalb ging sie jetzt auf Hemingway zu und sagte: »Euer Ehren, erlauben Sie noch eine Frage meinerseits?«

»Audienz sei ihr gewährt«, antwortete Hemingway im selben Tonfall. »Möge sie nur recht bald anfangen.«

Es zeigte sich jedoch recht schnell, dass auch Hemingway keine Wunder vollbringen konnte. Denn das Rätsel konnte er zwar aufgrund der Wegweisung seiner etwas schlüpfrigen Fantasie lösen, bei den Fachbegriffen der Börse musste jedoch auch er passen. Sie beschlossen daher alle zusammen, diese Fragen erst einmal aufzusparen und dann beim nächsten Treffen mit Soros dem Zweiten zu klären.

Und schon ein paar Tage später ergab sich am Badesee die Gelegenheit dazu. Zunächst einmal heimste die Clique eine Menge Lob von Soros dem Zweiten für die Lösung des Rätsels ein, welche anscheinend haargenau mit der im Buch übereinstimmte. »Die habt ihr aber nicht aus dem Buch abgeschrieben, oder?«, fragte Soros der Zweite dennoch zur Sicherheit, ließ sich jedoch davon überzeugen, dass die Wahrscheinlichkeit, ein solch exotisches Buch in einer öffentlichen Leihbibliothek zu finden, äußerst gering sein musste.

Soros der Zweite war gut gelaunt und ging bereitwillig auf alle Fragen ein:

»Die Verständnisschwierigkeiten, die ihr hier habt, sind völlig normal. Denn in dem Buch geht es streng genommen nicht um den Aktienhandel, sondern um den Handel in Terminkontrakten. Bei einem Terminkontrakt wird ein Geschäft geschlossen, in dem Vertragsabschluss und Vertragserfüllung zeitlich auseinanderfallen, deshalb ›Termin‹-Kontrakt. Hierbei kann man eine Ware oder eine Aktie zu einem heute festgelegten Preis kaufen oder verkaufen, wobei man sie jedoch erst später bekommt beziehungsweise liefern muss.

Machen wir dazu ein Beispiel. Die Haussiers spekulieren auf steigende

Kurse und kaufen folglich Terminkontrakte. Sie müssen dabei nur circa 10 Prozent des Kaufpreises einzahlen, das nennt man den ›Einschuss‹, bekommen jedoch die Aktien erst in einem Monat. Doch das macht ihnen nichts, denn sie hoffen ja auf steigende Kurse und damit, dass sie die Aktie, die sie heute ›per Termin in einem Monat‹ zu 100 gekauft haben, dann sofort zu 200 weiterverkaufen können.

Die Baissiers hingegen handeln genau seitenverkehrt dazu. Sie setzen auf sinkende Kurse und verkaufen deshalb heute Aktien auf Termin, die sie überhaupt nicht besitzen, was man auch als ›Leerverkaufen‹ bezeichnet. Sie werden im Börsenjargon deshalb auch ›Bären‹ genannt, weil sie das Fell des Bären verkaufen, bevor er erlegt ist. Sie verkaufen die Aktien also heute ›per Termin in einem Monat‹ zu 100 und hoffen, sie zum Zeitpunkt ihrer Lieferverpflichtung, also in einem Monat, auf dem freien Markt zu 50 kaufen zu können.

Problematisch wird es für sie jedoch dann, wenn die Aktie nicht auf 50 fällt, sondern auf 200 steigt. Denn in diesem Fall müssen sie zu 200 kaufen und zu 100 liefern, machen also einen unglaublichen Verlust, der bei einem ›Einschuss‹ von nur 10 Prozent, also 10 pro Aktie, das Zehnfache des Einschusses bedeutet und somit recht schnell zur totalen Pleite werden kann.

So ist nun auch der Satz des Buches zu verstehen: ›Hätte die Baissepartei viel verkauft, so hätte sie, wenn die Kurse im ersten Ansturm um 20 Prozent wichen, sich gedeckt und den Nutzen mitgenommen.‹ Bei einem Fall von 100 auf 80 hätten die ersten sicherlich ans ›Eindecken‹ gedacht. Das heißt: Sie hätten sich die Aktien, die sie zu 100 verkauft haben, schon jetzt zu 80 auf dem Markt besorgt, weil sie nicht die Geduld hatten oder das Risiko vermeiden wollten, noch weiter zu warten. Sie hätten also, wie man so schön sagt, ›Gewinne mitgenommen‹.

Doch genau dieses Eindecken hätte natürlich die Kurse wieder etwas stabilisiert. Hohe Baissepositionen, das heißt, ein hoher Anteil an Leerverkäufen, an Aktien, die bereits verkauft worden sind und irgenwann wieder zurückgekauft werden müssen, sind damit, entgegen jeglicher Alltagslogik, eine gute Stabilisierung für den Markt. Ist jedoch die Euphorie so groß, dass die Baissiers sich kein Engagement trauen, dann steigen die Kurse zunächst um so mehr, aber nur, um anschließend mindestens ebenso stark wieder zurückzufallen.

An der Börse kann damit also verflucht oft gerade das nicht passieren,was eigentlich logisch wäre. Sondern vielmehr das genaue Gegenteil davon. Nehmen wir als weiteres Beispiel noch den Zusammenhang zwi-

schen der Börse und der allgemeinen Wirtschaftslage. Die augenblickliche Verfassung der Wirtschaft ist für die Börse einer von zwei wichtigen Einflussfaktoren – und kann durchaus auch heute noch mit dem Bild der damaligen Schiffe der niederländischen Handelsflotte verglichen werden. Denn geht es der Wirtschaft schlecht, dann werden die Unternehmen nicht gut verdienen, sprich: die Schiffe nicht besonders gut gefüllt sein. Und die Aktienkurse folglich sinken.

Nun muss das jedoch nicht unbedingt in jedem Fall richtig sein. Schließlich gilt der Lehrsatz ›Alles Schlechte hat auch sein Gutes – und alles Gute sein Schlechtes‹ auch für diese Situationen. Geht es nämlich der Wirtschaft nicht gut, dann werden die Unternehmen zwar nicht sensationell gut verdienen, aber dann sind die Zinsen wenigstens niedrig. Und die Zinsen sind der zweite wichtige Bestimmungsfaktor der Aktienkurse im wirtschaftlichen Bereich.

Warum das so ist, dafür existieren zwei Erklärungen: Erstens gibt es eine Theorie, die besagt, dass der realistische Kurs einer Aktie immer dem diskontierten zukünftigen Ertrag des Unternehmens, bezogen auf eine Aktie, entspricht. Das klingt zwar kompliziert, ist aber ganz einfach. Nehmen wir an, für eine einjährige Geldanlage würde man gegenwärtig 8 Prozent Zinsen bekommen. Dann folgt daraus, dass derjenige, der einen Geldbetrag, der ihm eigentlich erst in einem Jahr zustehen würde, bereits heute haben möchte, 8 Prozent weniger als die ihm dann zustehende Summe ausgezahlt bekommen würde.

Sinkt nun jedoch der Zins auf 4 Prozent, so würde der so genannte ›Gegenwartswert‹ dieses Geldbetrages, also der auf den heutigen Zeitpunkt ›abgezinste‹ oder diskontierte Wert, nicht mehr 8 Prozent weniger, sondern nur noch 4 Prozent weniger betragen. Sinken also die Zinsen, so nehmen die diskontierten Unternehmenserträge zu, weshalb der Wert des Unternehmens spiegelbildlich dazu ansteigen muss.

Die zweite Erklärung dieses Zusammenhangs geht nun davon aus, dass Aktien entweder auf Kredit gekauft werden oder aber das Geld, welches in Aktien investiert werden soll, soweit tatsächlich vorhanden, hypothetisch auch zinsbringend angelegt werden könnte. Und hier werden sehr niedrige Zinsen natürlich eher Aktienkäufe auf Kredit motivieren und damit die Aktienkurse in die Höhe treiben, als dies bei hohen Zinsen der Fall wäre. Und umgekehrt setzen niedrige Zinsen wenig Anreiz, Geld in zinstragende Papiere anstatt in Aktien zu investieren.

Erwartet jemand beispielsweise, dass die Aktien in den nächsten 12 Mo-

naten um 10 Prozent steigen, dann wird er natürlich nur dann Aktien kaufen, wenn er mit festverzinslichen Papieren, das sind in der Regel Anleihen und Schuldverschreibungen der Bundesrepublik Deutschland, die mit einem über die gesamte Laufzeit festen Zinssatz verzinst werden, nicht bessere Erträge oder eine bessere ›Rendite‹ *erzielen kann. Werfen nämlich die Festverzinslichen ganz ohne Risiko 12 Prozent im Jahr ab, dann lohnt es überhaupt nicht, ein Aktienengagement zu wagen. Ganz anders sieht es jedoch aus, wenn man, wie im Moment, auch für längerfristige Zinsanlagen nur 4 bis 6 Prozent Zinsen bekommt – und damit Aktien deutlich lukrativer erscheinen.*

Bleibt die Frage, warum die Zinsen bei einer schlechten Wirtschaftslage in der Regel niedrig und bei einer guten hoch sind. Eine kränkelnde Wirtschaft ist in jedem Fall mit einer geringen Kreditaufnahme verbunden, weil in derartigen Phasen weniger konsumiert und investiert wird als dies in besseren Zeiten der Fall ist. Und wenn wenig geborgt wird, dann wird auch der Preis des Geborgten, nämlich der Preis des Geldes, also der Zins, niedrig sein. Bei einer guten Wirtschaftslage hingegen, wenn Investitionen hohe Erträge erwirtschaften, dann werden die Unternehmer schon eher gewillt sein, auch höhere Zinsen für ihre Kredite in Kauf zu nehmen.

Wir haben damit also das verflixte Ergebnis, dass eine schlechte Wirtschaftslage einerseits über die rückläufigen Unternehmensgewinne negativ auf die Aktienkurse wirkt, andererseits jedoch über die dabei sinkenden Zinsen positive Wirkungen auf die Kurse ausgehen. Und bei einer guten Wirtschaftslage stellt es sich genau umgekehrt dar: Hier haben wir gute Unternehmensgewinne, denen jedoch relativ hohe Zinsen gegenüberstehen. Zwischen positiven und negativen Faktoren herrscht damit meistens also ein Gleichgewicht. Das Glas ist gleichzeitig halb voll und halb leer.

Keine Situation an der Börse ist daher nur schlecht – und keine Situation ist nur gut. Alles ist immer und zu jedem Zeitpunkt Auslegungssache. Damit kommen wir direkt zu dem nächsten wichtigen Bestimmungsfaktor der Börsenentwicklung. Denn neben diesen objektiv messbaren Wirtschaftsdaten müssen wir immer auch noch die subjektive Erwartungshaltung des Marktes betrachten. Dadurch jedoch wird die Geschichte nunmehr völlig verfahren. Ganz so, wie ihr es schon in Die Verwirrung der Verwirrungen *lesen konntet.*

Denn ein halb beladenes Schiff kann immer entweder halbvoll sein und zu steigenden Kursen führen oder aber halb leer sein und folglich zu fallenden Kursen führen. Um die Börse also prognostizieren zu können, müsste man nicht nur die zukünftigen Wirtschaftsdaten kennen, sondern zusätzlich dazu auch noch die Erwartungshaltung, um dann entscheiden zu können, wie diese Daten aufgenommen werden. Das ist das, was ich in meinem Vortrag, den ich euch neulich zugemailt habe, mit der ›Erwartung der Erwartungen‹ gemeint habe.

An diesem Punkt angekommen, kann man nur noch herumrätseln, wie die Zukunft aussehen wird. Die Zukunft ist und bleibt hier also ein Geheimnis. Und wer behauptet, die Zukunft dennoch berechnen oder voraussagen zu können, der ist entweder ein Idiot oder ein Schwindler. Meistens jedoch wird er beides zugleich sein. «

KAPITEL 5

Die Gravitation und Brians Entscheidungsfreiheit

Die Grenzen unserer Prognosemöglichkeiten

Wie bitter ihm das jetzt in den Ohren klang, fand Brian. Ein Idiot oder ein Schwindler? Meistens sogar noch beides zugleich? Dabei hatten sie doch überhaupt nicht versucht, die Börsenkurse zu prognostizieren. Und hätten auch niemals jemandem Glauben geschenkt, der dies zu können behauptet hätte. Nein, nein, da wären sie sofort misstrauisch geworden. In dieser Hinsicht hatte sie Soros der Zweite also vor den völlig falschen Feinden gewarnt.

Idioten und Schwindler gab es nämlich anscheinend überall, und die Börsenpropheten konnten wohl kaum das alleinige Recht auf diese Eigenschaften reklamieren. Doch war das damals schon Absicht von Soros dem Zweiten gewesen? Nein, sagte sich Brian, ganz sicher nicht. Denn auch jeder Idiot und jeder Schwindler hat sicherlich einmal als ganz normaler Mensch begonnen – und ist dann erst später zu dem geworden, was er heute ist.

Anfangs jedoch sah das natürlich noch ganz anders aus. Denn jedes wirkliche Interesse setzt sich stets aus mindestens zwei Elementen zusammen: Naivität und Begeisterung. So ging Brian denn auch Soros den Zweiten sofort mit der folgenden Frage an: »Das verstehe ich aber nicht. Wenn man die Börse nicht prognostizieren kann, warum stellen dann die Banken lauter Leute ein wie dich? Warum haben die Tausende von Analysten und Strategen, wenn es in Wirklichkeit doch anscheinend gar keine Wahrheiten zu analysieren und folglich auch keinerlei Strategien zu entwickeln gibt?«

»Natürlich gibt es dauernd etwas zu analysieren«, antwortete Soros der Zweite, »jede Menge sogar. Und Strategien zu entwickeln auch. Man kann zwar die zukünftigen Pfade des Marktes niemals ganz konkret voraussehen, dennoch lassen sich die zukünftigen Wirtschaftsdaten sogar ganz gut prognostizieren. Das jedoch, das ist richtig, ist nur die eine Seite der Medaille, denn wie die Leute darauf schließlich reagieren werden, das lässt sich nun in der Tat nicht vorhersehen. Aber dennoch ist es besser, wenigstens etwas zu wissen, als völlig im Dunkeln zu tappen.«

Soros der Zweite ging jetzt noch einen Schritt weiter und fragte: »Und wollt ihr wissen, was der tiefere Grund für die Unmöglichkeit ist, menschliches Verhalten korrekt prognostizieren zu können?«

Die Vier schauten sich fragend an. Ihnen leuchtete natürlich ein, dass sich heute schwerlich voraussagen ließ, wie Menschen zukünftig auf Situationen reagieren würden, die in der Gegenwart noch nicht einmal bekannt waren. Denn auch sie wussten ja nie, ob sie mit einer Klassenarbeit klarkamen, ob eine Fete Spaß oder Frust bringen und ob sie den nächsten Urlaubsort mögen oder hassen würden. Doch eine tiefere Ursache dafür? Das war schlichtweg so, fanden sie. Und das reichte doch. Brauchte man denn wirklich auch noch eine Ursache dafür?

Aber Soros der Zweite wusste selbstverständlich auch die Antwort auf die selbstgestellte Frage zu liefern. »Diese Thematik ist ein immens philosophisches Problem«, begann er. »Denn letztlich findet sich der Schlüssel hierfür in den unterschiedlichen Ausgangspositionen der Sozialwissenschaften auf der einen und der Naturwissenschaften auf der anderen Seite.«

»Pass auf«, flüsterte währenddessen Jeannette dem Professor ins Ohr, »bald bekommen wir noch alle Post mit philosophischen Fragen wie ›Wer bist du?‹ oder ›Woher kommt die Welt?‹«

Der Professor schmunzelte, denn er hatte verstanden: »*Sofies Welt*, nicht?«

»Genau«, antwortete Jeannette, die sich freute, dass der Professor die Anspielung auf das Buch verstanden hatte, das sie beide für den Philosophieunterricht gelesen hatten. Dann jedoch konzentrierten sie sich wieder auf den Vortrag von Soros dem Zweiten.

»Der Erfolg unserer Naturwissenschaften beruht darauf, zwischen allen Erscheinungen Gesetzmäßigkeiten gefunden oder erfunden zu haben. ›Gesetzmäßigkeit‹ bedeutet nun, dass zwischen Ursache und Wirkung eine Beziehung besteht, so dass sich aus einem gleichartigen Szenario immer wieder die gleichen Ergebnisse ableiten lassen.

Den Höhepunkt unserer Naturwissenschaften stellen die Gravitationsgesetze dar, die es uns erlauben, die Bewegungen der Planeten und Gestirne in der Vergangenheit, Gegenwart und Zukunft völlig exakt zu berechnen – und damit auch eine Sonnenfinsternis auf die Sekunde genau voraussagen zu können.

Nun gibt es jedoch auch an den Börsen so etwas wie Gravitationskräfte: Steigende Unternehmensgewinne ziehen die Aktienkurse nach oben. Und steigende Zinsen drücken sie schließlich wieder nach unten. Aber auch Sonnenfinsternisse sind an den Börsen keine Unmöglichkeit. Denn dann wird es ganz unvermittelt am hellichten Tag stockfinster um die Kursentwicklung. Einen ganz wichtigen Unterschied gibt es hierbei jedoch: Man kann das alles im Vorhinein nicht berechnen. Und warum nicht? Wo liegt der Unterschied?

Der Grund hierfür liegt in unserem beschränkten Kopf. Und in den Grundlagen der Mathematik. Was jedoch letztlich beides nur die zwei Seiten ein und derselben Medaille sind, wie Immanuel Kant es bereits im 18. Jahrhundert sehr schlüssig aufgezeigt hat. Denn der menschliche Verstand, so Kant, schöpft seine Gesetze nicht aus der Natur, sondern schreibt sie dieser vor. Das war Kants große Entdeckung, seine ›Kopernikanische Wende‹, die uns aufzeigt, dass – ähnlich wie die Sonne sich nicht um die Erde, sondern die Erde sich um die Sonne dreht –, auch unsere Erkenntnis sich nicht nach den Dingen, sondern die Dinge sich nach unserer Erkenntnis richten müssen.

Dies ist im Übrigen auch heute noch, nach über 200 Jahren, so revolutionär, dass es immer noch nicht mehr als eine Handvoll Menschen weltweit begriffen haben. Konkret gesprochen heißt das also: Alles, was wir erkennen, erscheint uns immer in Form unserer Verstandeserkenntnis. Und da unser Verstand glücklicherweise gesetzmäßig und in der Regel auch widerspruchsfrei arbeitet, müssen uns alle Erkenntnisse auch immer in der Form der widerspruchsfreien Gesetzmäßigkeit erscheinen: ›Immer dann, wenn es blitzt, dann donnert es auch.‹ Das ist eine Erkenntnis. Was jedoch nicht dieser Norm entspricht, kann auch keine Erkenntnis sein. Wie zum Beispiel: ›Wenn der Hahn kräht auf dem Mist, dann ändert sich das Wetter – oder es bleibt so wie es ist.‹

Es gibt also nur dort wirkliche Erkenntnisse, wo der menschliche Verstand auch in der Lage ist, seine Beobachtungen in strikten Gesetzmäßigkeiten auszudrücken. Immer wenn ›a‹, dann auch ›b‹. Dies entspricht nun nicht zufällig exakt einer mathematischen Funktion und macht damit klar: Der denkende Verstand denkt sich ein Bild der Welt. Und dieses Bild hat jeweils so lange Gültigkeit, bis es durch ein neues Bild ersetzt werden muss. Das jedoch bedeutet: Die Welt wird damit zu etwas Gedachtem, in der ein selbstständiges Denken folglich nicht mehr thematisiert werden kann. Denn das Denken selbst kann niemals etwas Gedachtes sein.

Alles ist damit haargenau wie in der Mathematik: Der Mathematiker denkt, wohingegen die Mathematik selbst nur ein Denkwerkzeug, also etwas Gedachtes ist, welches niemals selbstständig denken könnte. Ich weiß, dass das jetzt schwierig zu verstehen ist, deshalb noch ein ganz einfaches Beispiel. Die Gravitationsgesetze gelten nur deswegen, weil Sonne, Mond und Sterne selbst weder Gedanken noch Gefühle haben, sondern vielmehr nur passiv auf die vorhandenen Gravitationskräfte reagieren. Genauso wie die Zahl ›zwei‹ auch kein eigenes Bewusstsein hat, weshalb zwei plus zwei auch immer vier ist. Etwas ganz anderes wäre es hingegen, wenn die Zwei ein eigenes Bewusstsein hätte und plötzlich zur Drei werden würde. Denn dann wären zwei plus zwei plötzlich nicht mehr vier.

Es ergibt sich somit in dem Fall eine völlig andere Ausgangsposition, in dem der denkende menschliche Verstand Gesetzmäßigkeiten nicht über Objekte, sondern über Subjekte aufstellt, die selbst über die Fähigkeit des Denkens verfügen. Denn nun wird es richtig kompliziert – oder aber ganz einfach. Denn wenn Sonne, Mond und Sterne nun selbst denken und über ihre Kreisbahnen selbst entscheiden könnten, dann wären sie plötzlich nicht mehr nur noch Objekte, also etwas Gedachtes, sondern Subjekte und somit etwas selbst Denkendes. Sonne, Mond und Sterne wären damit autonom. Autonomie wiederum heißt jedoch: Sie könnten sich den Gesetzen, die die Naturwissenschaftler über ihre Bewegungen aufgestellt haben, erfolgreich widersetzen. Ja, sie könnten uns allen eine lange Nase ziehen – und von nun an machen, was sie wollen.

Wo es folglich ein derartig autonomes Verhalten gibt, dort kann es keine Gesetzmäßigkeiten und damit auch keinerlei Erkenntnis geben. Wie eben an der Börse. Denn dort regiert nicht die Wiederholung des Gestern, sondern die Entstehung des Neuen. Heute so und morgen so. Heute beflügeln sinkende Zinsen den Aktienmarkt. Doch morgen plötzlich nicht mehr. Weil nämlich auf einmal Sorgen aufgekommen sind, die Wirtschaft könnte sich

›überhitzen‹. Überhitzungen führen jedoch in der Regel zu Inflation, und Inflation ruft die Zentralbank aufs Trapez, um die Zinsen anzuheben und somit die Wirtschaft wieder ›abzukühlen‹.

Übertragen auf die eben erörterten Gesetzmäßigkeiten müssten wir daher sagen: Wenn die Zinsen sinken, dann steigen die Aktienkurse – oder eben nicht!«

Der Professor blickte Soros den Zweiten mit etwas verkniffenem Mund an. Er überlegte noch einen Moment und sagte dann:

»Das ist zwar sicherlich alles richtig, trifft aber aus meiner Sicht dennoch nicht den Punkt. Natürlich kann ich nur dort absolute Gesetzmäßigkeiten erkennen, wo es auch absolute Gesetzmäßigkeiten gibt. Obwohl das natürlich nach Kant schon eine nicht ganz korrekte Aussage wäre. Im menschlichen Verhalten, das kann man wohl mit einiger Berechtigung sagen, gibt es nun sicherlich keine Gesetzmäßigkeiten, die immer und zu jeder Zeit gelten. Außer vielleicht, dass wir atmen, essen, trinken und sonst noch eine Menge Dinge schlichtweg machen müssen, um zu überleben. Das heißt also: Ganz frei sind wir natürlich nicht, demjenigen, der über unser Verhalten Gesetzmäßigkeiten aufstellt, eine lange Nase zu ziehen. Denn wenn wir einfach aufhören zu atmen, dann werden wir nicht mehr lange die Energie haben, eine lange Nase zu ziehen.«

»Hey Professore«, mischte sich Hemingway ein, »du bist ja ein echter Philosophico. Und trotzdem liegst du aus meiner Sicht etwas daneben. Denn atmen müssen wir, das ist richtig. Essen auch. Aber Aktien kaufen, das müssen wir sicherlich nicht.«

»Ganz richtig«, schaltete sich jetzt auch Brian ein, »wie hat nämlich der Verhaltensforscher Konrad Lorenz einmal so schön gesagt: ›Natürlich gibt es bei den Menschen wie auch bei den Tieren Reize, die das Paarungsverhalten stimulieren. Aber das heißt doch längst noch nicht, dass ein Mann eine Frau auf der Straße unbedingt anfallen muss. Denn er kann es sich auch verkneifen!‹ Will sagen: Ja, wir müssen, aber niemand kann sagen, wann und mit wem.«

Jeannette schaute schon böse, doch Soros der Zweite zog die Diskussion sofort wieder an sich und sagte:

»Ein bisschen provozierend waren meine vorangegangenen Bemerkungen nun doch gemeint. Denn in Wirklichkeit, denke ich, sind wir doch nicht so

hilflos, über gar keine Gesetzmäßigkeiten hinsichtlich des menschlichen Verhaltens zu verfügen. Und zu eurem ›freien‹ Willen: Hier könnten wir beispielsweise einfach eine Grenze ziehen zwischen den Bereichen, wo der freie Wille des Menschen anfängt und dort, wo er aufhört. Genau wie der Professor es eben getan hat: Wir müssen atmen, essen und vieles andere mehr. Das müssen wir, weshalb es hier unmöglich um den freien Willen beziehungsweise eine Entscheidungsfreiheit gehen kann. Und das heißt: Aus dieser Sicht gibt es hier also tatsächlich so etwas Ähnliches wie eine ›Gravitationskraft‹, der sich kein Mensch über längere Zeit entziehen kann. Womit wir sogar einige einigermaßen zuverlässige Gesetzmäßigkeiten aufstellen können, wie zum Beispiel: Wer drei Minuten lang nicht geatmet hat, wird binnen der nächsten Minute tief Luft holen. Diese Gesetzmäßigkeit hat eine Trefferquote von sicherlich über 90 Prozent.

Beim Aktienmarkt ist das jedoch völlig anders. Hier besteht zugegebenermaßen für niemanden eine Notwendigkeit, Aktien zu kaufen. Niemand wird umkommen, wenn er sein Geld aufs Sparbuch packt, anstatt Aktien dafür zu kaufen. Und spiegelbildlich dazu gibt es auch nur in den seltensten Fällen, wie beispielsweise bei einem Kreditkauf mit anschließendem Kursverfall oder dringenden Reserveauflösungen, die Notwendigkeit für Leute, ohne Rücksichtnahme auf den Marktverlauf ihre Aktien zu verkaufen. Ich kann daher also durchaus meine Provokation von eben stehen lassen: Warum also sollte es hier Gesetzmäßigkeiten geben?«

»Ich habe aber gelesen«, merkte Jeannette jetzt an, »dass große Fondsgesellschaften tatsächlich verpflichtet sind, Aktien zu kaufen. Und zwar immer dann, wenn die Leute wieder mehr Geld bei ihnen einzahlen.«

»Das ist zwar richtig«, stimmte Soros der Zweite Jeannette zu, »denn Aktienfonds sind so etwas wie die ›Töpfe‹ von Anlagegesellschaften, in denen das Geld der Anleger gesammelt wird, um es anschließend zusammen in Aktienkäufe zu investieren. Sie sind daher in der Regel gemäß ihrer Statuten verpflichtet, einen bestimmten Anteil des von ihnen verwalteten Vermögens auch in Aktien anzulegen. Schließlich ist das ihr Geschäft. Was jedoch in diesem Zusammenhang viel größere Bedeutung hat, ist, dass die Entscheidung über den Aktienkauf ja bereits von dem Käufer der Fondsanteile getroffen wurde. Denn erst dadurch gelangt das Geld in den Einflussbereich der Fondsgesellschaft, die somit nur der ›Erfüllungsgehilfe‹ des Fondskäufers ist.«

»Und was ist mit Versicherungsunternehmen?«, wollte Jeannette jetzt wissen. »Müssen die nicht einen Teil ihrer eingenommenen Beiträge in Aktien anlegen? Denn wie sollen sonst die hohen Summen für die Auszahlung fälliger Lebensversicherungen erwirtschaftet werden?«

»Du hast ja wirklich schon einen guten Überblick«, lobte Soros der Zweite Jeannette, der daraufhin unverzüglich die Röte ins Gesicht stieg. »Allerdings lässt sich hieraus auch kaum ein Zwang ableiten, zu einem bestimmten Termin Aktien zu kaufen. Eine Lebensversicherungsgesellschaft wird zwar umso bessere Ergebnisse und Gewinnausschüttungen vorweisen, je ertragreicher ihr Beitragsvermögen angelegt worden ist, die garantierte Rückzahlungssumme entspricht jedoch in jedem Fall nur den auch sicher erzielbaren Erträgen festverzinslicher Wertpapiere. Auch hier ist also die Aktienanlage die Kür, nicht aber die Pflicht.«

Nachdem Jeannettes Fragen somit abgehandelt waren, drängte es den Professor erneut, zu den provokanten Thesen von Soros dem Zweiten Stellung zu nehmen. Denn der Professor wusste zwar, dass er im Hinblick auf die Börse Soros dem Zweiten sicherlich nicht das Wasser würde reichen können. Andererseits jedoch fühlte er sich durch dessen Äußerungen über die Mathematik ganz direkt angesprochen:

»Das hört sich ja wirklich alles sehr plausibel an. Allerdings habe ich zu den beiden entscheidenden Punkten eine völlig andere Meinung. Zuerst zu der Diskussion um unsere Entscheidungsfreiheit: Die ganzen kumulativen Bewegungen, also die ständigen Auf- und Abwärtsbewegungen, die wir an den Aktienmärkten beobachten, sind doch eigentlich überhaupt nicht mit freien Entscheidungen der Handelnden in Verbindung zu bringen. Denn würde hier nach freiem Willen oder aufgrund von freien Entscheidungen gehandelt, dann müsste doch die Kursentwicklung viel geradliniger verlaufen.

Da sie das jedoch eben nicht tut, scheint es sich hierbei um Phänomene der Massenpsychologie zu handeln, wie sie beispielsweise von Sigmund Freud oder von Gustave Le Bon in seinem Buch Die Psychologie der Massen *geschildert wurden, nämlich dass die meisten Menschen dann, wenn sie alleine oder in kleinen Gruppen sind, durchaus vernünftig sein können, in größeren Massen jedoch zu blinden Mitläufern werden. Und wo beim Mitläufer der freie Wille zu finden ist, das kann ich mir absolut nicht vorstellen.*

Und zweitens: Natürlich gibt es auch innerhalb der Mathematik Entwicklung. Die Mathematik ist nämlich überhaupt nicht so statisch wie eben dargestellt. Denn auf der einen Seite können wir Wachstumsgesetze oder dyna-

mische Gesetzmäßigkeiten aufstellen, die in der Lage sind, bestimmte Entwicklungen mit zu berücksichtigen. Und auf der anderen Seite gibt es ja dann, wenn strenge Gesetzmäßigkeiten wie in den Naturwissenschaften nicht funktionieren, immer noch die Möglichkeit, mit statistischen Gesetzmäßigkeiten, sprich mit Wahrscheinlichkeiten, zu operieren.

Wenn ich beispielsweise herausbekomme, dass in 60 Prozent aller Fälle sinkende Zinsen eindeutig positiv auf die Aktienkurse wirken, dann ist das zwar keine perfekte Gesetzmäßigkeit, aber immerhin sind die sicheren Gewinnchancen hierbei größer als beim Roulette oder beim Lotto. Es ist also besser, zu wissen, dass man eine 60-prozentige Chance hat, als gar nichts zu wissen.«

»Papperlapapp«, mischte sich jetzt auch Brian in die Diskussion ein, der nunmehr den Drang, seine Meinung und sein Wissen zum Besten zu geben, nicht mehr unterdrücken konnte:

»Was nützt es mir denn zu wissen, mit welcher Wahrscheinlichkeit ein Flugzeug abstürzt oder eben auch nicht abstürzt, wenn ich nicht weiß, in welche Gruppe dasjenige gehört, in das ich gerade einsteige. Denn wie könnte es mich beruhigen, zu erfahren, dass die Wahrscheinlichkeit eins zu tausend ist, wenn ich nicht weiß, ob das bestimmte Flugzeug nun das eine ist oder zu den anderen 999 gehört?

Und zu deinem Verleugnen einer grundsätzlichen Entscheidungsfreiheit, Professore, könnten wir ja mal ein kleines Experiment machen, das deine Vorstellung von Massenpsychologie nun wirklich ad absurdum führen wird. Nehmen wir hierzu doch einmal die folgende Gesetzmäßigkeit: ›Brave Jungens geben Professoren keine Maulschellen.‹ Diese Gesetzmäßigkeit ist nun sicherlich sehr gut bestätigt. Und trotzdem kann ich, wenn ich will, aus meinem freien Willen heraus diese Gesetzmäßigkeit durchbrechen. Einfach so, nur um denjenigen, die die Existenz dieser Gesetzmäßigkeit behauptet haben, eine lange Nase zu ziehen.

Oder kennst du den Film Das goldene Ei*? Da sagt sich ein ganz biederer und durchschnittlicher Familienvater, dass das Gute, was man ganz normal – also gesetzmäßig – tut, nur dann etwas wert sein kann, wenn es auch Schlechtes gibt. Und so verübt er dann ein ganz fürchterliches Verbrechen, einfach nur deswegen, um der Gesetzmäßigkeit, immer anständig zu sein, eine lange Nase zu ziehen. Ist das nicht fantastisch?«*

»Ich finde das eher gespenstisch«, erwiderte der Professor. »Im Übrigen ist das doch nun wirklich an den Haaren herbeigezogen.«

»Ist es nicht«, verteidigte sich Brian.

»Ist es doch«, versetzte der Professor, »denn so etwas kommt doch nur ganz selten vor – und ist daher vollkommen vernachlässigbar.«

»Ist es nicht!« beharrte Brian auf seinem Standpunkt. »Denn hier geht es zunächst einmal nur um das Prinzip.«

»Geht es nicht«, konterte der Professor erneut.

»Oh doch!«

Plötzlich klatschte mit ziemlicher Gewalt Brians Hand mitten in das Gesicht des Professors. Und beiden, sowohl dem Professor als auch Brian selbst, war auf einmal ein regelrechter Schock ins Gesicht geschrieben.

»Sorry!«, sagte Brian sofort entschuldigend, »glaub jetzt bitte nicht, dass ich auf dich sauer bin. Ich wollte dir nur einmal demonstrieren, wie ein freier Wille und eine Entscheidungsfreiheit deine ganze Vorstellung von Gesetzmäßigkeiten ganz schnell über den Haufen werfen kann.«

»Und du glaubst wirklich, dass das so etwas wie ein freier Wille war, der dich dazu getrieben hat?« Der Professor war sichtlich verärgert, denn seine Backe war rot und schmerzte. Andererseits aber spielten, wenn er in eine richtige Diskussion verstrickt war, meistens weder Schmerz noch Hunger, Durst oder sonst etwas wirklich eine Rolle.

»Na, das hast du doch wohl hoffentlich gemerkt«, entgegnete Brian. »Ich hätte es auch sein lassen können, aber ich habe es eben einfach gemacht. Aufgrund meiner Entscheidung. Ganz wie bei den Aktien. Wenn ich verkaufen will, dann verkaufe ich. Und wenn ich es nur aus Prinzip und deswegen mache, weil irgendjemand gesagt hat, ich werde es nicht tun!«

»Das kann zwar richtig sein«, antwortete der Professor, »muss es aber nicht. Denn du könntest ja auch ein gesetzmäßiger Querkopf sein, was ja wohl auch gar nicht so weit weg von der Realität ist. Und schnapp, plötzlich sitzt du doch wieder in der Falle der Gesetzmäßigkeit.«

»Sitze ich nicht«, behauptete Brian unvermittelt, »denn ich hätte es ja auch sein lassen können.«

»Hast du aber nicht«, neckte ihn der Professor weiter.

»Also was jetzt?«, fragte Brian zurück. »Leg dich fest, Professore, bin ich jetzt das eine oder das andere? Mir ist das völlig gleich, denn ich kann ja immer das Gegenteil dessen tun, was du erwartest.«

»Aber nur, wenn du weißt, was ich erwarte«, schränkte der Professor ein. »Aber das ist doch nicht der Fall in den Aktienmärkten.«

Staatsanl.-Rendi
US-Staatsanl.-Rendite, 3
Tagesgeld Frankfurt
Gold-Unze (London/Dollar)
1 Euro (in DM):
1 Euro (in Dollar):
1 Euro (in Pfund):
Euro (in Schweizer Franken):
3,320 %
294,00
1,95583
0,98130
0,61550
1,60830
108,790

»Vielleicht nicht bei den Privatinvestoren, aber denk doch nur an die Prognosen der Banken«, beharrte Brian auf seiner Meinung. »So lange die Leute den Banken glauben, treffen deren Prognosen auch ein. Glauben sie jedoch irgendwann einmal nicht daran, dann gehen diese auch in die Hose.«

»Im Grunde genommen«, mischte sich jetzt Jeannette ein, »streitet ihr ja um das Problem von der Henne und dem Ei ...«

»... von welchem Ei, um Gottes Willen?«, unterbrach sie Brian entnervt. »Wir sprechen hier über Philosophie – und du kommst plötzlich mit einem Ei daher. Was denn für ein Ei? Das goldene Ei?«

»Sie hat Recht«, sagte daraufhin der Professor zu Brian. »Was war zuerst da, das Huhn oder das Ei? Was ist woraus entstanden? Wie in unserer Situation, denn auch hier gibt es keinen Anfang und kein Ende. Die Gesetzmäßigkeit und die Handlung, ähnlich miteinander verbandelt wie Huhn und Ei.«

»Oder, um es philosophischer auszudrücken«, ergänzte Jeannette, »es ist wie in *Sofies Welt.*«

»Bitte was?« protestierte Brian, der dieses Buch auch kannte, vehement.

»Wenn es auf das Thema ›Bücher‹ zugeht, ist es ja wohl mein Part, Brian zu verteidigen«, hakte sich Hemingway, der bisher nur interessiert zugehört hatte, in das hitzig gewordene Gespräch ein. »Ihr wollt doch wohl nicht im Ernst eine Parallele zwischen diesem Buch und unserer Welt konstruieren?«

»Warum nicht?«, entgegnete der Professor, »denn hier geht es ja, wie Brian selbst gesagt hat, erst einmal nur um das Prinzip. Und was spräche dagegen, unser Leben so aufzufassen, als ob unsere Geschicke von einem allmächtigen Lenker gesteuert werden? Schließlich glauben das weit über vier Milliarden Menschen auf der Welt.«

»Das glauben sie aber nur deswegen«, schränkte Hemingway ein, »weil sie dämlich wie die Maikäfer sind. Weil sie von der Kirche künstlich dumm gehalten werden, nur damit sie dann deren ganzen Budenzauber weiterhin schön brav mitmachen.«

»Und bei uns ist das anders?«, fragte der Professor nach. »Sind wir tatsächlich die Herrscher über unser eigenes Schicksal? So wie Brian, dessen vermeintlich so freier Wille sich darin äußert, mir eine Maulschelle zu verpassen?«

»Das habe ich ja nicht behauptet«, antwortete Hemingway. »Lassen wir doch Gott erst einmal aus dem Spiel und reden über *Sofies Welt*. Wenn ich mich recht entsinne, geht es hierbei um zwei Figuren in einem Buch, die versuchen, aus diesem Buch auszubrechen. Und es kann ihnen natürlich nur dann gelingen, wenn der Autor des Buches sie auch laufen lässt.«

»Und genau das ist der Unterschied!«, rief Brian im Brustton der Überzeugung aus. »Denn Buchfiguren können weder ein eigenes Bewusstsein noch eigene Gefühle entwickeln und sind folglich auch zu 100 Prozent fremdgesteuert, beziehungsweise haben keinerlei Entscheidungsfreiheit!« Mit festem Blick schaute er den Professor an: »Aber das alles gilt doch weder für dich noch für mich! Wir sind doch Menschen aus Fleisch und Blut, die ihre Entscheidungen, und seien sie auch noch so dämlich, in jedem Falle selbst treffen.«

Soros der Zweite hatte, wie es eigentlich überhaupt nicht seine Art war, der ganzen Diskussion erstaunt und schweigend gelauscht. Es war wirklich interessant, fand er, auf welche Ideen die vier kamen. Seine Provokationen hatten sich also gelohnt, der »Stachel der Erkenntnis« schien nunmehr fest in ihrem Fleisch verwurzelt zu sein. Denn jetzt wollten sie wirklich wissen, ob und wenn ja, wie man die zukünftige Entwicklung an der Börse prognostizieren konnte.

Im Hinblick auf die Entscheidungsfreiheit, auf die Brian und Hemingway so pochten, fand er natürlich, dass sie dabei im Recht waren. Auf jeden Fall sah es so aus. Aber sicher konnte man natürlich nie sein. Denn wie oft stimmte das Bild, welches man sich von einer Situation gemacht hatte, nicht mit dem überein, was wirklich los war.

Kapitel 6

Trockenübungen

Über Aktiengesellschaften und Börsenmakler

Brian musste jetzt fast lachen. So hatte es tatsächlich begonnen. Bei ihnen war es wirklich kein spielerischer Einstieg in die Aktienwelt gewesen. Denn keiner von ihnen entsprach dem klassischen Bild derjenigen, die gemeinhin von der Börse magisch angezogen wurden. Keiner von ihnen war ein Spielertyp, der den Nervenkitzel liebte und sich am Risiko berauschte. Nein, um Spaß zu haben, gingen sie lieber auf eine Party – und eine schöne hitzige Debatte mochten sie eigentlich viel lieber als die nervliche Anspannung eines Spieles, in dem es um viel Geld ging.

So waren sie denn auch, obwohl jeder für sich gleichsam mit dem Computer aufgewachsen war, keine eigentlichen »Spiele-Freaks«. »Menschen mit dem Computer abzuschießen«, hatte der Professor Computerspiele immer kommentiert, »finde ich, auch wenn es sich nur um virtuelle Figuren handelt, entsetzlich. Und zwar nicht nur entsetzlich schrecklich, sondern auch entsetzlich langweilig.« Der Professor nutzte die neuen technischen Möglichkeiten deshalb auch eher zur Teilnahme in Diskussionsforen und um Leute kennen zu lernen, genauso wie bei Jeannette und Hemingway ebenfalls die ureigensten Interessen und nicht, wie sie sagten, die »geistlose Zerstreuung durch die Computerspiele« im Mittelpunkt standen.

Brian selbst hingegen benutzte seinen Computer weitgehend als Tonstudio. Schon lange bevor es die Möglichkeit gab, sich aus dem Internet Musikstücke herunterzuladen, hatte er nämlich bereits ein Programm, mit dem er Querschnitte mit allen seinen Lieblingsstücken herstellen konnte. So hatte er beispielsweise die Hintergrundstimmen der Beach Boys mit schwarzer Rap-Musik kombiniert, was zwar etwas gewöhnungsbedürftig, aber durchaus nicht schlecht klang. Und nun bot die Technik des Internet zusätzlich auch noch die Möglichkeit, diese Musik online mit anderen zu diskutieren und gegebenenfalls auch ganz neu zu komponieren.

Insgesamt waren sie damit also eher untypische Neubörsianer, was sie indes jedoch wenig bekümmerte. Da an der Börse der Spruch vorherrschte, dass die Masse sowieso stets danebenliegt, hatten sie dies eher als ein gutes Omen gewertet. »Denn wenn wir anders sind als die anderen«, hatte Hemingway es später einmal ausgedrückt, »dann werden wir deren Fehler bestimmt nicht wiederholen.« Und Brian hatte hinzugefügt: »Dafür werden wir dann bestimmt andere machen.« Womit sie letztlich sogar beide Recht behalten sollten.

Doch dieses Anderssein war nur die eine Seite der Medaille. Auf der anderen Seite stand nämlich der Wunsch, möglichst einfach Geld zu verdienen, der sicherlich allen Neubörsianern gemein war. Denn allein die Aussicht darauf, irgendwann einmal keine Jobs zum Aufbessern des Taschengeldes mehr annehmen zu müssen, war ihnen allen gleichermaßen Ansporn genug, sich in die schwierige Materie der Börse »hineinzufressen«.

»Das muss man sich nur einmal ganz klar vor Augen halten«, redeten sie sich deshalb auch selbst Mut zu, als sie einmal wieder den Blick in den Wirtschaftsteil der elterlichen Zeitung geworfen hatten: »10 bis 15 Prozent Kurssteigerung an einem Tag sind am Neuen Markt durchaus drin. Und die ›Gewinner der Woche‹ haben teilweise sogar 20 und noch mehr Prozent zugelegt. Wenn wir nur 1 000 Mark zum Anlegen hätten, dann wäre das in einer Woche deutlich mehr Zuwachs, als das gesamte Taschengeld in einem ganzen Monat ausmacht.«

Doch Soros der Zweite plädierte für einen verhalteneren Anfang: »Probiert euch doch selbst erst einmal ohne eigenes Geld an der Börse aus«, hatte er ihnen deshalb auch geraten, »und macht doch zunächst nur bei einem Börsenspiel in einer Zeitung mit. So etwas wird doch heute mittlerweile von fast jeder Zeitung angeboten. Da könnt ihr üben, ohne gleich selbst Geld verlieren zu können.«

»Trockenübungen, wie langweilig«, hatte Hemingway jedoch sofort zurückgemeckert. »Wenn man wirklich etwas lernen will, dann muss man schon selbst dabei sein. Learning by doing, sage ich nur. Sex lernst du auch nicht im Kino.«

»Völlig meine Meinung, Hem«, pflichtete ihm Brian bei, »und einen Alkoholrausch kann man nicht erleben, wenn man sich weigert, Alkohol zu trinken.«

»Man kann ihn aber auch nur dann überleben«, mischte sich Soros der Zweite wieder ein, »wenn man gewisse grundsätzliche Dinge weiß. Machen wir es deshalb doch so: Ich maile euch jetzt noch die restlichen Teile meines Manuskripts zu – und dann entscheidet ihr. Und wenn ihr immer noch Fragen habt, dann sammelt sie und wir treffen uns noch einmal, um sie zu besprechen, bevor ihr dann so richtig loslegt.«

Das klang nicht schlecht, fanden sie und beschlossen, sich darauf einzulassen. Und schon am nächsten Tag lag ihnen das weitere Manuskript des Vortrages von Soros dem Zweiten in elektronischer Form vor.

E-Mail

Aktien sind Wertpapiere, die jeweils einen Anteil am Grundkapital einer Aktiengesellschaft verbriefen. Früher wurden tatsächlich für jeden Aktionär seine Stücke ausgedruckt. Heute jedoch wird nur noch eine einzige Aktie für alle gedruckt und als so genannte »Globalurkunde« beim Kassenverein der Börse hinterlegt und jedem Aktionär ein Teilrecht daran gutgeschrieben. Durch den Besitz einer Aktie hat der Aktionär das Recht auf den Erhalt eines Anteils am ausgeschütteten Gewinn, der so genannten »Dividende«, sowie ein Stimmrecht auf der Hauptversammlung.

Die Hauptversammlung ist das höchste Organ jeder AG. Auf ihr hat der Vorstand den Aktionären, sprich den Unternehmenseignern, Rechenschaft über seine Tätigkeit abzulegen. Die Hauptversammlung bestimmt auch darüber, ob der Vorstand weiterhin die Gesellschaft führen oder gegen einen anderen Vorstand ausgetauscht werden soll. Darüber hinaus bestimmt die Hauptversammlung, welcher Anteil des Jahresgewinns an die Anteilseigner ausgeschüttet wird (Dividende), ob gravierende Änderungen in den Statuten der Gesellschaft (Satzung) erforderlich sind und ob die Geschäftstätigkeit eine Ausdehnung der Kapitalbasis notwendig macht, also eine Kapitalerhöhung zu beschließen ist.

Bei einer Kapitalerhöhung gibt die AG neue Aktien aus, deren Bezugspreis in der Regel unter dem gegenwärtigen Börsenkurs liegt, um den Anlegern einen Anreiz zum Bezug der neuen oder auch »jungen« Aktien zu geben. Den bisherigen Aktionären wird hierbei normalerweise ein so genanntes »Bezugsrecht« auf die jungen Aktien eingeräumt. Es dient der Kompensation des so genannten »Verwässerungseffektes«, welcher aus der Tatsache resultiert, dass die nun größere Aktienanzahl – bei zunächst gleichbleibendem Gewinn – eine Schmälerung des Gewinns pro Aktie bedeutet. Dieses Bezugsrecht kann nun sowohl zum – preisgünstigeren – Bezug der jungen Aktien verwendet werden, als auch an der Börse verkauft werden.

Nach den neuesten Regeln gibt es jedoch auch die Möglichkeit, beispielsweise bei der Übernahme einer anderen Gesellschaft, eigene Aktien zum Börsenkurs und ohne Bezugsrecht zur »Bezahlung« der Übernahme herauszugeben. Das heißt: Hier erwirbt ein Unternehmen ein anderes dadurch, dass es für dessen Aktien in einem bestimmten Verhältnis mit eigenen Aktien »bezahlt«.

Das ist im Übrigen eine besonders clevere Variante, andere Gesellschaften zu übernehmen. Denn wer mit eigenen Aktien bezahlen kann, der braucht weder Bargeld von den Banken noch Bargeld von seinen Aktionären. Das einzige, was hier zu tun ist, ist, die Aktien des anderen Unternehmens gegen die Herausgabe eigener Aktien einzutauschen.

Doch zurück zur Kapitalerhöhung: Streng genommen kann eine Gesellschaft so etwas nämlich auch aus sich selbst heraus bewerkstelligen. So etwas nennt sich dann »Kapitalerhöhung aus Gesellschaftsmitteln«, und es stellt eigentlich auch nur eine »buchhalterische« Kapitalerhöhung dar, da in diesem Fall nämlich der Gesellschaft nicht eine Mark neues Geld zufließt. Warum wird es dann jedoch trotzdem gemacht? Weil man hierdurch erstens den Aktienkurs optisch niedrig halten kann und zweitens dem Markt eine größere Anzahl von Aktien zur Verfügung stellt, welches dem Handel der Aktie an der Börse, der so genannten »Liquidität« dieses Papiers zu Gute kommt.

Bei einer Kapitalerhöhung aus Gesellschaftsmitteln werden Teile der Rücklagen der Gesellschaft, das sind die Gewinne der vergangenen Perioden, in das so genannte »Grundkapital« gewandelt, welches in das Handelsregister, dem Firmenregister der Amtsgerichte, eingetragen wird und damit der Gesellschaft dauerhaft zur Verfügung steht. Bilanztechnisch handelt es sich hierbei um einen reinen »Passivtausch«.

Existieren beispielsweise von einer Gesellschaft eine Million Aktien und liegt deren Kurs bei 40 Euro, dann ist der Marktwert dieser AG folglich 40 Mio. Euro. Führt diese AG nun eine Kapitalerhöhung im Verhältnis 1:1 durch, dann gibt es anschließend zwei Millionen Aktien. Da sich ansonsten jedoch im Unternehmen nichts geändert hat, sollte der Unternehmenswert folglich auch nach dieser Operation weiterhin 40 Mio. Euro betragen, der Kurs also nunmehr auf 20 Euro »herabgesetzt« werden. Denn schließlich stellt eine Umwandlung von Rücklagen in Grundkapital nur einen rein buchungstechnischen Akt dar.

In der Praxis beobachten wir jedoch sehr häufig, dass die Aktien nach einer derartigen Operation über ihrem rechnerischen Wert notieren, in diesem Fall also höher als 20 Euro stehen. Für dieses Phänomen gibt es höchstens die »psychologische« Begründung, dass ein optisch niedrigerer Aktienkurs durchaus größere Anlegerschichten anlocken könnte. Hier treffen wir also bereits auf eine seltsame Geschichte in der Aktienbewertung, die uns noch weiter beschäftigen wird, nämlich dass es hier anscheinend nicht immer mit ganz rationalen Argumenten zur Sache geht. Und das wird uns nicht nur weiter beschäftigen, sondern sich fast wie ein roter Faden durch den ganzen Bereich der Aktienbewertung hindurchziehen. Wenn wir nur einen Blick in die Wirtschaftszeitung auf die Seite »Neuer Markt« werfen, werden wir immer von neuem darauf stoßen.

Warum ist es nun jedoch für ein Unternehmen so wichtig, ein hohes Eigenkapital zu besitzen? Weil sich nur mit einem hohen Eigenkapital zeitweilige Verschlechterungen der Geschäftslage, sprich Verluste, ausgleichen lassen und deshalb nur Unternehmen, die gut mit eigenem Kapital gepolstert sind, auch das Vertrauen von Seiten der Anleger und Kreditgeber genießen. Denn schließlich haften die Aktionäre mit ihrem eingezahlten Kapital für alle Verbindlichkeiten ihrer AG. Und verfügt eine Gesellschaft nicht über genügend große Reserven, dann ist für den Aktionär die Gefahr durchaus gegeben, irgendwann einmal einen Totalverlust seiner Anlage zu erleiden.

Überdies benötigen Aktiengesellschaften Kapital natürlich auch zur Finanzierung von Investitionen, wobei das dafür erforderliche Geld ebensogut auch über Kredite beschafft werden kann, allerdings nur, wenn das eben Gesagte dabei nicht vergessen wird. Als »Faustregel« könnte man diesen Zusammenhang schließlich auch folgendermaßen zusammenfassen: Unter 20 Prozent seines Geschäftsvolumens sollte bei keinem Unternehmen die Eigenkapitalquote sinken.

Bleibt allerdings noch die Frage, welchen Sinn Erhöhungen des Grundkapitals aus Gesellschaftsmitteln, also aus eigenen Rücklagen, nun eigentlich haben? Denn schließlich sind die eigenen Rücklagen, die normalerweise stets aus den angesammelten Gewinnen der Vorjahre entstanden sind, in gleicher Weise als Eigenkapital anzusehen, wie das für das Grundkapital auch der Fall ist. Ist diese Überlegung nun auch rein wirtschaftlich betrachtet völlig richtig, so sprechen dennoch juristische Gründe für einen möglichst hohen Ausweis des nominellen Eigenkapitals, also des Grundkapitals.

Reine Rücklagen lassen sich nämlich, wenn man ein bisschen geschickt ist, vergleichsweise leicht aus einem Unternehmen durch Auszahlung ihres »Gegenwertes« an die Eigentümer »herausziehen«, wohingegen das Grundkapital, dessen Höhe ja im Handelsregister eingetragen ist, sich nur durch einen komplizierten und öffentlich zu machenden Prozess der Kapitalherabsetzung verkleinern ließe. Ein hohes Grundkapital gibt damit also sowohl dem Aktionär als auch dem Gläubiger eines Unternehmens größere Sicherheit. Ein Gläubiger ist übrigens das genaue Gegenteil eines Schuldners. Als Gläubiger eines Unternehmens bezeichnet man stets denjenigen, der Forderungen diesem gegenüber hat, dem also das Unternehmen etwas schuldet und der folglich ein großes Interesse daran hat, dass das Unternehmen eine gute Kapitaldecke aufweist.

Ein weiterer Grund für eine Kapitalerhöhung aus Gesellschaftsmitteln ist die damit verbundene Tatsache, dass sich anschließend deutlich mehr Aktien als vorher im Umlauf befinden. Damit verkleinert sich dann zwar der Anteil des Unternehmensgewinns, der auf jede einzelne Aktie entfällt; es erhöht sich jedoch das, was gemeinhin als die »Liquidität« dieser Aktie bezeichnet wird. Darunter versteht man ein Maß für die »Flüssigkeit« einer Aktie, was bezeichnen soll, wie leicht oder wie schwer die Aktie von verkaufswilligen Besitzern wieder verkauft beziehungsweise von Kaufwilligen erstanden werden kann. Je größer der Bestand an Aktien ist, umso geringer werden die Preisänderungen ausfallen, wenn eines Tages einmal eine größere Nachfrage oder ein größeres Angebot bei dieser Aktie im Markt auftauchen.

Je reibungsloser sich eine Aktie also handeln lässt, umso »liquider« ist dieses Papier. Für Investmentfonds, das sind große Anlagegesellschaften, die die Gelder der einzelnen Anleger sammeln und schließlich gemeinsam investieren, gibt es in diesem Bereich teilweise sogar

Beschränkungen. Das heißt: Viele Fonds dürfen Aktien, die einen bestimmten Liquiditätsgrad oder eine bestimmte Marktbreite nicht erreichen, überhaupt nicht kaufen. Da jedoch Aktienkäufe von Fonds immer eine besonders große Zunahme der Nachfrage bedeuten und folglich auch zu beträchtlichen Kurssteigerungen führen, sind die Firmen sehr daran interessiert und mithin auch bereit, den Umlauf ihrer eigenen Aktien, wenn es irgend möglich ist, diesem Niveau anzupassen. Ein steigender beziehungsweise ein hoher Aktienkurs ist nicht nur ein positives Aushängeschild jeder Aktiengesellschaft. Nein, am Aktienkurs hängen noch ganz andere und finanziell viel bedeutsamere Dinge. Je höher nämlich der Aktienkurs eines Unternehmens steht, umso mehr Geld wird dieses durch die Herausgabe neuer oder »junger« Aktien im Wege der Kapitalerhöhung für die gleiche Anzahl von Aktien bei den Anlegern einspielen können.
Wie aber kommt nun eigentlich ein Aktienkurs genau zustande? Festgelegt werden die Kurse entweder durch einen Makler, was früher das übliche Verfahren war, oder aber durch ein automatisiertes Computersystem, welches heute bereits immer stärker angewendet wird. Da jedoch der Aktienkäufer wie der Verkäufer aus Gründen der Sicherheit keinen direkten Zugang zum System der Kursfeststellung hat, muss er sich dabei auch weiterhin jeweils einer Bank oder eines »Brokers«, eines Wertpapierhändlers, bedienen. Jeder Käufer oder Verkäufer von Aktien hat hierbei prinzipiell immer die Möglichkeit, zwei verschiedene Arten von Aufträgen abzugeben. Entweder er erteilt die Order, auf dem gegenwärtigen Marktniveau zu kaufen beziehungsweise zu verkaufen, oder aber er gibt die Anweisung, diesen Auftrag erst dann auszuführen, wenn die Aktie ein bestimmtes Kursniveau oder »Limit« erreicht hat. Ein Auftrag auf Marktniveau ist ein »unlimitierter« Auftrag, dessen Ausführungsanweisung im Amerikanischen »market-order« und bei uns entweder »bestens« oder »billigst« genannt wird. Das heißt, der Kunde erteilt dabei seiner Bank den Auftrag, an der Börse eine bestimmte Anzahl Aktien – unter Wahrung seiner Interessen – entsprechend der gegenwärtigen Marktlage entweder so teuer wie möglich zu verkaufen (bestens) oder aber so günstig wie möglich zu erwerben (billigst). Hierbei können natürlich für jeden Anleger sehr unliebsame Überraschungen entstehen. Denn letztlich ist für jeden Umsatz an der Börse immer nur der Stand von Angebot und Nachfrage zum Zeitpunkt der Ausführung ausschlaggebend. Entscheidet sich also ein Anleger, eine

Aktie »billigst« zu ordern, dann können zwischen dem Zeitpunkt der Ordererteilung und der Ausführung natürlich Entwicklungen eintreten, die von diesem Anleger in keinster Weise vorausgesehen worden sind. Am krassesten sind hierbei die so genannten »Börsenspieleffekte«, also Kursbewegungen, die dann auftreten, wenn einzelne Aktien einem Millionenpublikum im Fernsehen im Rahmen eines Börsenspieles zum Kauf empfohlen werden und am darauf folgenden Morgen an der Börse haufenweise »billigst« gefordert werden, ohne dass vergleichbar umfangreiche Verkaufsorders eingehen. Denn was soll der arme Börsenmakler, der für die Abwicklung der Umsätze zuständig ist, der also Angebot und Nachfrage zusammenbringen soll, in diesem Falle tun?
Betrachten wir auch dazu ein Beispiel: Für eine Aktie, deren Schlusskurs am Freitag bei 100 Euro lag, existieren noch folgende Orders, die bisher nicht ausgeführt werden konnten, weil ihre Limite noch nicht erreicht wurden: 1 000 Stück – Kauf zu 90 Euro, 1 000 Stück – Verkauf zu 120 Euro, 500 Stück – Verkauf zu 150 Euro. Kommen nun an diesem Morgen aufgrund des Börsenspieleffekts Billigst-Kauforders über 2 000 Stück in den Markt, dann hat der Makler durchaus ein Problem.

ANGEBOT		NACHFRAGE	
Stück	Limit	Stück	Limit
Verkauf 500	150,–		
Verkauf 1 000	120,–		
		Kauf 2 000	billigst
		Kauf 1 000	90,–

Das Ziel des Maklers, der für die Kursfestsetzung verantwortlich ist, muss es sein, möglichst viele Kauf- und Verkaufswünsche zu befriedigen. Er wird daher bei seiner Kursfestsetzung beginnen, die Orders derjenigen abzuwickeln, die in jedem Falle, also zu jedem Kurs, nämlich »billigst« kaufen wollen. Hier wird er den Billigst-Käufern zunächst die 1 000 Stück mit einem Verkaufslimit von 120 Euro »zuteilen«, das heißt, einen Kurs von 120 Euro feststellen – und jedem Käufer jedoch nur die Hälfte der gewünschten Stücke liefern können. Dann wird er

einen Kurs zu 150 Euro festlegen – und dabei noch einmal ein Viertel des Kaufwunsches zuteilen.
Doch auch jetzt besteht immer noch ein Überhang in Höhe von 500 Aktien, die die Anleger auf jeden Fall und zu jedem Preis haben wollen, für die es jedoch keinerlei verkaufswillige Aktionäre mehr gibt. In dieser Situation kann der Makler nun selbst als Verkäufer auftreten. Er macht dies, indem er Aktien verkauft, die er noch überhaupt nicht besitzt und sich daher später selbst kaufen muss. Man nennt ein derartiges Verhalten »leerverkaufen« oder auch »short« sein. Ziel des Maklers ist es dabei, einerseits alle unbedingten Kaufwünsche auch auszuführen und andererseits dabei natürlich – durch die Hoffnung auf einen späteren billigeren Einkauf – selbst noch einen Gewinn zu erzielen.
Doch wird der Makler das alles wirklich so tun? Hierüber lässt sich pauschal nichts sagen, denn dies ist immer und in jeder Situation ein Einzelfall, indem es extrem auf das »Fingerspitzengefühl« ankommt. Bei einer ansonsten sehr liquiden Aktie werden die Kursausschläge sicherlich nicht so stark ausfallen wie in diesem Beispiel, weshalb die Durchführung der beschriebenen grundlegenden Strategie des Maklers durchaus wahrscheinlich ist. Bei einem weniger liquiden Papier hingegen, bei dem tatsächlich derartige »Kurssprünge« möglich wären, könnte der Makler zunächst keinerlei Umsätze durchführen, sondern zuerst eine Schätzung der zukünftigen Kurse angeben, also einen Schätzkurs (»Taxe« oder »Taxkurs«) veröffentlichen, aus der die Börsianer ablesen können, dass zu erwarten ist, dass die entsprechende Aktie jetzt stärker ansteigen wird.
Motiviert wird der Makler dabei von der Hoffnung, dass dadurch zusätzliche potenzielle Verkäufer der Aktie sich nun von ihren Papieren trennen werden und zusätzlich dazu einige Käufer, durch die Entwicklung der Geschehnisse abgeschreckt, ihre »Billigst-Orders« wieder zurückziehen. Denn würden sich nun beispielsweise die Kaufwünsche durch Veröffentlichung der Taxe binnen fünf Minuten halbieren und zusätzlich Verkaufsorders von 500 Stück zu 105 Euro und 500 Stück zu 110 Euro in den Markt kommen, so sähe es mit dem plötzlichen Kurssprung schon längst nicht mehr so wild aus wie am Anfang.
Denn nunmehr müsste der Kurs aufgrund der Konstellation von Angebot und Nachfrage nicht mehr um 50 Prozent, sondern »nur« noch um 10 Prozent ansteigen. Zu Kursen von 105 Euro beziehungsweise 110

ANGEBOT		NACHFRAGE	
Stück	Limit	Stück	Limit
Verkauf 500	150,–		
Verkauf 1000	120,–		
Verkauf 500	110,–		
Verkauf 500	105,–		
		Kauf 1000	billigst
		Kauf 500	90,–

Euro ließen sich jetzt alle unlimitierten Kauforders abwickeln. Die zu 90 Euro limitierten Kaufwünsche würden dabei allerdings ebenso unberücksichtigt bleiben wie die Verkaufsorders zu 120 Euro und zu 150 Euro.

Verdeutlicht wird mit diesem Beispiel auf alle Fälle, wie riskant es unter Umständen für den Privatanleger sein kann, unlimitierte Orders zu erteilen. Auf der anderen Seite gibt es natürlich auch zahlreiche Fälle, in denen beispielsweise Anleger Kauflimits bei 110 Euro gelegt haben, die entsprechende Aktie jedoch als tiefsten Punkt nur das Niveau von 110,20 Euro gesehen hat und anschließend steil nach oben angestiegen ist. Womit also ein winziger Unterschied von nur 0,18 Prozent ein überaus lukratives Aktienengagement verhindert hat. Nicht nur bei den Maklern, sondern auch auf Seiten der Anleger sind also in jedem Fall Flexibilität und Fingerspitzengefühl angesagt.

Nicht alles lässt sich demnach an der Börse mit einem starren Schema lösen. Das Einzige jedoch, was unerbittlich immer und in jedem Fall nach »Schema F« abläuft, auch wenn es in Extremfällen einmal für fünf Minuten angehalten werden kann, ist das Gesetz von Angebot und Nachfrage. Denn an ihm kommt niemand vorbei.

Kapitel 7

Der Unsinn, den wir in der Schule lernen

Eine kleine Bilanzkunde

»Eine Sache habe ich noch nicht verstanden«, warf Jeannette in die Runde, als sie zusammensaßen, um den Inhalt der Mail von Soros dem Zweiten zu diskutieren. »Und das ist das mit der Bilanz und den Kapitalerhöhungen. Habt ihr das richtig geschnallt?«

Die Jungs schauten sich an und schüttelten die Köpfe.

»Vielleicht sollten wir das mal unsere Sozialkundelehrerin fragen«, schlug Jeannette daraufhin vor. »Denn schließlich ist das doch Wirtschaft. Und Wirtschaft gehört zu Sozialkunde. Und ist wichtig obendrein. Viel wichtiger jedenfalls als der olle Marxismus, Leninismus, Sozialismus und Kommunismus, die wir nun der Reihe nach schon zum zweiten Mal durchkauen müssen. Dagegen liegt in der Börse doch wirklich die Zukunft.«

»Jeanne d'Arc, das aus deinem Munde?!«, Hemingway ließ seiner Begeisterung freien Lauf, indem er versuchte, Jeannette zu necken. »Nicht mehr nur noch Geschichte, sondern plötzlich auch Gegenwart und Zukunft. Das wird ja wirklich bald ein lebenstaugliches Konzept bei dir.« Doch gleich anschließend kam er wieder zum eigentlichen Thema zurück: »Was man von der Schule allerdings wirklich nicht behaupten kann, da hast du Recht. Denn was haben Latein, Griechisch, Mathematik und der ganze sonstige Kram überhaupt mit unserem Leben zu tun? Nichts. Niente. Eine Planung von Idioten für Idioten. Ja, sie machen uns richtiggehend zu Vollidioten. Zumindest wenn man den Schulkram auf das normale Leben bezieht.«

Und Brian wäre nicht Brian gewesen, wenn er sich diesem Zorn nicht angeschlossen hätte: »Völlig richtig«, stimmte er zu, »denn was ist eigentlich wirklich wichtig im Leben? Neben den schönen Dingen wie Wein,

Weib und Gesang natürlich? Ein Job, also ein Arbeitsvertrag. Ein Auto, das heißt Versicherung, Anmeldung, Kaufvertrag. Und eine Wohnung, also ein Mietvertrag. Und womit hat das alles zu tun? Genau, mit Wirtschaft und Jura. Und was lernen wir dagegen? Wie sich die Tausendfüßler vermehren, warum die zweite Ableitung einer Differentialfunktion den Gipfel der Erkenntnis darstellt und welche Schriftzeichen die alten Griechen benutzt haben. Eine vollkommene Pleite also, diese Schule.«

Eine Lehrerin musste so etwas natürlich vollkommen anders sehen.

»Aber passt doch mal auf«, antwortete die Sozialkundelehrerin dann auch ein paar Tage später auf die Frage der vier, »ich kann euch ja sehr gut verstehen. Natürlich gibt es viel mehr interessante Dinge auf dieser Welt, als wir sie in der Schule behandeln können. Aber deswegen können wir doch so wichtige Dinge wie Latein und Mathematik nicht einfach unter den Tisch fallen lassen. Unsere Aufgabe ist es, euch eine gute Allgemeinbildung zukommen zu lassen. Und da gehören solche Dinge nun einmal dazu. Alleine mit Turnen und Hauswirtschaftslehre wird nämlich niemand von euch hinterher überhaupt einen Job finden.

Für einen Job braucht man nämlich mehr als nur das Wissen, wie man einen Arbeitsvertrag abschließt. Da braucht man Allgemeinwissen und logisches Denken, um nur einmal die wichtigsten Punkte zu nennen. Und mit Latein beispielsweise lernt man hervorragend das logische Denken. Schließlich ist diese Sprache gleichsam wie ein Baukastensystem in ganz extrem logischer Weise aufgebaut. Und dann kommt eines zum anderen: Wer gut Latein kann, kann dann auch gut Mathematik. Und wer gut in Mathe ist, ist auch gut in Physik – und mithin rundherum ein guter Schüler.«

Das konnte nun Hemingway unmöglich auf sich sitzen lassen. Also widersprach er seiner Lehrerin heftig: »Also das verstehe ich nun überhaupt nicht. Wenn Latein nur dazu gut ist, Mathe besser zu verstehen, warum macht man dann nicht gleich Mathe und lässt das Latein sein. Und wenn Mathe für Physik so gut ist, warum lernen dann nicht diejenigen, die gerne Physik machen, mehr Mathe – und die anderen lassen es einfach sein. Ich meine, wozu muss denn der Normalbürger auf der Straße wissen, was der ›Satz von Rolle‹ und der ›Satz von Bolzano-Weierstrass‹ aussagen, geschweige denn, wie man diese Aussagen beweist. Ganz besonders dann, wenn er im Gegenzug dazu die Börse für einen Ort zum Aufbewahren von Geld hält.«

Bei Bolzano-Weierstrass musste Hemingway sowieso immer an den Italienurlaub denken. An das Baden und an den Gardasee. »Aber so habe ich dann ja wenigstens etwas in der Schule gelernt«, fuhr er fort, »Bolzano ist italienisch und heißt auf deutsch ›Bozen‹. Aber ob sich dafür der ganze Aufwand gelohnt hat, das möchte ich doch eher bezweifeln.«

»Genau«, mischte sich Brian ein, »natürlich sind Wirtschaft und Bilanzen auf den ersten Blick ein genauso trockener Stoff wie Mathe. Aber immerhin kann man damit etwas anfangen.«

»Zum Beispiel?«, fragte die Lehrerin jetzt nach.

»Zum Beispiel, um an der Börse zu spekulieren«, antwortete Brian wie aus der Pistole geschossen.

»Na, dass ihr mir bloß vorsichtig seid«, warnte die Lehrerin. »An der Börse kann man nämlich auch schnell Pleite gehen. Und was hat dann all das Wissen genützt? Wohingegen derjenige, der Latein versteht, wo ihr doch gerade über Italien sprecht, zum Beispiel in Rom seine Kenntnisse wunderbar anwenden kann, indem sie ihn nämlich in die Lage versetzen, die gesamten Inschriften der antiken Bauwerke zu entziffern.«

»Aber davon stehen doch die Übersetzungen in jedem Reiseführer«, setzte Brian dagegen, »während man ohne Bilanzkenntnisse in der Wirtschaft überhaupt nichts verstehen kann.«

»Ja, ja, ihr habt auch gar nicht so Unrecht«, lenkte die Lehrerin ein. »Es wäre schon wünschenswert, mehr Wirtschaft und vielleicht auch Jura in die Lehrpläne der Gymnasien aufzunehmen. Aber das scheitert dann natürlich in vieler Hinsicht an den nicht vorhandenen Lehrkapazitäten. Welcher der jungen Lehramtsstudenten belegt denn Wirtschaft im Zweitfach? Und wer von uns alten Paukern könnte sich in der schnelllebigen heutigen Zeit noch als ein Spezialist in derartigen Dingen bezeichnen?

Ich kann euch jedoch ein Angebot machen«, fuhr sie fort. »In neuen bilanzrechtlichen Geschichten habe ich natürlich keine Ahnung, die Grundzüge von Buchhaltung und Bilanzwesen habe ich jedoch noch ganz gut drauf. Denn schließlich hat mein Sohn, der schon um einiges älter ist als ihr, auf diesem Gebiet einmal eine Weiterbildung gemacht. Und da bei ihm in dieser Richtung tatsächlich Hopfen und Malz fast verloren sind, war ich es schließlich, die dort drei Mal die Woche abends hingegangen ist, um es ihm hinterher in aller Ruhe beizubringen. Ich bin schließlich Lehrerin, und einmal Lehrerin – immer Lehrerin. Also, wenn ihr wollt, dann können wir uns in der nächsten Woche gerne einmal nach der Schule hinsetzen, und dann erkläre ich euch, wie das alles zusammenhängt. Vielleicht reicht euch das ja bereits als Grundstock, um darauf dann die aktuellen Sachen aufbauen zu können.«

»Tolle Idee!«, rief Brian begeistert aus. »Vielen Dank.« Dann wandte er sich an die anderen und sagte: »Und was wir dann noch nicht wissen, das kann uns dann mit Sicherheit Soros der Zweite sagen.«

»Wer?«, fragte die Lehrerin zurück.

»Ach nichts!«, lautete Brians Antwort, an die er seitdem sehr oft zurückdenken musste. Denn warum hatten sie damals eigentlich die Existenz von Soros dem Zweiten verschwiegen? Ahnten sie bereits etwas und wollten deshalb um keinen Preis der Welt, dass ein Lehrer ihnen dabei auf die Schliche kam?

Aber nein, das wäre unmöglich gewesen. Denn zu diesem Zeitpunkt ahnte noch niemand, was noch alles auf sie zukommen sollte. Und vor allem nicht, was der gute Soros der Zweite alles damit zu tun haben würde. Aber so war es wohl immer mit den Aktien. Man bildete sich ein, das Geschehen voll im Griff zu haben, musste später jedoch feststellen, dass sich die Sache meistens genau umgekehrt verhielt: Nicht man selbst hatte die Dinge im Griff, sondern es waren die Dinge, die einen im Griff hielten.

»Alle Bilanzen«, setzte die Lehrerin in der darauf folgenden Woche an, »finden ihren Ursprung in einem System ›doppelter‹ Buchführung.«

»Doppelte Buchführung bedeutet, dass jeder Vorgang beziehungsweise jede Zahl stets zweifach gebucht wird, nämlich ein Mal auf der Aktiv- oder Sollseite eines Kontos und ein zweites Mal auf seiner Passiv- oder auch Habenseite. Dies hat den Vorteil, dass Fehler hier leicht bemerkt werden können, weil die eine Seite immer das Spiegelbild der anderen sein muss – und jede Nichtübereinstimmung der beiden Seiten mithin immer auf das Vorhandensein mindestens eines Fehlers hinweist.

Alle zusammengefassten Buchungen eines Jahres ergeben nun die Bilanz. Die Bilanz zeigt an, wie hoch das Vermögen und wie hoch die Schulden einer Gesellschaft sind. Das Vermögen steht auf der linken Seite der Bilanz, also auf der Aktivseite, und ist untergliedert in dauerhaft dem Unternehmen zur Verfügung stehende Vermögenswerte, wie beispielsweise Immobilien oder Maschinen (Anlagevermögen), und nur zeitweilig im Besitz der Gesellschaft befindliches Vermögen, wie zum Beispiel der Kassenbestand oder das Bankguthaben (Umlaufvermögen).

Das Gesamtvermögen des Unternehmens abzüglich der Schulden, die auf der rechten Seite der Bilanz, also auf der Passivseite zu finden sind, ergeben als Differenzbetrag beziehungsweise als Saldo das so genannte ›Eigenkapital‹. In der Regel sind die Vermögenswerte eines Unternehmens größer als die Schulden, weshalb das Eigenkapital positiv ist und folglich ebenfalls auf der rechten Seite steht. Es gibt jedoch unter bestimmten Bedingungen – sowie innerhalb des Bilanzrechts mancher Länder – auch die Möglichkeit, negative Eigenkapitalpositionen auszuweisen, die jedoch niemals von langer Dauer sein können.

Das (positive) Eigenkapital steht folglich also deswegen auf der rechten Seite der Bilanz, damit die Bilanz ›aufgeht‹, weil nämlich Eigenkapital plus Schulden genauso hoch sein müssen wie die Summe der Vermögenswerte. Stellen Schulden nun normalerweise etwas Schlechtes für ein Unternehmen dar, so ist das Eigenkapital jedoch etwas Gutes. Denn im Vergleich zu den geliehenen Geldern, die erstens verzinst und zweitens jeweils innerhalb einer vereinbarten Frist zurückgezahlt werden müssen, steht das Eigenkapital der Firma in jedem Fall dauerhaft zur Verfügung und muss überdies nur dann durch die Ausschüttung von Dividenden ›bedient‹ oder ›verzinst‹ werden, wenn auch tatsächlich Gewinne anfallen.

Das heißt: Das Eigenkapital stellt zwar so etwas wie ›Schulden‹ des Unternehmens gegenüber seinen Eigentümern dar; es muss jedoch weder zwangsläufig Jahr für Jahr verzinst noch jemals wieder zurückgezahlt werden. Und genau hier finden wir nun die Aktien wieder. Denn bei einer Aktiengesellschaft entspricht das Eigenkapital immer dem buchmäßigen Wert der herausgegebenen Aktien. Das heißt: Der in der Bilanz ausgewiesene Wert aller herausgegebenen Aktien einer AG ist immer gleich der Höhe ihres Vermögens abzüglich ihrer Schulden.

Bei den deutschen Aktiengesellschaften gibt es im Vergleich zu den amerikanischen hierbei jedoch noch eine weitere Unterteilung, nämlich die in ›Grundkapital‹ und ›Kapitalrücklagen‹. Hat in den USA beispielsweise eine Gesellschaft zehn Millionen Aktien herausgegeben, was man auch als ›emittieren‹ bezeichnet, und besitzt diese ein Eigenkapital von 100 Millionen US-Dollar, so hat jede Aktie einen rechnerischen Anteil am Eigenkapital in Höhe von 10 US-Dollar. Derartige Aktien nennt man deswegen auch ›Stückaktien‹.

In Deutschland gab es hingegen bis vor kurzem so genannte ›Nennwertaktien‹, die jeweils zwingend einen Anteil von 5 Mark am ›Grundkapital‹ – oder einem Vielfachen davon – verbrieften. Unter Grundkapital versteht man denjenigen Anteil am Kapital, der von den Firmeneigentümern mindestens in die Firma eingezahlt worden ist. Das Grundkapital ist damit so etwas wie eine ›Sicherung‹, die deswegen auch im Handelsregister eingetragen ist. Das Handelsregister ist eine öffentliche staatliche Institution, die jedermann Auskünfte über derartig fundamentale Unternehmensdaten gibt. Mit diesem Anteil am Grundkapital verbrieft jede Aktie darüber hinaus auch noch stets einen Anteil am restlichen Eigenkapital einer AG, den so genannten ›Rücklagen‹.

Mittlerweile gibt es in Deutschland jedoch auch Stückaktien, allerdings mit der Besonderheit, dass hierauf immer ein Mindestbetrag von einem Euro eingezahlt sein muss. Wichtig daran ist ganz besonders, dass dadurch in Deutschland keine Aktiengesellschaft mehr Aktien ausgeben darf als sie über Grundkapital in Euro verfügt. Konkret heißt das: Wer eine Million Euro Grundkapital hat, darf auch nur maximal eine Million Aktien herausgegeben haben. Darauf kann der Anleger sich verlassen. Wohingegen es in den USA prinzipiell Aktiengesellschaften geben kann – und auch wirklich gibt –, die mit nur ein paar tausend Dollar gegründet sind, aber Millionen von Aktien herausgegeben haben. Man nennt diese Aktien auch ›Pennystocks‹ – und jeder, dem sein Geld lieb ist, sollte tunlichst die Hände davon lassen.

Nun zeigt sich jedoch in der Börsenpraxis, dass bei keinem einzigen Unternehmen auf dieser Welt der Börsenkurs der Aktie mit ihrem Buchwert identisch ist. Doch woran liegt dies nun, werdet ihr fragen? Es gibt auf jeden Fall vielfältige Einfluss- und Erklärungsfaktoren: Erstens sind die Vermögenspositionen von Aktiengesellschaften aufgrund diverser Bilanzierungsvorschriften in der Bilanz meistens niedriger angesetzt als es ihrem wirklichen Wert entspricht. Das heißt: Es bestehen so genannte ›stille Reserven‹, das wirkliche Vermögen ist höher als das ausgewiesene, weshalb natürlich auch das tatsächliche Eigenkapital das in der Bilanz aufgezeigte übersteigt.

Ein weiterer Grund ist aber auch, dass an der Börse niemals die Gegenwart, sondern immer bereits die Zukunft bewertet wird. Und geht es einem Unternehmen gut, dann wird es folglich auch Gewinne machen und somit sein Vermögen steigern. An der Börse wird damit also bereits der Wert des zukünftigen Eigenkapitals festgestellt, während die Bilanz jeweils nur seinen auf einen bestimmten Stichtag bezogenen und damit bestenfalls gegenwärtigen, meist jedoch vergangenen Wert ausweist.

Der Börsenwert eines Unternehmens entspricht also in der Regel einem Vielfachen der Höhe des bilanziellen Eigenkapitals. Dieses Verhältnis kann man nun auch in einer ›Verhältniszahl‹ ausdrücken, in diesem Fall im so genannten ›Kurs-Buchwert-Verhältnis‹, welches vielfach auch nur KBV genannt wird. Andere wichtige Verhältniszahlen der Aktienbewertung sind das KUV, das ›Kurs-Umsatz-Verhältnis‹, das KGV, das ›Kurs-Gewinn-Verhältnis‹ und das KCV, das ›Kurs-Cashflow-Verhältnis‹. Beim KUV und KGV

Aktie
50
Nennwert
Bilanz
Aktiv
+ Umlaufvermögen
Kassenbestand
Bankguthaben
+ Anlagevermögen
Immobilien
Maschinen
= Summe der Aktiva
Passiv
– Kurzfristige Verbindlichkeiten
+ Eigenkapital
Aktien
= Summe der Passiva
Wechsel
Schuldschein
Continental Express

handelt es sich um die wichtigsten Kennzahlen, die die Relation des Börsenwertes einer Unternehmung zu ihrem Jahresumsatz beziehungsweise ihrem Gewinn beziffern.

Beispiel: Ein Unternehmen hat ein Eigenkapital von 10 Millionen Mark, welches eingeteilt ist in zehn Millionen Stückaktien. Die Aktie notiert nun bei einem Kurs von 20 Euro. Daraus folgt, dass der Gesamtwert der Unternehmung, den man auch als ›Marktkapitalisierung‹ bezeichnet, 200 Millionen Euro beträgt. Hat das Unternehmen nun im Jahr 1999 einen Umsatz von 400 Millionen Euro erzielt, von denen 20 Millionen als Nettogewinn nach Steuerzahlung ›hängengeblieben‹ sind, dann hat die Aktie des Unternehmens ein KUV von 20 geteilt durch 40 (400 Millionen Euro Umsatz, geteilt durch zehn Millionen Aktien), also 0,5 – und ein KGV von 10.

Ein Unternehmen ist nun umso günstiger bewertet, je niedriger das KUV und das KGV sind. Bei einem KGV von 10 sagt man im Übrigen auch, das Unternehmen sei mit dem Zehnfachen des Jahresgewinns bewertet. Das KCV ist hingegen eine etwas schwierigere Konstruktion, die Aufschluss darüber gehen soll, wie es um die Liquidität des Unternehmens steht. Doch dazu muss ich euch erst einmal erklären, was ein ›Cashflow‹ ist.

Ganz grob betrachtet, ermittelt sich der Gewinn eines Unternehmens folgendermaßen: Einnahmen aus Umsätzen minus Ausgaben für Material, Personal, Büro, Mieten usw. minus ›Abschreibungen‹. Abschreibungen sind das rechnerische Äquivalent für die Wertminderung durch Abnutzung von Maschinen und anderen Anlagegütern. Kauft beispielsweise eine Gesellschaft eine Maschine für 100 000 Mark und geht davon aus, dass diese zehn Jahre hält, dann ist sie sozusagen in jedem Jahr 10 000 Mark wert. Und um das in der Buchhaltung zu berücksichtigen, wird sie folglich mit 10 000 Mark jährlich ›abgeschrieben‹.

Die Abschreibung hat nun jedoch eine Besonderheit im Vergleich zu anderen Kostenpositionen. Zahlt das Unternehmen beispielsweise Mietkosten für das Büro, dann vermindern sich sowohl der Gewinn des Unternehmens als auch der Bestand an Cash, also barem Geld. Bei einer Abschreibung hingegen fließt kein Cash ab, denn die Abschreibung verteilt ja nur buchhalterisch die Kosten der Investitionen auf die Nutzungsdauer von zehn Jahren. Das heißt: Im Anschaffungsjahr vermindert sich der Cashbestand des Unternehmens um die volle Investitionssumme; in den Folgejahren jedoch fließt kein Cash mehr ab, dafür jedoch fallen Abschreibungen, also anteilige, nicht kassenwirksame (›kalkulatorische‹) Kosten in Höhe von jährlich 10 Prozent des Anschaffungswertes an.

Betrachten wir nun das Unternehmen von eben, das 20 Millionen Euro, also rund 40 Millionen Mark Gewinn gemacht hat, dann sieht der Cashflow dieses Unternehmens im Jahr der Anschaffung also um 100 000 Mark schlechter aus als der Gewinn, da es mehr Abflüsse von Zahlungsmitteln als Kosten gegeben hat. In den Folgejahren jedoch wird der Cashflow größer sein als der Gewinn, da jetzt die Kosten höher sind als der Abfluss an Zahlungsmitteln. Allgemein kann man daher sagen: Der Cashflow entspricht immer dem Gewinn minus Anschaffungen von Anlagevermögen plus Abschreibungen. Ich weiss, dass das jetzt sehr kompliziert klingt. Aber es hat ja auch niemand gesagt, dass die Aktienanlage ein leichtes Geschäft ist. «

KAPITEL 8

Hat Karl Marx das eigentlich gewusst?

Die unsichtbare Hand, die den Markt regiert

»Eine Sache habe ich auch jetzt noch nicht ganz verstanden.« Jeannette war immer noch an dem Punkt, mit dem sie ihre Freunde bereits nach dem Lesen des Papiers von Soros dem Zweiten gelöchert hatte: »Das mit dem Eigenkapital und den Kapitalrücklagen. Prinzipiell habe ich das zwar verstanden, aber warum redet man hier eigentlich immer von Kapital und nicht von Geld?«

»Das ist eine gute Frage«, antwortete die Lehrerin. »Aber ich glaube, dass ich zur Beantwortung noch etwas weiter ausholen muss.« Sie schaute in die Runde. »Aber habt ihr denn überhaupt noch Zeit und Lust, euch das alles anzuhören?«

»Aber klar«, schallte es ihr wie aus einem Munde entgegen.

»Also gut, die wichtigste Unterscheidung, die es zunächst zu treffen gilt, lautet: Geld ist etwas, das es wirklich gibt, Kapital hingegen ist eine rein rechnerische Größe, also quasi nur so etwas wie ein Bewertungsfaktor. Während man Geld also tatsächlich anfassen kann, bleibt das Kapital letztlich so etwas wie ein Geheimnis, ein Gespenst der Buchhaltung und der Bilanzierung, das man zwar ansehen kann, jedoch niemals zu fassen bekommt.

Geld ist ein Vermögensgegenstand und steht folglich auf der Aktivseite der Bilanz, während die beiden Passivpositionen ›Kapital‹ und ›Verbindlichkeiten‹ vielmehr anzeigen, wem das Geld sowie der Rest des Firmenvermögens gehört. Die einfachste Bilanz wäre daher auch die, bei der auf der Aktivseite 100 Mark als Barvermögen und auf der Passivseite 100 Mark als Eigenkapital stehen. Dann sehen wir nämlich: Die Firma besitzt einen Hun-

dertmarkschein und hat keine Schulden, weshalb das Barvermögen also zu 100 Prozent den Firmeneignern ›gehört‹ oder ›zusteht‹.

Stünden diese 100 Mark auf der Passivseite jedoch unter der Position ›Verbindlichkeiten‹, so würde die Gesellschaft sie zwar besitzen, sie jedoch letztlich irgend jemandem schulden, nämlich dem Gläubiger der Gesellschaft. In diesem Falle würden sie also nicht den Anteilseignern ›zustehen‹, sondern vielmehr dem oder den Gläubigern. Das Eigenkapital wäre folglich null, was allerdings ein rein theoretisches Beispiel ist, da in der Bundesrepublik jede Aktiengesellschaft stets ein Eigenkapital von mindestens 100 000 Mark haben muss – und für den Fall, dass dieses auf die Hälfte oder weniger geschrumpft ist, gezwungen ist, dies öffentlich bekanntzugeben.

Doch wie kann nun das Eigenkapital eigentlich schrumpfen? Wir haben es eben schon gesehen: Wenn die Schulden größer werden, dann muss das Eigenkapital zwangsläufig kleiner werden. Und wann werden die Schulden größer? Genau, wenn man Verluste macht! Das Eigenkapital schrumpft also immer dann, wenn entweder netto etwas aus der Kasse abfließt, weil die Einnahmen kleiner sind als die Ausgaben, oder wenn ein Vermögensgegenstand plötzlich deutlich an Wert verliert.

Besitzt ein Unternehmen beispielsweise Aktien eines anderen Unternehmens, die es für 100 Mark pro Stück gekauft hat, und fallen diese Aktien nun an der Börse zum Stichtag, an dem die Bilanz zu erstellen ist, auf 80 Mark zurück, dann hat das Unternehmen den Differenzbetrag von 20 Mark pro Aktie ›wertzuberichtigen‹, sprich abzuschreiben. Es entstehen dabei so genannte ›Buchverluste‹. Buchverluste heißen deshalb so, weil sie mit keinem Abfluss von Cash verbunden sind, aber dennoch einen Verlust im buchhalterischen Sinne darstellen – und folglich das Eigenkapital der Gesellschaft schmälern.

Interessant ist hierbei schließlich auch, einmal den umgekehrten Fall zu betrachten, nämlich wenn die Aktien wieder von 80 Mark auf 100 Mark steigen. Dann würde ein amerikanisches Unternehmen nämlich tatsächlich einen Gewinn in Höhe von 20 Mark pro Aktie ausweisen dürfen, einem deutschen Unternehmen hingegen wäre das nicht erlaubt. Denn hierzulande gilt die Regel, dass unrealisierte Gewinne, also Buchgewinne, nicht ausgewiesen werden dürfen. Hintergrund ist dabei, einer so genannten ›Bilanzkosmetik‹ möglichst den Riegel vorzuschieben, da Buchgewinne im Regelfall nämlich keine ›echten‹ Gewinne sind.

Das deutsche Unternehmen würde in diesem Fall also das ansammeln, was man immer als ›stille Reserven‹ bezeichnet. ›Still‹ sind sie, weil sie in *der Bilanz niemand entdecken kann, der nicht weiss, zu welchem Kurs die Aktien letztlich gekauft worden sind. Und ›Reserven‹ sind es, weil sie jederzeit aufgedeckt werden können und damit zu einer Erhöhung des Eigenkapitals führen. Verkauft das Unternehmen nämlich seine Aktien, dann fließen ihm 100 Mark pro Aktie zu. Da diese jedoch nur zu 80 Mark im Vermögensbestand bilanziert sind, bleibt folglich ein überschießender ›Restposten‹ übrig, der somit in voller Höhe als Gewinn anzusehen ist und mithin das Eigenkapital – vor Steuerabzug – in gleicher Höhe ansteigen lässt.*

Wir sehen also: Das Kapital ist wirklich nur so etwas wie ein Bewertungsposten, ein virtuelles Geschöpf oder gleichsam das Schlossgespenst der gesamten Bilanz. «

»Hat Karl Marx das eigentlich alles gewusst, als er *Das Kapital* geschrieben hat?«, fragte daraufhin Hemingway sofort. »Denn ich dachte, das Gespenst, das damals herumgegeistert ist, war nicht das Kapital, sondern vielmehr der Kommunismus.«

»Genau«, pflichtete ihm Jeannette bei: »›Ein Gespenst geht um in Europa – das Gespenst des Kommunismus. Alle Mächte des alten Establishments haben sich zu einer heiligen Hetzjagd gegen dieses Gespenst verbündet.‹ Kommunistisches Manifest, erster und zweiter Satz.«

»Völlig richtig das Zitat, bravo«, lobte die Lehrerin. »In unserer modernen Terminologie hat Marx jedoch tatsächlich eher das Vermögen der damaligen besitzenden Klassen gemeint. Den Kommunismus hingegen als Gespenst zu bezeichnen, das ist wiederum ja nicht die Meinung von Marx gewesen, sondern die Beschreibung der Wahrnehmung durch die damalige Öffentlichkeit. Wo wir jedoch gerade über den Aktienmarkt sprechen: Irgendwo habe ich diesen Satz aber auch schon in leicht abgewandelter Form gelesen.«

Sie überlegte. »Jetzt habe ich es«, sagte sie schließlich nach einem kurzen Augenblick. »Das war in einem Buch über den Neuen Markt, in dem in leicht satirischer Weise behauptet wird, dass auch dort letztlich das Geschehen von einem Gespenst gelenkt wird. Was andererseits natürlich wieder wunderbar mit dem alten Adam Smith und seiner ›unsichtbaren Hand‹ übereinstimmt. Das solltet ihr auf jeden Fall einmal lesen.«

»Die unsichtbare Hand?«, fragte Hemingway zurück. »Klingt wie ein Kriminalroman.«

»Um Gottes willen, nein«, die Lehrerin musste lachen.

»Die ›unsichtbare Hand‹ ist eine Metapher für die Wirkungsweise des Marktes. Denn auf freien Märkten, wie es ja auch auf der Börse der Fall ist, ist das Geschehen überhaupt nicht so chaotisch, wie es manchmal scheinen mag. Nein, hier wirkt vielmehr ein unsichtbarer Mechanismus, der letztlich alles zum Ausgleich bringt. Aber das Buch, welches ich euch nahelegen möchte, heißt nicht Die unsichtbare Hand, *sondern* Der Wohlstand der Nationen. «

»Klingt trotzdem geheimnisvoll«, fand Hemingway.

»Na, das ist sie doch auch, die Welt der Börse. Sie ist geheimnisvoll. Deshalb wundere ich mich ja auch etwas darüber, dass ihr davon so magisch angezogen seid. Aber dennoch, ganz so geheimnisvoll ist die Welt der Börse nun doch nicht. Denn bei näherem Hinsehen ist die ›unsichtbare Hand‹ natürlich nichts anderes als der Mechanismus von Angebot und Nachfrage. Und dies gilt natürlich nicht nur für die Börse, sondern prinzipiell für alle Märkte, also auch für die, auf denen beispielsweise Waren gehandelt werden.

Gehen wir dazu einmal von dem Fall aus, dass es in einem Land eine im Vergleich zum Vorjahr sehr schlechte Weizenernte gibt. Würde die Verteilung des Weizens nun über ein zentralistisches Planungssystem, also über eine ›sichtbare Hand‹, erfolgen, dann würde dies bedeuten, dass jeder in diesem Jahr weniger Weizen bekommen würde. Mit Ausnahme vielleicht der Planer selbst. Und sonstiger ›Würdenträger‹. Und wer weiß, wem sonst noch.

In einem Marktsystem hingegen würde die Angebotsverknappung bei gleichbleibender Nachfrage einfach zu einem höheren Preis für Weizen führen, so dass ganz automatisch die ›unsichtbare Hand‹ darüber entscheidet, wer nun weniger Weizen verkonsumieren kann und wer mehr. Dies mag im Einzelfall zwar ähnlich ungerecht sein wie bei einer bewussten und unvermeidlich korrupten Verteilung, kann jedoch jederzeit durch staatliche Ausgleichszahlungen an Bedürftige korrigiert werden. Im Hinblick auf die Effizienz sowohl der Versorgung mit bestimmten Gütern als auch der Verteilung des Aktienbesitzes auf die einzelnen Anleger ist dieses System jedoch durch nichts zu schlagen.«

»Da siehst du es wieder einmal«, sagte der Professor zu Hemingway, als sie nach dem Gespräch mit ihrer Lehrerin noch ein wenig zusammensaßen: »Wir werden alle von einer unsichtbaren Hand regiert. Von wegen freier Wille.«

»Ist doch aber Quatsch, Professorchen«, beschwerte sich Hemingway. »Die ›unsichtbare Hand‹ bedeutet doch nicht, dass nicht jedermann das tun könnte, was er will. Sie ist nur der Mechanismus, der den Ausgleich dieser freien Entscheidungen bewirkt.«

»Da hat er wirklich ausnahmsweise Recht«, stimmte Jeannette Hemingway zu und sagte zum Professor gerichtet: »Eigentlich ist die ›unsichtbare Hand‹ sogar erst die Voraussetzung zum Äußern freier Willensentscheidungen. Denn in einer Diktatur oder in einer zentralen Planwirtschaft kannst du nun wirklich keine freien Entscheidungen treffen.«

»Du kannst schon«, fügte Brian hinzu, »aber dann bist du entweder tot oder es hat keine Wirkung.«

»Ihr habt ja Recht«, gab der Professor zu. »Das war ein Schnellschuss. Ich wollte ja nur etwas provozieren. Und das ist doch wunderbar gelungen. Aber anderes Thema: Wollen wir die Idee mit dem Buch von Adam Smith aufnehmen?«

»Elende Trockenübung«, entgegnete Hemingway. »Ich finde, wir sollten jetzt endlich anfangen, richtig loszulegen. Bücher sind ja gut und schön. Aber in dieser Hinsicht habe ich bald genug gelesen.«

»Das ist doch aber Quatsch«, versuchte der Professor Hemingway zu überzeugen. »Du kannst doch nicht handeln, ohne dich vorher richtig informiert zu haben. Und vor allem nicht, ohne einen richtigen Plan zu haben. Das kann vielleicht ein versoffener Schriftsteller machen, wenn er mit einem Buch anfängt, den Faden aber nicht mehr in der Hand hat. Aber wir doch nicht.«

»In der unsichtbaren Hand?«, scherzte Hemingway. »Eben noch reden wir gegen den Plan – und jetzt muss plötzlich ein Plan her. Sind wir denn hier in Kuba, dass wir unbedingt einen Plan brauchen?«

»Komm Hem, trink noch einen Daiquiri und lass uns mal machen«, versuchte der Professor Hemingway abzuwimmeln.

So schnell gab dieser jedoch nicht auf, wie immer, wenn er sich erst einmal warm gelaufen hatte: »Dann lass uns abstimmen.«

»Ich bin auf der Seite des Professors«, entschied sich Jeannette mutig.

»Das führt doch wohl wieder zwangsläufig zum Scheiterhaufen, Jeanne d'Arc!« Jetzt hatte Hemingway sich auf Jeannette eingeschossen. Dann schaute er Brian an: »Komm, Brian, du bist doch sonst auch kein Kostverächter. Mit oder ohne Gummi? Wollen wir jetzt richtig loslegen oder weiter die Professoren mimen?«

»Honig schleckt der Bär, der Braune«, antwortete Brian. »Ich weiß nicht so recht. Der Professor und Jeannette liegen sicherlich nicht so schief. Denn schließlich haben wir nicht nur keine sonderliche Ahnung, sondern darüber hinaus auch überhaupt kein Geld. Sollten wir uns nicht auch darüber langsam einmal Gedanken machen? Denn selbst wenn wir alle zusammenlegen, dann kommt doch sicherlich auch nicht mehr als ein Tausender heraus. Und damit lohnt es sich überhaupt nicht anzufangen.«

»Seht ihr«, antwortete der Professor triumphierend, »und genau hier fängt die Theorie an. Denn wir müssen unseren Einsatz schlichtweg ›leveragen‹!« Er schaute in die Runde und sah nur gekräuselte Stirnfalten auf verdutzten Gesichtern. »Was, das versteht keiner von euch? Nix verstehen, aber Börse spielen? Das klingt nicht unbedingt auf Erfolg gepolt.«

»Nun mach doch keine Rätsel mit uns, Professore.« Brian wurde ungeduldig. »*Lever-* was?«

»Leverage«, antwortete der Professor. »Hebelkraft, Hebelwirkung. Das heißt: Wir müssen uns von irgendwo her Geld borgen. Denn dann können wir mit einem enormen Hebel auf das von uns selbst eingesetzte Geld arbeiten.«

»Ich versteh nur Bahnhof«, entgegnete Hemingway in einer Offenheit, die wahrscheinlich nur ihn auszeichnete. Denn die anderen hätten sich diese Blöße nicht so schnell gegeben.

»Hier«, sagte der Professor und kramte aus seiner Umhängetasche ein Buch hervor. »Hier kannst du alles schwarz auf weiß nachlesen.«

»Der Professor hat wieder einmal vorgearbeitet«, juxte Brian jetzt. »Das ist ja typisch. Professore hat natürlich die nächsten Vorlesungen alle schon längst in der Tasche.«

»Nein, das stimmt wirklich nicht«, verteidigte sich dieser, »aber natürlich habe ich schon einmal in ein Buch der mathematischen Kapitalmarkttheorie hineingeschaut, an die wir uns jetzt doch heranmachen wollen.«

»Oh Gott, oh Gott!« Hemingway sank regelrecht in sich zusammen. »Noch ein Buch und noch ein Buch. Dabei mag ich doch Bücher, wirklich. Aber nur Theorie? Nur Theorie! Und dann auch noch bis zum Abwinken. Wenn wir das erst alles durcharbeiten wollen, bevor wir loslegen, dann hat sich der Aktienmarkt in der Zwischenzeit sicherlich noch einmal verdoppelt. Schaut denn niemand von euch wenigstens ab und zu einmal in die Zeitung? Dann fangen wir nämlich vielleicht genau in dem Moment an zu kaufen, in dem alle Kurse wieder nach unten drehen. Und sind zu diesem Zeitpunkt zwar theoretisch schlau, praktisch aber plötzlich bettelarm. Dann geht dein Hebel nämlich mächtig nach hinten los.«

»Nun bleib doch cool, Mann«, raunzte Brian ihn an, »lass uns doch wenigstens das in aller Ruhe diskutieren.«

»Natürlich ist es nicht ausgeschlossen, dass das eintreten könnte, was Hem sagt«, stellte der Professor fest. »Wenn man zu spät kommt, dann bestraft einen das Leben. Und natürlich kann ebenso wie in der Physik auch an der Börse eine Hebelwirkung in die falsche Richtung losgehen. Schließlich kann sie prinzipiell – je nach Anstoß – immer in zwei entgegengesetzte Richtungen wirken. Aber wenn man sorgsam vorgeht, kann einem wirklich nichts passieren. Machen wir doch ein Beispiel: Angenommen, wir schaffen es, zusammen 1000 Mark aufzubringen, und borgen uns dazu 9000 Mark. Dann können wir also insgesamt 10000 Mark einsetzen. Machen wir jetzt einen Gewinn von schlappen 500 Mark, dann sind das bezogen auf unseren Gesamteinsatz von 10000 Mark zwar nur 5 Prozent. Betrachten wir es jedoch im Verhältnis zu unserem Eigenkapital, dann sind es schon 50 Prozent.«

»Und wenn es nach hinten losgeht«, warf Hemingway sofort ein, »dann sind es 50 Prozent im Minus. Dann hast du den Hebel im Hintern, und wir sind die Hälfte der Kohle los.«

»Aber nicht zwingend«, wandte der Professor ein, »wir können uns ja auch ›Stopp-Loss-Marken‹ setzen und damit unseren Verlust begrenzen.«

Jetzt schaute er zu Jeannette herüber, die in dem Buch, welches der Professor mitgebracht hatte, herumschmökerte: »Gib mir mal das Buch her, dann zeig ich es dir.«

»Moment mal«, wandte Jeannette ein. »Ich habe gerade etwas anderes gefunden, was euch sicherlich noch viel mehr interessieren wird. Hört zu, ich lese euch das gerade einmal vor.«

»Überschrift: Die Theorie der Markteffizienz, im Englischen auch ›Efficient Market Theory‹ genannt. Der Begriff der Kapitalmarkteffizienz bezieht sich auf die Informationsverarbeitung an Kapitalmärkten. Und hier gilt: Ist ein Markt effizient, dann lassen sich durch keinerlei Ausnutzung von Informationen Erträge erwirtschaften, die höher sind als die des Marktdurchschnitts. Oder anders ausgedrückt: Von einem effizienten Kapitalmarkt wird dann gesprochen, wenn es sich um einen perfekten Markt handelt, wenn also – oder besser falls – die Wertpapierkurse zu jeder Zeit alle verfügbaren Informationen vollständig reflektieren.

In der Literatur wird in der Regel zwischen schwacher, halb-strenger und strenger Informationseffizienz gesprochen. Schwache Effizienz bedeutet, dass in den Kursen alle Informationen über die vergangenen Kursentwicklungen vollständig berücksichtigt sind, halb-strenge, dass alle öffentlich zugänglichen und strenge, dass sämtliche, auch nicht öffentliche Informationen in den Kursen enthalten sind.

Empirische Untersuchungen in den USA zeigen auf, dass mit großer Sicherheit nicht von einer strengen Markteffizienz der Aktienmärkte ausgegangen werden kann, wohingegen jedoch für das Vorliegen einer halbstrengen und damit auf jeden Fall auch der schwachen Kapitalmarkteffizienz sehr viele Gründe sprechen.

Die Konsequenzen dieser Tatsache sind nun in der Tat gewaltig. Denn dies bedeutet, dass der Aktienmarkt idealerweise als ein Random-Walk, sprich als ein Zufallsprozess, beschreibbar ist. Und das wiederum heißt: Ein aktives Wertpapiermanagement, also das bewusste Aussuchen bestimmter Aktien im Vergleich zum Losverfahren, hat nur dann einen Sinn, wenn der Anleger über Insiderwissen oder Spezialkenntnisse verfügt, die am Markt bisher nicht bekannt sind. «

»Au Backe«, sagte Brian jetzt etwas nachdenklich. »Das klingt nicht gut. Ich durchblicke das zwar noch nicht ganz, aber vielleicht hat der Professor ja doch Recht. Denn ohne ein gewisses Grundwissen könnten wir ja wirklich über den Tisch gezogen werden. Ich denke nur an das Skatspielen.« Dann schaute er in die Runde und fügte hinzu: »Ich will ja keinen von euch dabei scharf angucken.«

»Brian hat völlig Recht«, warf Jeannette ein, die allerdings damit sicherlich als Letzte gemeint war. Jeannette wandte sich in die Richtung, in der Hemingway sich auf die Platte des Tisches gesetzt hatte, und sagte: »Hem, jetzt bist du klar in der Minderheit. Mit Brian auf unserer Seite sind wir jetzt drei zu eins. Willst du dich immer noch sträuben? Aber eine Sperrminorität gibt es erst bei 25,1 Prozent. Und du hast nur 25 Prozent glatt.«

»Also gut, in Gottes Namen«, lenkte Hemingway ein, »dann veranstalten wir eben erst noch ein Börsenseminar. Was konkret schlagt ihr also vor?«

»Ich denke«, meldete sich der Professor, »wir sollten jeder einen Themenbereich vorbereiten, den wir dann allen vortragen. Vielleicht hat Soros der Zweite ja auch Lust, dabeizusein. Und wenn nicht, dann müssen wir eben die offenen Fragen sammeln und anschließend mit ihm durchgehen.«

»Jeder ein Referat, das ist ja wie in der Schule«, nörgelte Hemingway weiter.

»Aber wie in einer Schule, die endlich einmal Spaß macht«, antwortete Jeannette, und der Professor nickte.

»Also ich nehme mich der mathematischen Kapitalmarkttheorie an«, schlug der Professor vor.

»Da habe ich allerdings gleich eine Frage«, unterbrach ihn Jeannette. »Ich habe das eben über die ›Theorie der Markteffizienz‹ zwar vorgelesen, weil die Aussagen so interessant klangen, ganz verstanden habe ich das allerdings nicht.«

»Okay«, antwortete der Professor, »darauf werde ich dann noch ausführlicher eingehen.«

»Und noch was!« Wieder war es Jeannette mit ihrem nahezu unstillbaren Wissensdrang: »Was sind eigentlich ›Stopp-Loss-Marken‹?«

»Stopp-Loss«, antwortete der Professor, »bedeutet ›Verlustbegrenzung‹. Ziel dieser Strategie ist es, die Gewinne ›laufen‹ zu lassen, also nicht zu beschneiden, die Verluste hingegen zu minimieren.«

»Will das nicht jeder?« fragte Jeannette zurück. »Dann sind doch wohl alle Strategien ›Stopp-Loss-Strategien‹, oder?«

»Irgendwie schon«, gab der Professor zu. »Doch mit ›Stopp-Loss-Marken‹ zu arbeiten, bedeutet ganz konkret, eine Aktie dann zu verkaufen, wenn sie unter einen bestimmten Kurs fällt. Das kann natürlich auch danebengehen, nämlich dann, wenn die Aktie nur kurz unter diesen Kurs fällt und dann wieder nach oben geht. Dann ist man, wie die Börsianer sagen, eben klassisch ›ausgestoppt‹ worden.«

»Ist ja wie beim Autorennen«, fand Brian und traf damit den Nagel auf den Kopf.

»Exakt«, antwortete der Professor deshalb auch, allerdings nur, um sogleich weitere Pläne zu machen: »Welche Themen sind denn sonst noch wichtig?«

»Aktien aus historischer Sicht«, meldete Jeannette sich zu Wort.

»Das hatten wir aber doch schon bei Soros dem Zweiten«, wandte der Professor ein. »Gib doch noch einmal das Buch her. Mal sehen, was da sonst noch alles im Inhaltsverzeichnis steht.«

Er nahm das Buch zur Hand und blätterte. »Optionspreistheorie, das kann ich ja noch dazunehmen, ich glaube, das gehört in den Kontext der mathematischen Kapitalmarkttheorie.« Er blätterte weiter. »Dann hier: Grundlagen der Aktienbewertung, Fundamentalanalyse, Chartanalyse, Markttechnik und neuer Ansätze: Bubbles, Neuronale Netze, Chaostheorie.«

»Chaostheorie mache ich!«, preschte Hemingway nach vorne.

»Prima«, stimmte der Professor zu, »dann haben wir den Kritiker ja erfolgreich in unser Projekt eingespannt. Dann macht Hemingway am besten die ganzen neueren Ansätze. Und Brian die klassischen. Was haltet ihr davon?«

Hemingway und Brian nickten übereinstimmend: »Topp, die Welle tilt!«, sang Brian und machte eine Bewegung, als stünde er auf einem Surfboard.

»Und was soll ich machen?«, fragte Jeannette daraufhin etwas kleinlaut.

»Wolltest du nicht den geschichtlichen Teil übernehmen, Jeanne d'Arc? Hier steht nämlich noch viel mehr drin als das, was Soros der Zweite uns von der Ostindischen Compagnie erzählt hat, nämlich Folgendes: Die großen Crashs in der Geschichte des Aktienmarktes. Von der Tulpenspekulation über die Weltwirtschaftskrise und den Crash von 1987 zur Asienkrise und den Crashs von 1997 und 1998.«

»Prima!«, frohlockte Jeannette.

»Aber nichts über den Einfluss der Heiligen Inquisition auf die Aktienkurse«, mahnte Hemingway, »denn das bringt uns sicherlich nicht weiter. Und mich eher um.«

»Ich weiß«, konterte Jeannette, »aber beim Spanischen Bürgerkrieg wäre das natürlich etwas ganz anderes.«

»Genau, und beim Ersten Weltkrieg, bei der Isonzoschlacht, natürlich auch«, gab Hemingway ebenso schlagfertig zurück.

»Okay, dann sind wir ja klar«, sagte der Professor und versuchte das Heft wieder in die Hand zu nehmen. »Dann kopiert sich jetzt jeder erst einmal die Seiten aus dem Buch heraus, und nächste Woche setzen wir uns dann zusammen. Und bis dahin sollte jeder mit seinem Referat über seinen Themenbereich fertig sein.«

KAPITEL 9

Von weißen Mäusen und tiefsinnigen Gedanken

Die Abwägung von Risiko und Ertrag

Eigentlich wusste Brian, dass diese Qualmerei ziemlich schädlich ist. Aber es konnte schon einmal passieren, dass er sich abends bei einer heftigen Diskussion mit seinen Freunden oder auf einem fröhlichen Fest bei einem Glas Bier eine Zigarette genehmigte. Wenn man ihn auf dieses Reizthema ansprach, konterte er stets mit dem Spruch: »Das ist eben meine Risikostreuung. Meistens rauche ich nicht, manchmal aber eben doch.«

Aber jetzt war er völlig fertig, ihm zitterten die Hände, und er dachte an eine Zigarette. »Denn was nützt mir in diesem Fall die Risikostreuung«, sagte er zu sich selbst, »wenn wir sie doch in anderer Hinsicht so eklatant verletzt haben?«

Vielleicht hätte man daher, so überlegte er weiter, auch die Risikostreuungen ihrerseits selbst wieder streuen sollen. Aber nein, sie hatten sich ja für schlauer als alle anderen gehalten. Sie hatten geglaubt, alles völlig anders machen zu müssen als alle anderen. Und nun dies. Es war wirklich eine Geschichte, die durchaus für ein Buch oder einen Film geeignet wäre.

Dabei musste er sofort an den Lieblingsfilm seines Vaters denken: *Die Gentlemen bitten zur Kasse*. Eine deutsche Fernsehproduktion aus den sechziger Jahren über den großen englischen Postraub. Noch in schwarz-weiß gedreht und genauso altmodisch – damit jedoch fast schon wieder so in – wie eine Folge von *Raumpatrouille Orion*. Und welch unglaubliche Übereinstimmungen sich hier ergaben. Denn schließlich lag der Ober-Posträuber Ronnie Biggs auch heute noch ausgeruht und unbehelligt am Strand von Rio de Janeiro.

Der Professor schob sein Manuskript hin und her und kratzte sich an der Nase. Obwohl es eigentlich völlig unnötig schien, war er etwas nervös. Sie waren zwar nur unter sich, aber dennoch hatte er schließlich so etwas wie einen Ruf zu verlieren. Und so hatte er sich denn auch ebenso akribisch auf sein Referat vorbereitet, welches er jetzt nur für Brian, Jeannette und Hemingway halten würde, wie es ansonsten nur dann der Fall war, wenn es galt, in der Schule vor der ganzen Klasse etwas zu glänzen.

»Jetzt seid doch mal ruhig!«, zischte er deshalb die anderen an. »Wollen wir denn jetzt nicht endlich anfangen? Hem, du weißt doch, das Bier wird erst dann aufgemacht, wenn der letzte Vortrag zu Ende ist.«

»Eigentlich ist das ja Erpressung«, erwiderte Hemingway, »aber da jetzt erst Vormittag ist, wollen wir das ruhig noch einmal durchgehen lassen.«

»Aber was denkt ihr denn, wie lange das dauert mit den Vorträgen? Es sind immerhin vier Stück.«

»Also meiner«, antwortete Brian, »dauert keinesfalls länger als eine halbe Stunde.«

»Und meiner auch nicht viel länger«, schloss sich Hemingway an. »Wenn er überhaupt so lange dauert.«

»Gut, gut, das glaube ich schon«, gab der Professor zurück. »Aber hatten wir nicht ausgemacht, dass wir anschließend so lange diskutieren, bis jedem von uns die wichtigsten Punkte klar sind und wir die dann noch offenen Fragen an Soros den Zweiten formuliert haben? Und das kann im Einzelfall ja durchaus eine Weile dauern.«

»Nun mal Vorsicht«, entgegnete Hemingway, der das, wie so vieles andere auch, natürlich sofort auf sich selbst bezogen hatte. »Du wirst uns doch jetzt wohl nicht mit mathematischen Formeln nerven wollen, oder?«

»Nein«, antwortete der Professor, »das lasse ich so gut es geht weg. Aber dazu müsstet ihr mich erst einmal anfangen lassen.« Er schaute in die Runde. »Also, alles klar? Ready for countdown?« Alle nickten.

»Okay, also los: Jeannette hatte neulich ja schon angefangen mit der Markteffizienz. Die wichtigsten Punkte hiervon will ich jetzt noch einmal

kurz vorlesen, um euch dann anschließend sowohl die Hintergründe als auch die Folgerungen aus dieser Theorie aufzuzeigen.

Ein Markt wird dann als ›effizient‹ bezeichnet, wenn sich durch keinerlei Ausnutzung von Informationen Erträge erwirtschaften lassen, die höher sind als es dem Marktdurchschnitt entsprechen würde. Das heißt: Von einem effizienten Kapitalmarkt wird dann gesprochen, wenn die Wertpapierkurse zu jeder Zeit alle verfügbaren Informationen vollständig reflektieren.

Die Konsequenz daraus ist nun, dass es sich in einem effizienten Markt überhaupt nicht lohnen würde, gezielt bestimmte ausgewählte Aktien zu kaufen. Denn man könnte ebensogut mit einem Dartpfeil auf das Kursblatt werfen oder per Losverfahren entscheiden, welche Aktien und wann man kauft. Und der Grund hierfür liegt darin, dass alles, was bisher bekannt ist, in einem effizienten Markt bereits in den Aktienkursen enthalten ist. Denn jeder, der etwas über ein Unternehmen weiß, wird dieses Wissen bereits in Handlungen umgesetzt haben. Derjenige, der glaubt, dass die neuen Produkte des Unternehmens ein Knaller werden, wird also ebenso sicher bereits gekauft haben, wie umgekehrt derjenige, der davon ausgeht, dass dies nicht zutreffen wird, schon lange verkauft haben wird.

Die Chancen sind somit für alle Marktteilnehmer an allen Tagen immer gleich. Und das kann nur heißen: Niemand kann prinzipiell wissen, wie es demnächst mit dem Aktienkurs weitergeht. Im Internet habe ich dazu neulich bei DonL auf seiner Homepage www.geldmachtspass.de ein schönes Experiment mit den ›Katzperten‹ gesehen. Hier wurden zwei Katzen mit einem Haufen von kleinen Bällchen konfrontiert, die jeweils eine bestimmte Aktie verkörpern sollen. Und aus den Aktien der Bällchen, mit denen die Katzen bevorzugt gespielt haben, ist schließlich ein Depot zusammengestellt und mit denen von Investmentprofis verglichen worden. Schlechter als die Experten haben die Katzperten dabei jedenfalls nicht abgeschnitten.

Völlig anders sieht es nun jedoch aus, wenn jemand über Insiderkenntnisse aus einem Unternehmen verfügt. Doch aufgrund solcher Insiderkenntnisse zu handeln, ist strafbar. In den USA war das schon immer so, und in der Bundesrepublik gibt es seit einiger Zeit ähnliche Regelungen. Das heißt: Wer weiß, welche Produkte das Unternehmen neu an den Markt bringen wird, ob und mit wem neue Kooperationen eingegangen oder welche Firmen übernommen werden sollen, und vor allem, wie die nächsten Geschäftszahlen aussehen, dem ist es untersagt, in diesen Aktien zu handeln.

Und zwar so lange, bis die entsprechenden Tatsachen offiziell bekannt gemacht worden sind.

Derartige Mitteilungen heißen ›Ad-hoc-Mitteilungen‹ und sind nach dem Wertpapier-Handelsgesetz jedem Unternehmen für den Fall zwingend vorgeschrieben, in dem ein Ereignis eingetreten ist, welches geeignet erscheint, einen signifikanten Einfluss auf den Aktienkurs der entsprechenden Gesellschaft zu nehmen.

Nun zeigt jedoch alle Erfahrung, so die Literatur zu diesem Thema, dass trotzdem regelmäßig Insiderkenntnisse an den Märkten ausgenutzt werden. Man erkennt das am besten daran, dass sehr oft bereits einige Tage vor der Bekanntgabe von Firmenübernahmen oder Geschäftszahlen die Aktienkurse sich in die entsprechende Richtung bewegen. Denn das kann nur bedeuten: Hier sind Insider am Werk! Alle anderen Anleger können hingegen nur staunen über die vehementen Kursausschläge, die für sie fast wie ein Wunder anmuten müssen, bei dem die Kurse wie von Geisterhand bewegt werden.

Das heißt also: Im Normalfall ist die ›unsichtbare Hand‹ des Marktes von niemandem zu schlagen, durch Insiderkenntnisse ist sie jedoch zumindest temporär außer Kraft zu setzen. «

»Damit ist doch klar, was wir machen müssen«, fiel Hemingway dem Professor sofort ins Wort. »Insiderkenntnisse müssen her. Denn uns wird sicherlich niemand zutrauen, so etwas zu haben.«

»Pfui, Hem!«, entgegnete der Professor. »Ich dachte immer, du bist ein edler Ritter …«

»… aber wenn die anderen es doch auch tun …«

»… dann muss man es doch lange noch nicht nachmachen. Und vor allem: Wo willst du denn Insiderinformation herbekommen?«

»Von Soros dem Zweiten natürlich«, antwortete Hemingway. Und plötzlich schwiegen alle und fingen an, angestrengt nachzudenken. Soros der Zweite und Insiderinformationen? Und selbst wenn er über solche verfügte, warum sollte er sie dann an sie, also an ein paar Schüler, weitergeben? Mit dem Risiko, dass diese sie schließlich an ihre Eltern weitergaben, welche wiederum eine Anzeige erstatten könnten.

Natürlich gab es immer Tipps. Aber Tipps sollten doch, so hatte der Professor vorgetragen, immer dann wertlos sein, wenn sie nicht auf Insiderinformationen beruhten. Irgendetwas konnte daran aber nicht stimmen. Denn schließlich konnte man in jedem Wirtschaftsmagazin und in jedem

4,85 0,61 Interact.Magic (US)
2,4 0,2 Interferon Sc.(US) F 1,81 1,90G +4,97
0,33 0,15 Int.Bank of Asia(HK) F 0,20 0,20-T ±0
57,7 37,0 Intern.Paper (US) F 38,50 39,10-T +1,55
198,0 30,6 Internet Capital (US) F 110,50 101,20 -8,41
7,0 1,25 Interneur. Pharm. (US) F 0,80 4,25bB +11,8
855,0 122,0 Interq (J) F 820,00 832,00 +1,46
5,65 3,2 Invensys (GB) F 4,50 4,60 +2,22
6,2 2,9 Iomega (US) F 3,82 3,80G -0,52
76,0 44,5 Ionian Bank (GR) Bn 48,70 48,70B ±0
5,95 1,8 Irkutskenergo (RUS) F 3,50 3,25G -7,14
4,5 3,3 Iscor (ZA) Bn 3,85 2,80-T -27,2
13,5 8,58 Italcementi (I) F 8,85 8,58 -3,05
5,7 3,5 Italgas (I) F 5,08 4,94G -2,75
SIEMENS Aktie
Dividen-
den-
rendite

Börsenbrief Tausende von Tipps lesen. Doch wenn man dies nun vor dem Hintergrund der Markteffizienz betrachtete, dann gab es doch nur zwei Interpretationsmöglichkeiten: Entweder die Journalisten und Börsenbriefschreiber wussten nicht, dass Aktienmärkte effiziente Märkte sind, oder aber sie gaben tatsächlich Insidertatbestände zum Besten. Und eines war eigentlich genauso unwahrscheinlich wie das andere.

Der Professor unterbrach als erster das Schweigen. Denn über ungelegte Eier wollte er sich eigentlich keine Gedanken machen. Sie hatten keine Insiderinformationen, weshalb es, so fand er, auch müßig war, sich zu überlegen, wie es wäre, wenn sie welche hätten: »Gehen wir doch erst einmal davon aus«, sagte er deshalb, »dass es keine Insiderinformationen gibt, zumindest nicht für uns. Das ist doch sicherlich erst einmal eine realistische Annahme. Und aus dieser wiederum folgt:

»Ohne die Verfügbarkeit von Informationen oder Theorien, welche die anderen Marktteilnehmer noch nicht kennen, bleibt jedem Investor nur übrig, seine Aktien anhand der folgenden zwei Parameter auszuwählen: ›Rendite‹ und ›Risiko‹. Unter ›Rendite‹ versteht man den Ertrag einer Anlage, was ein ›Risiko‹ ist, muss ich hingegen wohl kaum erklären.

Zwischen Rendite und Risiko besteht folgende Beziehung: je höher der Ertrag, umso größer auch das Risiko. Und je kleiner das Risiko, umso geringer der Ertrag. Nun kann man als Investor den Ertrag einer Aktie zwar wenig beeinflussen, das Risiko kann man jedoch dadurch reduzieren, dass man nicht nur eine Aktie kauft, sondern jeweils gleich mehrere. So verringert sich das Risiko dadurch, dass sich die Kursschwankungen ›auf mehrere Schultern verteilen‹ und so ein Rückgang bei einer Aktie in der Regel durch den Anstieg einer anderen wieder ausgeglichen oder zumindest abgemildert wird.

Eine derartige Zusammenstellung eines ›Aktienkorbes‹ oder eines Depots nennt man gemeinhin ›Portefeuille‹ oder auch ›Portfolio‹. Nun gibt es natürlich viele verschiedene Möglichkeiten, wie jeder Investor sein Portfolio individuell zusammenstellen kann. Als effizient sind jedoch nur diejenigen Kombinationen zu bezeichnen, zu denen keine Alternative existiert, die sich bei gleicher Rendite durch ein geringeres Risiko auszeichnet, beziehungsweise diejenigen, für die es bei gleichem Risiko kein Portfolio mehr gibt, welches eine höhere Rendite aufweist.«

»Professor, stopp mit dem Fachchinesisch!«, protestierte Brian. »Wen interessiert denn dieser Schwachsinn? Schließlich haben sicherlich schon

Millionen von Leuten Aktien gekauft und damit gutes Geld verdient, ohne überhaupt jemals schon etwas von Begriffen wie ›Portfolio‹, ›Rendite‹ oder ›Risiko‹ gehört zu haben. Okay, ›Risiko‹ haben sie bestimmt schon gehört, aber wie will man denn das Risiko einzelner Aktien überhaupt messen? Beißt sich hier nicht vielmehr die Katze ganz gehörig in den Schwanz?«

Brian schaute triumphierend in die Runde: »Denn um zu wissen, wie hoch das Risiko wirklich ist, müsste man doch die zukünftigen Kursschwankungen kennen. Doch wenn man diese wiederum kennen würde, dann gäbe es ja überhaupt kein Risiko mehr!«

»Doch, Brian«, erwiderte der Professor, »prinzipiell ist das möglich.« Und er setzte seinen Vortrag fort:

»Als Maß für das Risiko einer Aktie bedient man sich einer Größe, die gemeinhin ›Volatilität‹ genannt wird. Die Volatilität wiederum fußt auf der Berechnung der ›Standardabweichung‹, das heißt der Schwankung der Kurse um ihren Mittelwert. Zur Messung der historischen Standardabweichung benötigt man das mathematische Konzept der ›Normalverteilung‹. Ihr erinnert euch sicherlich, die Gaussche Glocke.

Mittels der Standardabweichung werden nun die Schwankungen der Rendite – also die der Gesamterträge der Anlage in einer Aktie, das heißt Dividenden und Kursgewinne – um ihren Mittelwert gemessen. Mathematisch ausgedrückt entspricht dem die positive Quadratwurzel der Varianz, welche selbst wieder als Summe der quadrierten Differenzen zwischen den Renditeausprägungen und deren Mittelwert, geteilt durch die Anzahl der verwendeten Werte, zu verstehen ist.

Den Rest schenke ich mir, denn für einen Mathematiker ist das trivial, und die Nicht-Mathematiker unter uns werden das sowieso niemals verstehen. Wichtig hierbei ist jedoch, zu sehen, dass man das Risiko jeder einzelnen Aktie damit doch irgendwie in den Griff bekommt. Denn das muss man schließlich auch, weil anderweitig so moderne Absicherungsinstrumente wie Optionen überhaupt nicht existieren und schon gar nicht gehandelt werden könnten.

Doch weiter der Reihe nach: Unter einer ›Option‹ versteht man das Recht, eine bestimmte Aktie innerhalb einer bestimmten Frist entweder kaufen oder verkaufen zu können. Kaufoptionen nennt man in der Fachsprache ›Calls‹ und Verkaufsoptionen ›Puts‹. Jedes Optionsgeschäft besteht aus einem ›Basispreis‹, zu dem die Aktie nach Ablauf der Optionsfrist ge-

oder verkauft werden kann, sowie aus dem Preis für die Option, also für das Recht zum Tätigen dieses Geschäfts.

Optionen dienen dazu, entweder mit relativ geringem Einsatz auf steigende Kurse zu spekulieren (Kauf eines Call) oder aber Aktien, die man besitzt, gegen Kursverlust abzusichern (Kauf eines Put).

Entscheidend für die Höhe des Optionspreises ist nun neben der Höhe des Basispreises, zu dem die Aktie schließlich ge- oder verkauft werden darf, dem gegenwärtigen Aktienkurs und der Restlaufzeit der Option insbesondere die Volatilität des Kurses der entsprechenden Aktie. Und hier gibt es die Faustregel: Je höher die Volatilität, je mehr die Aktie also schwankt, umso höher auch der Preis für die Option.

Nehmen wir beispielsweise eine deutsche Standardaktie aus dem DAX, dem Deutschen Aktienindex. Der DAX umfasst die 30 wichtigsten deutschen Aktiengesellschaften. Er vermittelt ein repräsentatives Bild von der Entwicklung aller Kurse der Unternehmen, die am deutschen Aktienmarkt gehandelt werden.

Man kann beispielsweise durchaus sagen, dass für diese Standardaktie, die heute bei 100 Euro notiert, eine Kaufoption zu eben diesem Kurs von 100 Euro für ein Jahr vielleicht 12 Euro kosten würde. Und zwar deshalb, weil die Volatilitäten dieser Aktien im Bereich von roundabout 12 Prozent um ihren Mittelwert schwanken. Ganz anders sieht es hingegen bei den Werten des Neuen Marktes aus, bei denen eine entsprechende Option aufgrund der durchschnittlichen Schwankungsbreite von über 60 Prozent dann auch mindestens 60 Euro kosten müsste. «

»Einspruch, Euer Ehren«, meldete sich Brian in diesem Moment zu Worte und war im Vergleich zu sonstigen Gelegenheiten relativ ernst. »Ich habe das zwar zugegebenermaßen nicht vollständig begriffen, was du da gesagt hast, aber ich liege doch richtig damit, dass hier ausschließlich vergangenheitsorientierte Werte in die Zukunft hinein fortgeschrieben werden?«

»Das ist richtig«, antwortete der Professor, »aber anders geht es schließlich nicht.«

»Gut, aber wer sagt mir denn nun«, spann Brian seinen Faden weiter, »dass die Aktien, die im letzten Jahr sehr stark geschwankt haben, sich nun für die Zukunft nicht erst einmal ausgeschwankt haben? Wie eine Schaukel, die auch zunächst wie wild hin und her schwingt, wenn jemand auf ihr schaukelt, anschließend jedoch, wenn der Schaukler wieder weg ist, von der Erdanziehungskraft zum Stillstand gebracht wird. Und ist das nicht bei

Aktien ganz genauso? Erst können alle von einer Aktie überhaupt nicht genug bekommen, dann interessiert sich plötzlich niemand mehr dafür. Und aus ist es dann mit dem Schaukeln der Kurse.«

»Genau!«, unterstützte ihn jetzt sogar Jeannette, »Brian hat genau den Punkt getroffen, Professore. Denn in deiner mathematischen Welt gibt es keine Veränderung. Und wenn es dort doch eine Veränderung gibt, dann ist es eine Veränderung, die auf jeden Fall vorhersehbar sein muss. Erinnere dich nur daran, was Soros der Zweite neulich am Badesee gesagt hat! Doch wenn die Wirklichkeit tatsächlich so beschaffen wäre, dann bräuchten wir ja eigentlich überhaupt keine Geschichtsforschung mehr. Denn dann könnten wir doch einfach die Jahre zurückrechnen – und wüssten sofort, was damals passiert ist. Doch das geht natürlich nicht. Weil Geschichte eben immer aus Überraschungen besteht. Doch genau das kannst du in deine Formeln nicht hineinbekommen.«

Jeannette war jetzt richtig in Form. Sie hasste die Mathematik zwar nicht genauso, wie Brian und Hemingway das taten, aber ihr war durchaus klar, dass man mit der Mathematik immer nur mustergültige Szenarien darstellen konnte. Und so gab sie denn dem Professor noch weiter Kontra: »Wenn die ganze Börse ein Laborversuch wäre, dann könntest du sie sicherlich mit deiner Mathematik wunderbar berechnen. Aber dann dürften die Banken, Makler und Anleger alle nichts anderes sein als ein Rudel weißer Mäuse. Und da würden sie sich schön bedanken.«

»Weißer Mäuse?«, fragte der Professor ungläubig zurück. Was hatten denn weiße Mäuse mit der Berechnung von Volatilitäten am Aktienmarkt zu tun? »Ihr spinnt ja wohl«, empörte er sich. »Vielleicht seht ihr jetzt selbst schon weiße Mäuse.«

»Na, dann nenne sie doch Laufautomaten oder vorherbestimmte Roboter, die aufgrund einer mathematischen Formel ebenso fest auf die Zukunft programmiert sind wie deine Volatilitäten«, unterstützte jetzt auch Hemingway die Opponenten. Denn Hemingway war einer der ausgemachtesten Feinde »des Formalkrams«, wie er dieses Thema immer bezeichnete, und wusste daher natürlich nur zu genau, worum es hierbei ging.

Der Professor schaute weiterhin ungläubig, doch Jeannette setzte sofort nach. Denn das war jetzt fast wie im Sport, fand sie und wollte daher diesen Punkt unbedingt noch einmal aus ihrer eigenen Perspektive darstellen. »Professore, das mit den weißen Mäusen ist doch nur ein Synonym für ›Entscheidungsunfähigkeit‹ und ›Passivität‹. Denn weiße Mäuse sind schlichtweg dumm, Menschen jedoch nicht. Schau doch einmal: Wenn ein Hamster bisher jede Nacht in seinem Laufrad gelaufen ist, dann ist es sicherlich sinnvoll, davon auszugehen, dass er das in der nächsten Nacht auch wieder tun wird. Aber wenn eine Gruppe von Menschen sich heute für eine Aktie interessiert, dann heißt das doch längst noch nicht, dass sie das morgen genauso wieder tun werden.«

»Dann sind wir ja exakt wieder bei dem Thema, bei dem wir neulich schon waren«, stellte der Professor fest.

»Das ist durchaus richtig«, antwortete Hemingway. »Aber du hast es ja immer noch nicht verstanden. Und wir haben doch gesagt, dass wir erst dann aufhören wollen, wenn jeder von uns die Grundzüge verstanden hat.«

»Aber ihr weigert euch doch, zu begreifen«, drehte der Professor den Spieß um.

»Moment, Moment«, versuchte Brian jetzt zu schlichten. »Wir glauben doch nur, dass du hier einen Fehler machst, weil du immer davon ausgehst, dass alle anderen Menschen immer mindestens ebenso rational, vernünftig und berechenbar sind wie du. Doch das sind sie eben nicht, mein Lieber! Erinnere dich nur an die Backpfeife von Hemingway neulich!«

»Na ja, manchmal ist das Professorchen auch ganz schön spontan«, warf Hemingway jetzt ein. »Erinnerst du dich noch, als wir neulich auf der Fete den Korn in die Bierflaschen gekippt haben?«

»Um Gottes willen«, lachte Brian, »da ist der Professor ja fast Amok gelaufen. Wie ein Hamster in einem ausgeklinkten Hamsterrad: dieselbe Power, nur eben viel unberechenbarer.«

»Ihr mit euren Saufgeschichten«, beschwerte sich Jeannette und schüttelte nur ratlos den Kopf: »Jungens ...? Männer ...? *Männer sind schon als Baby blau* ...! Lasst uns doch lieber zurück zum Thema kommen.«

»Okay, okay«, beschwichtigte Brian, »dass Frauen immer so empfindlich sein müssen.« Dann wand er sich dem Professor zu und spann den kurzzeitig fallengelassenen Faden weiter: »Die Börse hat doch viel mehr mit den Trieben zu tun als mit der Berechenbarkeit. Gier und Angst, das sind die entscheidenden Komponenten. Doch wo finden sich die Angst und die Gier in deinem Mathemodell?«

»Ich habe ja nicht gesagt«, verteidigte sich der Professor, »dass alle und alles auf der Welt mathematisch berechenbar sind. Aber wo die Mathematik aufhört, da hören auch unsere Erkenntnisse auf. Natürlich, was ihr sagt, klingt sehr plausibel und ist sicherlich auch richtig. Nur: Was können wir damit denn letztlich anfangen? Mit Gefühlen und so ...«

»… Moment mal …,« beschwerte sich Jeannette daraufhin, doch der Professor nahm ihr sofort den Wind aus den Segeln, »… nein, nicht wie du denkst, mein Edelfräulein. Gefühle sind natürlich wichtig. Doch in mathematische Börsentheorien sind sie nicht integrierbar. Wie wollt ihr denn das lösen? Ihr sagt immer nur, dass meine Vorstellung Unsinn ist. Aber ihr zeigt nicht auf, wie man es besser machen kann.«

»Richtig,« antwortete Hemingway, »aber immerhin ist es besser, zu wissen, wo die eigene Grenze ist, als sich ein Wissen anzumaßen, welches es niemals geben kann.«

»Ach«, konterte der Professor daraufhin erneut, »schon Shakespeare hat gesagt, dass es viel mehr Dinge zwischen Himmel und Erde gibt, als sich unsere Schulweisheit träumen lässt. Doch unser Erkenntnisfortschritt schreitet eben nur langsam voran. Hätte man denn damals nach den ersten vergeblichen Flugversuchen von Otto Lilienthal und Konsorten auch gleich den Schluss ziehen sollen, dass es nicht möglich ist mit dem Fliegen? Wäre doch ein Riesenfehler gewesen, oder? Bei dem heutigen Flugverkehr. Und warum soll es mit den mathematischen Berechnungen der Börse nicht ganz ähnlich sein?«

»Weil hier ein grundsätzliches Problem liegt, welches sich prinzipiell nicht überwinden lässt«, entgegnete Hemingway. »Ich erinnere mich in diesem Zusammenhang zum Beispiel ganz genau an ein schönes Zitat von Dostojewskis ›Kellermenschen‹ in den *Aufzeichnungen aus dem Untergrund*, der dort sinngemäß gesagt hat: ›Angenommen, man würde tatsächlich einmal die Formel für alle unsere Launen und Wünsche finden und könnte dem Menschen mathematisch und naturwissenschaftlich genau aufzeigen, nach welchen Gesetzmäßigkeiten sie entstehen. Doch selbst dann würde der Mensch mit Sicherheit keine Vernunft annehmen und zum Trotz noch absichtlich Unheil anstiften. Aus purer Undankbarkeit natürlich, oder eigentlich nur, um auf dem Seinen zu bestehen.‹«

»Gut, gut«, schien der Professor zunächst klein beizugeben. »Das habt ihr ja schon immer gemeint, wenn ihr gesagt habt, die Menschen könnten alle Gesetzmäßigkeiten ganz bewusst stets aushebeln. Aber es ist doch nun sicherlich eine unbezweifelbare Tatsache, dass die *Aufzeichnungen aus dem Untergrund* ein Buch sind und dass Dostojewski diese Aussage seinem Kellermenschen nur in den Mund gelegt hat.«

»Na und, was ändert das?«, fragte Hemingway sofort zurück.

»Das ändert eine ganze Menge, denke ich«, gab der Professor zurück. »Denn da es unzweifelbar richtig ist, dass Dostojewski seinem Kellermenschen diese Worte nur in den Mund gelegt hat, ist diese ›Weisheit‹ auf jeden Fall nicht von einem autonomen und selbstbewussten Menschen ausgesprochen worden, sondern nur von einer Buchfigur, oder?«

»Das ist zwar richtig«, antwortete Hemingway, »ändert jedoch die Sachlage um kein Stück, denn schließlich ist Dostojewski selbst ja der autonome Mensch, von dem ich rede.«

»Das klingt zwar plausibel«, konterte der Professor, »ist es aber nicht. Denn warum soll das, was zwischen dem Kellermenschen und Dostojewski gilt, nicht auch zwischen Dostojewski und einer der nächst höheren Stufen der Intelligenz oder des Beherrschens Gültigkeit haben?«

»Du meinst«, fragte Brian zurück, »Dostojewski ist selbst auch nur eine Buchfigur? Aber wer ist dann der wirkliche Schreiber?«

»So weit muss man doch gar nicht gehen«, antwortete der Professor, »ich behaupte ja gar nicht, dass Dostojewski eine Buchfigur ist. Aber vielleicht steht er ja ebenso unter der Fuchtel eines noch höheren Wesens, wie der Kellermensch seinerseits unter seiner Fuchtel steht.«

»Jetzt kann man dich aber mit deiner eigenen Redewendung packen«, triumphierte Brian, »denn das klingt zwar logisch, ist es aber nicht. Und der Grund hierfür liegt in Folgendem: Der Kellermensch ist zweifelsohne ein Kunstwesen, eine Romanfigur, die nur in der Phantasie ihres Autors gelebt hat. Dostojewski hingegen war ein Mensch aus Fleisch und Blut, der sich seiner eigenen Realität bewusst war, und den Kellermenschen gemäß seiner eigenen Kreativität und seiner eigenen Vernunft beschrieben hat.«

»Ha!«, rief der Professor. »Auch das klingt zwar durchaus wieder logisch, ist es aber nicht. Schließlich verfügen wir über keinen Maßstab, um das nachzuprüfen. Vielleicht hat er sich das ja alles auch nur eingebildet. So wie wir uns jetzt einbilden, hier zu sitzen und kreativ zu sein, dabei jedoch unwissenderweise von jemand ganz anderem gelenkt werden.«

»Und wer soll das sein?«, fragte Hemingway wie aus der Pistole geschossen: »Wir alle in Gottes Schoß? Und der Herr lenkt unsere Geschicke? Mit der Konsequenz, dass wir alle nur ein winziges Rädchen in einem großen Spiel sind, dessen Regeln wir weder verstehen noch beeinflussen können?«

»Ja, warum nicht«, entgegnete der Professor, »in etwa so. Das könnte doch sein.«

»Und wenn das auch nicht völlig ausgeschlossen ist«, sagte Hemingway darauf, »so frage ich mich dennoch: Wie kann ein Mensch mit Freude am Leben und dem Bewusstsein seiner eigenen Freiheit nur immer über solch verschrobene Geschichten nachdenken? Das ist ja fast wie bei einem Raubtier in der freien Wildbahn, das freiwillig zurück in den Käfig will.«

»Schön und gut«, mischte sich jetzt auch Jeannette wieder in die Diskussion ein, »aber eine Sache habe ich in diesem Zusammenhang nie verstanden. Wenn wir tatsächlich von einem allmächtigen Gott gelenkt werden, dann ist es doch Unsinn, wenn die Kirche immer wieder sagt, wir müssen uns zu Gott bekennen. Denn wenn wir uns selbstständig zu Gott bekennen können, dann kann Gott nicht allmächtig sein. Ein allmächtiger Gott müsste diese Entscheidung nämlich selbst in der Hand haben. Läge hingegen die Entscheidung, uns tatsächlich zu Gott bekennen oder eben auch das Gegenteil davon tun zu können, tatsächlich in unserer Hand, dann hingegen wäre Gott nicht allmächtig. Also was nun, Professore?«

»Ich weiß es nicht«, antwortete dieser, »aber ich muss es ja auch gar nicht wissen. Denn alles, was ich hier angeregt habe, ist die Möglichkeit, dass ein Gefühl der Autonomie, des freien Willens oder der selbstständigen Handlung durchaus auch eingebildet sein kann.«

»Dann könnte also unser Schicksal«, versuchte Jeannette die Gedanken des Professors zu präzisieren, »durchaus sowohl in Gottes Händen liegen als auch - wie das des Kellermenschen – in denen eines anderen großen Machers. Dann wären wir also alle nur Figuren aus einem schlechten Film oder einem zweitklassigen Buch?«

»Als Mathematiker«, antwortete der Professor, »kann ich diese Situation auf jeden Fall mit der ›logischen Typentheorie‹ erklären. Denn die logische Typentheorie sagt aus, dass man über jede Klasse von Elementen nur dann eine vollständige Aussage machen kann, wenn man sich auf einer logisch höheren Stufe befindet. Beispiel: Der Marionettenspieler kann sagen, wie seine Marionettenpuppen funktionieren. Eine Marionette jedoch weiß nicht, wie eine andere Marionette funktioniert. Und sie weiß schon gar nichts darüber, ob der Spieler, der an ihren Schnüren zieht, seinerseits nicht wiederum von ganz anderen Fädenziehern gesteuert wird.«

»An meinen Strippen zieht niemand«, protestierte Brian entschieden. »Denn weder habe ich überhaupt welche, noch werden sie von irgendjemand anderem bedient. Und wenn dies hier wirklich alles nur ein Film oder eine Geschichte wäre, dann würde ich sofort meine Sachen packen und durch die Leinwand aus diesem Film hinausmarschieren.«

»So wie bei Woody Allen?«, fragte Hemingway nach. »Ich glaube, das war in *Broadway Danny Rose*, wo der Titelheld plötzlich aus der Leinwand ins Kino tritt.«

»Genau so!«, bestätigte Brian.

»Aber«, wandte der Professor sofort ein, »so etwas gibt es natürlich wiederum nur im Kino.«

»In der Realität«, führte Brian dagegen an, »muss es so etwas natürlich auch gar nicht geben! Denn schließlich ist die Realität kein Film, dessen Zukunft bereits jetzt auf der Rolle liegt. Ganz genauso wie eben die Börse auch. Denn auch diese gehört zur Wirklichkeit.«

Damit hatte er zunächst das letzte Wort zu diesem Thema. Doch kurze Zeit später vernahm man das undeutliche Gemurmel des Professors: »Well, you'll never know …«

Es gab also für beide Sichtweisen handfeste Argumente. Und sie diskutierten sehr heftig weiter über diese Punkte, wobei ihnen die Börse mittlerweile fast aus den Augen geraten war. Denn hier ging es nicht nur um etwas Wesentlicheres, sondern ums Prinzip. Um »Freiheit oder Knechtschaft«, wie Jeannette es ausdrückte, als sie den anderen begreiflich machen wollte, dass hierbei sogar die Ideale der Französischen Revolution auf dem Spiel standen. Oder um die generelle Willens- und Entscheidungsfreiheit beziehungsweise die grundsätzliche Kreativität von Menschen, die sich, wie Hemingway anhand der Persönlichkeiten seiner Romanhelden ausführte und Brian anhand seiner musikalischen Helden aufzuzeigen versuchte, »in ganz prinzipieller Weise niemals von außen steuern ließen.«

Der Professor jedoch ließ sich von all dem nicht beirren und beharrte auf seinem Standpunkt der reinen Logik. »Es kann ja durchaus sein«, sagte er immer wieder, »dass das aus eurer Sicht durchaus richtig ist. Doch ich bleibe dabei: Innerhalb eines Rahmens kann man über dessen Beschaffenheit nichts aussagen. Denn dazu müsste man sich über diesen erheben, was wiederum natürlich nicht geht. Man kann also nur über das reden, worüber man reden kann. Und über den Rest muss man eben schweigen.«

Mittlerweile war es schon Nachmittag geworden, und mehr und mehr beschlich sie alle das Gefühl, sich in den vergangenen Stunden nur mit Unsinn beschäftigt und im Kreis gedreht zu haben. Und überhaupt: Was hatte das alles noch mit der Börse zu tun? Doch genau diese Überlegung ließ sie noch einen letzten Moment beim Thema verharren. »Denn genau die Tatsache, dass dies gar nichts mehr mit der Börse zu tun hat«, sagte Brian zum Professor, »spricht doch schon dagegen, dass wir in der Wirklichkeit die Kellermenschen der Börse sein sollten.«

»Du meinst«, ergänzte und präzisierte Hemingway Brians Gedanken, »dass man uns dann, wenn wir wirklich nur Demonstrationsobjekte für verschiedene Börsenauffassungen wären, solche Umwege weder gestattet noch verordnet hätte?«

»Genau das meine ich«, bestätigte Brian. »Aber eine Quotenfrau haben wir zumindest dabei, das würde wieder passen«, wandte Hemingway ein. »Keine Frechheiten, Hem!« verbat sich Jeannette diesen Ausspruch, »aber dieses Argument kann man genauso gut auch umdrehen. Schließlich hat die wirkliche Jeanne d'Arc Stimmen gehört, die ihr suggerierten, sie wäre von Gott für ihre Aufgabe auserwählt. Doch die Jeanne, die ihr hier seht, kämpft vielmehr auf Seiten der Vernunft.«

»Völlig richtig«, bestätigte Brian, »und ich habe noch einen weiteren Beweispunkt: Meint ihr, die würden zumindest dich als Demonstrationsobjekt für die Börse Bier trinken lassen?«

Doch das kam natürlich nicht so gut an. Hier beschwerte sich plötzlich Hemingway vehement und meinte: »Was denn, was denn? Wer lässt mich denn hier schon mal ein Bier trinken? Das kann doch wohl alles nur ein Irrtum sein.«

Doch war es das wirklich? Und waren Brian, Jeannette, Hemingway und der Professor mit ihren eher philosophischen Diskussionen tatsächlich so weit entfernt vom Zentrum der Funktionsweise einer Börse? Ließ sich aus der Tatsache, dass sicherlich 99 Prozent aller Börsianer derartige Überlegungen nicht anstellten, mit Gewissheit darauf schließen, dass dererlei Überlegungen tatsächlich irrelevant für die Börse waren? Oder war es hierbei vielmehr wie mit dem Zentrum einer Gravitations- oder Anziehungskraft, dessen Kräfte mit dem Auge ebenfalls niemals zu sehen, dessen Wirkung jedoch unbestreitbar vorhanden war?

Eines hatte sich auf jeden Fall durch diese Diskussion verändert: Der Professor hatte jetzt bei den anderen kaum noch eine Chance mit seinen Theorien. Als er erneut versuchte, bei seiner Normalverteilungshypothese der Aktienkursschwankungen anzusetzen, erntete er nur noch Bemerkungen wie »abstrakte Welt«, »Idealbedingungen« oder »künstliche Annahmen«. Und als er die Gausssche Glockenkurve aufzeichnete, meinte Jeannette: »Wisst ihr eigentlich, dass es früher einmal eine Tauchglocken-Hausse gegeben hat?«

Damit hatten sie den Professor endgültig geschafft, jetzt hatte er keine Lust mehr weiterzumachen. »Tauchglocken-Hausse? Was ist denn das?«

»Habe ich neulich in einem Buch über historische Spekulationen gelesen«, vermeldete Jeannette stolz. »Das hing damit zusammen, dass man vor ungefähr 300 Jahren in England versuchte, die Goldschätze der versunkenen Schiffe der Spanischen Flotte auf dem Meeresgrund aufzuspüren und zu bergen. Dazu benötigte man jedoch Tauchglocken, um auch unter dem Meeresspiegel mit Sauerstoff versorgt zu sein. Die Aktien der Unternehmen, die über die entsprechenden Patente verfügten, stiegen deshalb mit dem zunehmenden Goldfieber an. Das ging jedoch nur ein paar Jahre gut, denn nach dem sich daran anschließenden Crash verschwanden alle derartigen Firmen wieder spurlos und pleite von den Kurszetteln der Börse.«

»Prima!«, applaudierte Hemingway. »Die Geschichte triumphiert über die Theorie. Das gefällt mir. Denn mit so einer Geschichte kann man wenigstens etwas anfangen – ganz im Unterschied zu dem dumpfen Theorieklimbim.« Er schaute hinüber zum Professor, der sich in eine Ecke des Raumes verkrümelt hatte, aber nicht reagierte, sondern regungslos vor einer Flasche Cola verharrte, die er gerade geöffnet hatte. »Soll ich jetzt gleich mit meinem Zeug weitermachen?«, fragte Hemingway. Alle nickten, und so holte er seine Unterlagen.

KAPITEL 10

Ein wirkliches Chaos

Charts, Fundamentalanalyse und neuere Ansätze

»Zunächst einmal eine kleine Vorrede«, begann Hemingway seinen Vortrag. »Das, worüber ich jetzt etwas erzählen möchte, ist wirklich phantastisch. Denn es geht tatsächlich noch einmal genau um den Punkt, den wir vorhin die ganze Zeit diskutiert haben. Und das heißt: Wie kann man dort, wo die normalen mathematischen Modelle aufhören, mit speziellen Ansätzen doch noch weitermachen? Nun bin ich ja, wie ihr wisst, kein Fachmann für Mathematik. Deswegen werde ich im Folgenden die Chaostheorie und die Theorie neuronaler Netze auch völlig ohne Formelkram wiedergeben.«

»Typisch«, hörte man jetzt den Professor von hinten aus seiner Ecke raunzen, »das ist wieder einmal ganz typisch. Keine Ahnung von Mathe haben, dann jedoch hochmathematische Theorien ganz ohne Mathematik erklären wollen.« Diese Stichelei blieb jedoch unerwidert und damit letztlich wirkungslos. Denn sowohl Brian als auch Jeannette waren heilfroh, den mathematischen Formeln erst einmal wieder entkommen zu sein.

»Mit dem Konzept der Chaostheorie wurde erstmals der Versuch unternommen, zu beschreiben, wie geringfügige Änderungen in einem System ganz plötzliche und gewaltige Auswirkungen nach sich ziehen können. Ganz so wie an der Börse bei einem Crash, wenn urplötzlich die Kurse sich im freien Fall befinden. Hierfür hat man den Begriff ›Fulguration‹ geprägt, der dieses spontane Entstehen völlig neuer Systemeigenschaften bezeichnet. Zur Beschreibung bedient man sich dabei eines Modells nicht linearer dynamischer Gleichungen.

Das Grundmodell der Chaostheorie besteht aus der Vorstellung eines

Systems, welches sich im evolutionären Prozess befindet. Unter ›System‹ kann man im Übrigen nahezu alles verstehen, was in gewisser Weise in sich abgeschlossen ist und damit eine Grenze zu seiner Umwelt besitzt – wie beispielsweise ein Mensch, aber auch eine Gemeinschaft von Menschen, ein Haus, ein Land oder eben ein Teilbereich eines Landes, wie seine Wirtschaft oder seine Börse.

Nach dem Grundmodell wird jedes System so betrachtet, als ob es selbst eine Informationsquelle wäre. Die einzelnen Informationen ergeben sich dabei aus den ständig neuen Kombinationen der Systemelemente mit sich selbst sowie ihrer Wechselwirkung mit der sich verändernden Umwelt. Ist ein Beobachter dieses Systems nun nicht in der Lage, dem Informationsstrom aufgrund seiner Mess- und Wahrnehmungsinstrumente zu folgen, wird er Chaos wahrnehmen, obwohl möglicherweise dem System eine deterministische, also eine gesetzmäßige Entwicklung zugrunde liegt. Und ist die Börse hierzu nicht wirklich fast der Idealfall?

Nun können wir für den Begriff ›Mess- und Wahrnehmungsinstrumente‹ ruhig ›Theorien‹ oder ›traditionell mathematische Erfassung‹ einsetzen. Denn dann sehen wir: Mit unseren traditionellen Erklärungsansätzen kommen wir komplexen Gebilden wie der Börse nicht auf die Spur. Ganz nach dem Motto: ›Wie Sie sehen, sehen Sie nichts!‹ Mit dem Begriff ›Chaos‹ bezeichnen wir daher Situationen, in denen wir keinerlei Gesetzmäßigkeit oder Struktur mehr wahrnehmen, das heißt, uns mit unseren herkömmlichen Theorien kein stimmiges Bild des Geschehens mehr machen können. Womit allerdings noch längst nicht gesagt ist, dass sich hinter dem Chaos nicht doch eine Struktur verbergen könnte.

Nun kann es jedoch vielfach auch der Fall sein, dass man nur manchmal etwas erkennen kann, ein anderes Mal hingegen jedoch nur Chaos wahrnimmt. Ganz genau wie auch an der Börse, an der wohl nahezu alle Leute manchmal richtig liegen, weil sie etwas gesehen haben, manchmal allerdings auch falsch, weil man fälschlicherweise geglaubt hat, im Chaos etwas zu sehen. Und genau mit der Beschreibung dieses Übergangs eines Systems von Ordnung zu Chaos setzt sich nun die Chaostheorie auseinander. Weshalb man korrekterweise zur Chaostheorie eigentlich auch ›Anti-Chaos-Theorie‹ sagen müsste, denn schließlich versucht die Chaostheorie das Chaos zu entflechten. Es ist hier also das gleiche wie beim Hundefutter: Denn auch hier steht zwar ›Hundefutter‹ auf der Schachtel, in der jedoch mitnichten Hunde enthalten sind.

Der Amerikaner Benoît Mandelbrot fertigte im Jahre 1980 als erster eine grafische Karte derartiger Übergänge von Ordnung zu Chaos an, indem er die Ergebnisse mathematischer Rückkopplungsgleichungen mit ›fraktalen‹, das heißt ›gebrochenen‹ Zahlen, die jeweils entweder zwischen zwei oder mehreren Werten schwankten oder auch keinerlei Regelmäßigkeit aufwiesen, grafisch abbildete. Das Resultat waren die heutzutage immer noch sehr bekannten ›Apfelmännchen‹- und ›Seepferdchen‹-Figuren. Das Wichtigste an diesen Gebilden ist jedoch die Interpretation.

Und hier zeigt sich zweierlei: Auf der einen Seite tauchen in allen Teilen dieser Figuren stets immer wieder die gleichen Muster (›Apfelmännchen‹ und ›Seepferdchen‹) auf. Und zweitens ist der ›Rand‹ des Übergangs von Ordnung zu Chaos nahezu unendlich filigran strukturiert: Je näher man hinschaut, umso größer wird die Vielfalt – und immer wieder die gleichen Figuren, je ›tiefer‹ man blickt.

Man sagt daher auch, dass die Ereignisse in chaotischen Strukturen ›selbstähnlich‹ sind. Das bedeutet, dass also immer wieder Ähnliches passiert, was aber dennoch mit dem Vorangegangenen stets unvergleichlich ist. Wie an der Börse auch: Denn jeden Tag gibt es hier immer nur Zahlen, Zahlen, Zahlen. Jeden Tag Tausende von Kursen. Und doch sind dabei die Richtung, die Reihenfolge und die Kombinationen an jedem Tag im Vergleich zum Vortag wieder vollkommen anders. Insgesamt kann die Chaostheorie somit also durch die Rückkopplungsgleichungen die Wirkung von Folgen des Geschehens auf das Geschehen selbst beschreiben und auf diese Weise ein wichtiges Verständnis der Übergänge von Ordnung zu Chaos vermitteln.

Konkrete Anwendung findet das nun beispielsweise in der ›Theorie spekulativer Blasen‹. Spekulative Blasen treten dann auf, so die Theorie, wenn die Aktienkurse sich zunehmend von den Fundamentalfaktoren wegbewegen, wenn also sozusagen die Börsenkurse wie Kaugummiblasen künstlich mit ›spekulativer Luft‹ aufgeblasen sind. Blasen sind dann als ›vollkommen‹ zu bezeichnen, wenn der Kurs einer Aktie implizit ausschließlich nur noch von den Kurserwartungen dieser Aktie abhängt. Wenn also, wie in der Chaostheorie, der Prozess der Kursbildung nicht mehr mit den Unternehmensdaten, sondern immer nur noch mit den eigenen Ergebnissen vom Vortag ›gefüttert‹ wird und derart Prozesse positiver Rückkopplungsbewegungen in Gang gesetzt werden. Man nennt so etwas dann auch: Die Hausse nährt die Hausse. Die Dauer eines derartigen ›Aufblasens‹ kann unterschiedlich lang sein, es endet jedoch immer damit, dass dieses System ganz plötzlich einer Fulguration unterliegt und von einem Moment zum nächsten in sich zusammenbricht. «

»Phantastisch«, applaudierte Brian. »Das klingt ja wirklich mega-interessant.« Jeannette nickte ebenfalls mit heftiger Zustimmung. Und selbst der Professor war wieder aus seiner Ecke aufgetaucht. Was würde er jetzt sagen, fragten sich die anderen. Würde er weiter schmollen oder würde er Hemingways Vortag auch loben?

»Interessant finde ich das auch«, fing der Professor an, und allen huschte ein Lächeln über das Gesicht. Denn schließlich hatte wirklich niemand Lust darauf, den Streit noch einmal zu wiederholen. Doch der Professor wendete das Blatt wieder und sagte: »Wie gesagt: Ich finde es interessant. Dass euch das jedoch gefällt, wundert mich. Denn das kann eigentlich nur bedeuten, dass ihr überhaupt nicht geschnallt habt, worum es hierbei eigentlich geht.«

»Moment, Moment«, warf Hemingway daraufhin ein, aber der Professor ließ sich nicht beirren. »Wenn ihr wirklich glaubt, dass die Chaostheorie in der Lage sein könnte, Crashs oder das Platzen spekulativer Blasen voraussagen zu können, dann müsst ihr jedoch andererseits zwei Tatsachen voraussetzen, die eurer Theorie völlig zuwiderlaufen: Nämlich erstens, dass die Börse tatsächlich nach einem Mechanismus funktioniert, der sich durch eine Rückkopplungsgleichung beschreiben lässt. Und zweitens, dass man diesen Mechanismus auch erkennen kann. Da ihr jedoch bereits skeptisch seid, historische Volatilitäten von Aktienkursen in die Zukunft hinein fortzuschreiben, muss so etwas aus eurer Sicht doch eigentlich noch unmöglicher als unmöglich sein.«

»Das hast du falsch verstanden«, entgegnete Hemingway, »natürlich kann man das nicht berechnen. Aber dennoch gibt diese Theorie einen besseren Einblick in das, was an den Aktienmärkten in Wirklichkeit abläuft.«

»Aber um zu wissen, dass es an der Börse spekulative Blasen gibt, die irgendwann einmal platzen«, antwortete der Professor, »brauchst du vielleicht ein Päckchen Kaugummi, aber keine Mathematik, keine Rückkopplungsgleichungen und schon gar nicht fraktale Zahlen. Denn das alles ist wirklich nichts anderes als mit Kanonen auf Spatzen zu schießen – und dann noch nicht einmal zu treffen.«

»Irgendwie finde ich, dass es jetzt so aussieht, als ob der Professor hier nicht völlig Unrecht hat«, gab Brian daraufhin zu bedenken, und auch Jeannette schüttelte leicht zustimmend den Kopf: »Gut, das klingt alles wirklich interessant, aber konkret kann man damit vielleicht tatsächlich nichts anfangen.«

»Kann sein«, antwortete Hemingway, »ich habe es auch weder erfunden, noch hängt mein Herz daran. Dann einigen wir uns doch auf ein Unentschieden.«

»Okay, ich bin ja auch nicht nachtragend«, erwiderte der Professor. »Aber auf welches Unentschieden, auf 0:0 oder auf 1:1?«

»Na, wenn wir ehrlich sind«, meldete sich jetzt auch Jeannette zu Wort, »dann müssen wir sagen, es steht immer noch 0:0. Denn eigentlich ist das doch alles bullshit, womit wir uns heute beschäftigt haben.«

»Wie das Hören göttlicher Stimmen«, ergänzte Brian und schaute Jeannette an, »denn auch so etwas endet doch – Engländer hin oder Engländer her – nur auf dem Scheiterhaufen.«

»Das sind aber auch komische Theorien«, stimmte Hemingway ihm zu. »Ich meine, hier geht es um Milliarden von Mark, die jeden Tag weltweit rund um die Welt gehandelt werden, und dann kommen ein paar Schüler wie wir – und nehmen den ganzen Mist an einem Vormittag komplett auseinander.«

»Recht hat er!«, gab Jeannette dieses Lob stellvertretend für alle anderen zurück.

»Ich glaube jedoch«, mischte sich jetzt wieder der Professor ein, »dass wir eine ganz wichtige Sache herausgearbeitet haben, die vielleicht noch nicht Allgemeingut ist – und die mir auch erst im Rahmen unserer Diskussion aufgefallen ist.«

»Jetzt bin ich aber gespannt!«, erwiderten die anderen drei wie aus der Pistole geschossen.

»Eigentlich ist es ja trivial, aber vielleicht doch wichtig«, zeigte sich der Professor etwas unsicher. »Der Punkt ist: Vielleicht sind diese ganzen Theorien ja gar nicht schuld daran, dass sich die Börse nicht besser erfassen und prognostizieren lässt. Vielleicht *ist* die Börse nämlich überhaupt nicht besser zu verstehen? Wenn wir also an der Börse Gesetzmäßigkeiten erkennen wollen und damit scheitern, dann kann es hierfür zwei potenzielle Gründe geben: Erstens, wir stellen uns zu dämlich an. Oder zweitens: Es gibt gar keine! Darauf gekommen bin ich eben nach Hemingways Vortrag. Denn überlegen wir doch einmal Folgendes: Was würde passieren, wenn es tatsächlich eine Rückkopplungsgleichung gäbe – wie die Chaostheorie sie postuliert –, die in der Lage wäre, die Geschehnisse am Aktienmarkt vollständig zu beschreiben und zu erklären – und wenn sie nun plötzlich jemand entdecken würde?«

 Die anderen schauten ihn ratlos an. »Na, was würde dann passieren?

Der Mechanismus würde sich durch sein eigenes Erkennen selbst verändern. Ja, er müsste sich sogar verändern. Denn wenn nun plötzlich alle Leute wüssten, wann der Crash kommt, beziehungsweise wann die Blase platzt, dann würde doch kurz vorher niemand mehr kaufen. Und das wiederum hieße: Der Ablauf der Dinge wäre jetzt ein anderer als von dem Mechanismus vorgegeben. Deshalb zerstört sich jeder Mechanismus durch sein eigenes Erkennen selbst. Ganz so wie bei einem Film, der vor dem Entwickeln ans Tageslicht kommt, auch alle Bilder zerstört werden.«

»Das sind ja erstaunliche Entwicklungen, die hier passieren«, stellte Hemingway fest. »Denn wenn ich mich nicht sehr irre, dann ist das doch genau das, was wir anderen auch gesagt haben. Es kann keine Gesetzmäßigkeit geben, weil ihr Erkennen immer zu ihrer unmittelbaren eigenen Veränderung führt. Und schwupp, plötzlich gilt sie nicht mehr.«

»Hältst du es denn nun auch für Quatsch, weiterhin den mathematischen Zauber mitzumachen und nach Gesetzmäßigkeiten zu suchen?«, wollte Brian jetzt unbedingt wissen.

»Nein, da muss ich euch enttäuschen«, antwortete der Professor, »denn andere Mittel und Wege haben wir nicht zur Verfügung. Ich weiß, dass das unbefriedigend ist, aber so ist es nun einmal.«

»Es gibt aber doch noch andere Sachen«, entgegnete Brian und wollte auf das verweisen, was er, der nun als nächster dran war, vorzutragen hatte: »Was ist denn zum Beispiel mit der Charttheorie und der Markttechnik? Denn hierbei geht es doch nicht um mathematische Gesetzmäßigkeiten – und trotzdem kommt man damit zumindest ein kleines Stückchen weiter.«

»Das ist doch nicht mehr als Hokuspokus«, empörte sich der Professor. »Dann kannst du ja gleich anfangen, morgens aus dem Kaffeesatz zu lesen und daraus auf die Kursbewegung des kommenden Tages schließen.«

»Na, warte nur ab«, entgegnete Brian und gab sich keinesfalls so leicht geschlagen.

»Willst du jetzt gleich weitermachen?«, fragte Hemingway. »Dann kann ich mir ja wohl die ›neuronalen Netze‹ schenken, oder?«

»Mach doch eine Kurzfassung«, versuchte Brian einen Kompromiss.

»Okay«, antwortete Hemingway, sortierte kurz seine Zettel neu und legte los:

»Auch durch den Einsatz von neuronalen Netzen wird versucht, Strukturbrüche selbstständig zu erkennen und vorherzusagen. Der Begriff ›neuronal‹ weist dabei sofort darauf hin, dass hier versucht wird – ganz grob

gesprochen – die Funktionsweise des menschlichen Gehirns prinzipiell nachzubilden. Konkretes Ziel dieses Theorieansatzes ist es, durch Implementierung eines Lernprozesses in die Theorie selbst gewissermaßen so etwas wie eine ›selbstdenkende‹ Theorie zu schaffen. Theorien unter Verwendung neuronaler Netze beinhalten mithin nicht ausschließlich feste Gesetzmäßigkeiten, wie das bei herkömmlichen Theorien der Fall ist, sondern darüber hinaus zusätzlich auch Mechanismen zur Bildung neuer Gesetzmäßigkeiten.

Dabei wird versucht, die Funktionsweise des menschlichen Gehirns in Grundzügen mathematisch nachzubilden. Und zwar dadurch, dass man vorher gespeicherte Muster mit neuen Inputsignalen in Form von aktuellen Ereignissen konfrontiert. Anschließend werden dann – in einem zweiten Schritt – über einen Rückkopplungsmechanismus die bisherigen Muster im Falle der Übereinstimmung entweder verstärkt oder aber bei Divergenz neue Muster aktiviert. Somit ›graben‹ sich dann einerseits bestätigte Muster immer tiefer in die ›Erinnerung‹ des Systems ein – und andererseits wird durch die Nicht-Übereinstimmung stets die Kreativität zum Bilden neuer Muster in Gang gesetzt.

Aber auch hier stellt sich dann anscheinend das gleiche Problem, wie es bei allen anderen Ansätzen, die wir hier bisher besprochen haben, der Fall war: Auch diese Formalisierung eines Lernprozesses muss immer bereits im Vorhinein einen Mechanismus unterstellen, nach dem dieser Lernprozess schließlich ablaufen soll. Sind jedoch die möglichen Lerninhalte bereits vorher festgelegt, dann kann hier natürlich auch nichts Neues mehr entstehen. Jedenfalls nichts, was nicht schon im Vorfeld vom jeweiligen Wissenschaftler bereits vorgedacht worden ist. «

»Na, wenn das die Sache nicht auf den Punkt gebracht hat«, spendete Brian Beifall, »dann weiß ich auch nicht, wie man so etwas machen kann. Mein Thema wird hingegen sowohl etwas länger brauchen, als auch nicht ganz so präzise zu fassen sein.« Dann holte er aus seiner Tasche einen Haufen Zettel heraus und legte sie auf den Tisch. Ein Blatt hatte er jedoch aus einem Buch dreimal herauskopiert und gab davon schließlich jedem der anderen ein Exemplar.

»Wisst ihr, was das ist?«, fragte er.

»Wir sind doch nicht blöd«, antwortete Hemingway trotz des vorangegangenen Lobes etwas gereizt, »das ist ein Chart.«

»Ja, aber was für ein Chart?« fragte Brian zurück.

»Ein Aktienchart«, antwortete Hemingway.

»Könnte sein, muss aber nicht.«

»Vielleicht ein Devisenchart?«

»Na, wartet einmal ab«, versuchte Brian die anderen etwas neugierig zu machen. »Ich erzähle jetzt erst einmal allgemein etwas zur Charttechnik, und dann werde ich euch bei diesem Chart hier auf die Sprünge helfen.«

»Hui, jetzt kommt Hans-Dieter Brian«, juxte Hemingway, »mit seiner wöchentlichen Chartanalyse. Didaktisch ist das ja auf jeden Fall schon mal ausgezeichnet. Immer Spannung aufbauen! Viel besser also als im Fernsehen. Deswegen Junge: Kompliment zurück!«

»Einen Moment noch!« versuchte Brian die Spannung etwas weiter zu steigern. »Einen alten charthörigen Zausel werdet ihr hier auf jeden Fall nicht erleben.«

»Im Rahmen der ›Charttechnik‹ oder ›Chartanalyse‹ wird versucht, die Kursentwicklung von heute mit bereits bekannten Grundmustern aus der Vergangenheit zu vergleichen, um damit Widerstände und Unterstützungen im Kursverlauf einer Aktie herauszufinden. Im Grunde genommen ist das also fast ähnlich wie bei den neuronalen Netzen, allerdings mit dem Unterschied, dass die hier aufgespürten Muster als zeitlich invariant, also als sich im Zeitablauf nicht verändernd, betrachtet werden.

Ziel jedes Charttechnikers ist es, sowohl Trends als auch Trendwechsel in den Kursverläufen zu erkennen und auszunutzen. Die ›Chartisten‹ wollen somit also ohne Rückgriff auf fundamentale betriebs- oder volkswirtschaftliche Daten allein aus den vergangenen Aktienkursen auf die zukünftige Kursentwicklung schließen. Konkret wird von ihnen hierzu Folgendes behauptet: Erstens, es gibt in den Kursverläufen von Aktien zeitlich invariante Muster, weshalb man zumindest grundsätzlich in der Lage ist, aus der Vergangenheit auf die zukünftige Entwicklung zu schließen.

Im Grunde genommen wird von den Chartisten also angenommen, dass, wie wir vorhin ja schon herausgearbeitet haben, in den Aktienmärkten sich ähnliche Gesetzmäßigkeiten auffinden lassen, wie sie in den Bereichen der Naturwissenschaften bereits gefunden wurden. Allerdings mit der Besonderheit, dass diese Gesetzmäßigkeiten sich nicht in strengen und exakt berechenbaren Formeln ausdrücken lassen, sondern vielmehr nur in der Form von grafischen Mustern.

Interessant ist hierbei das Wort ›Mustererkennung‹, welches ja wiederum schon bei den neuronalen Netzen und den Mandelbrotschen Apfel-

männchen aufgetaucht ist. Es sieht also ganz danach aus, als ob man auch hier versucht, aufgrund des Versagens aller Ansätze mit klassischen und strengen Gesetzmäßigkeiten, immer weiter zu lockereren Konzepten zu gelangen, mit denen man nur noch so etwas wie Muster erkennen kann. Denn besser ein erkanntes Muster als überhaupt nichts zu sehen.

Die wichtigsten Chartmuster sind ›Trendlinien‹, ›Trendkanäle‹, ›Widerstandlinien‹, ›Unterstützungslinien‹ und ›Trendbestätigungs‹- beziehungsweise ›Umkehrformationen‹. Ich will hier jedoch nicht auf jede einzelne Figur eingehen, wie beispielsweise die so berühmte ›Kopf-Schulter-Formation‹ oder viele andere auch, die ihr ja alle dem hier liegenden Buch viel besser entnehmen könnt, sondern lieber noch einmal darauf hinweisen, was hierbei eigentlich das Wichtigste ist. Und das ist aus meiner Sicht die folgende, bereits angeführte Theoriesicht: ›Es gibt im Zeitablauf von Aktienkursen ständig immer wiederkehrende Muster, die man nur identifizieren muss, um einen Hinweis darüber zu bekommen, in welche Richtung die Kurse sich entwickeln werden.‹

Ob die Ursache dieser Muster nun gleichsam Naturgesetze darstellen, oder ob die Muster vielmehr nur deswegen auftreten, weil sich darin die Psyche der Marktteilnehmer wiedererkennen lässt, darüber schweigen sich die Charttechniker meistens aus. ›Hauptsache, es funktioniert‹, sagen sie dann immer, ›egal warum.‹ Doch das ist nun natürlich völlig unbefriedigend, weil es das Grundproblem nicht löst, sondern nur verdrängt.

Deshalb also nun zu dem Chart, den ich euch gerade eben hingelegt habe. Schaut ihn euch einmal genau an: Auch hier funktioniert die Charttechnik. Erst ein Aufwärtstrend, dann eine Kopf-Schulter-Formation und schließlich noch der Beginn eines gerade neu eingesetzten Abwärtstrends. Alles paletti also? Nein! Denn diesen Chart habe ich aus dem Buch eines Kritikers der Charttheorie, der ihn erwürfelt hat. Ja, ihr habt richtig gehört: Erwürfelt!

Wie er das gemacht hat? Er hat eine fiktive Aktie konstruiert und sie mit einem willkürlich bei 300 festgesetzten Kurs ins Chartrennen geschickt. Und anschließend hat er – zusammen mit seiner Freundin – mit einem präparierten Würfel die Kurse der folgenden Tage ausgewürfelt. Präpariert war dieser Würfel insofern, als auf seinen sechs Seiten jeweils die folgenden Kursveränderungen markiert wurden: –3, –2, –1, +1, +2, +3.

Das wiederum heißt nun: In diesem Chart ist nichts anderes als ein reiner Zufallsprozess abgebildet. Wie die wöchentliche Ziehung der Lottozahlen. Jeglicher Zufall ist nun jedoch immer dadurch definiert, dass er eine Situation bezeichnet, in der es keinerlei Ordnung mehr gibt. Es herrscht also ein *völliges Chaos. Und jetzt kommt der Widerspruch: Denn trotzdem gelten die Regeln der Charttheorie anscheinend auch hier. Was natürlich einigermaßen erstaunlich ist. Und so hat der Autor dieses Buches denn auch aus dieser überraschenden Entdeckung den folgenden spöttischen Schluss gezogen:*

Die Feststellung, dass sich eine Aktie beispielsweise gerade in einem Aufwärtstrend befindet, ist somit nicht mehr als eine ›Nullaussage‹. Das heißt: Sie ist überhaupt nichts wert. Aus ihr kann nicht die geringste Erhöhung der Wahrscheinlichkeit abgeleitet werden, dass dieser Trend auch weiterhin bestehen bleiben wird. Denn wenn sich selbst Prozesse des Würfelns, bei denen jeder neue Wurf tatsächlich keinerlei Beziehung zu dem vorangegangenen aufweist, in Trends abbilden lassen, dann wissen wir, dass an dererlei Trends nichts dran ist und auch überhaupt nichts dran sein kann.

Andererseits liefert die Charttheorie damit natürlich auch einen enormen Orientierungsgewinn – und steht hier auf einem gleichberechtigten Rang direkt neben der Astrologie. Schließlich erweisen sich damit die Anwendungsgebiete der Charttheorie bei näherem Hinsehen als viel weitgehender, als manch einer bisher sicherlich angenommen hat. Denn sie ist nicht nur auf Marktphänomene, sondern schlichtweg bei der Prognose sämtlicher beobachtbarer Ereignisse anwendbar. Man denke in diesem Zusammenhang nur an die – kommerziell äußerst gut nutzbare – Anwendung auf Fieberkurven in Krankenhäusern. Oder, finanziell noch lukrativer, an die Berechnung und Prognose von Trends im Roulettespiel. «

»Klasse!«, bekundete der Professor. »Das finde ich gut. Und vor allem logisch überzeugend: Denn wenn eine Theorie alles erklärt, dann erklärt sie letztlich überhaupt nichts – und ist folglich ohne jeden Erklärungswert.«

»Oder anders gesagt«, stimmte Hemingway ein. »Wer nach allen Seiten offen ist, der kann nicht ganz dicht sein.«

»Das ist zwar vielleicht etwas weit gefasst«, antwortete Brian daraufhin Hemingway, »trifft aber dennoch den Kern der Sache. Denn, wie es auch der Professor ganz richtig auf den Punkt gebracht hat, wer sogar in Zufallsprozessen noch genauso gut prognostiziert wie in seinen angestammten Bereichen, dessen Prognoseergebnisse können selbst nichts anderes als der reine Zufall sein.«

»Also nichts mit Charttechnik bei uns?«, fragte deshalb Hemingway in die Runde. »Abgemacht?«

»Abgemacht!«, antworteten die anderen in einer seit langem nicht dagewesenen Einmütigkeit.

»Gut, dann werde ich jetzt zu meinem nächsten und letzten Thema kommen«, kündigte Brian an: »Die Fundamentalanalyse. Und wenn ich mich nicht sehr irre, dann werden wir uns gleich wieder wunderbar streiten können.«

Diese Bemerkung bezog der Professor sofort auf sich, weshalb er sie natürlich auf keinen Fall unbeantwortet lassen konnte: »Streit ist natürlich niemals schön. Manchmal jedoch ist er einfach notwendig. Denn sonst würde man doch jeden Mist letztlich irgendwo für die Wahrheit halten«, bemerkte er.

»Tut man doch auch so! Tut man doch auch so!«, prustete Hemingway heraus. »Aber wahrscheinlich muss das einfach so laufen. Wenn plötzlich niemand mehr schwachsinnig wäre, dann könnte es vermutlich überhaupt keine Gewinner mehr an der Börse geben.«

»Okay, okay«, beschwichtigte Brian beide und versuchte, wieder etwas Ruhe in das Geschehen zu bringen, »jetzt hört euch doch erst einmal an, was ich hierzu noch zu sagen habe:

»Die Fundamentalanalyse stellt – ebenso wie die Chartanalyse – einen Ansatz dar, von dem sich seine Vertreter versprechen, aus den gegenwärtigen und vergangenen Entwicklungen in prinzipieller Weise auch auf die Zukunft schließen zu können. Allerdings konzentriert sich die Fundamentalanalyse ganz im Gegensatz zur Chartanalyse in der Hauptsache nicht auf die Marktergebnisse beziehungsweise Kursverläufe, sondern vielmehr auf deren gezielte Hinterfragung.

Soll heißen: Die Charttechniker argumentieren ausschließlich innerhalb der Kursentwicklung und schließen alleinig aus der vergangenen auf die zukünftige, ganz ohne sich die fundamentalen Daten eines Unternehmens auch nur anzuschauen. Die ›Fundamentalisten‹ hingegen versuchen, die aktuellen Kurse dahingehend zu hinterfragen, ob sich hieraus ein Indiz für eine mögliche Über- oder Unterbewertungssituation der Aktie ergibt.

Um eine Über- oder Unterbewertung, also konkret: eine Falschbewertung durch den Markt diagnostizieren zu können, muss man andererseits natürlich ein Maß dafür besitzen, wie denn die korrekte Bewertung eines Marktes auszusehen hat. Hierzu bedient man sich des Modells der diskontierten Zukunftserträge, welches uns Soros der Zweite ja schon einmal erklärt hat. Erinnert ihr euch?

Diese Theorie besagt, dass der realistische Kurs einer Aktie immer dem auf den heutigen Tag diskontierten zukünftigen Ertrag des Unternehmens

– bezogen auf jeweils eine Aktie – entspricht. Das klingt zwar kompliziert, ist aber eigentlich ganz einfach. Denn dazu muss man nur auf der einen Seite die zukünftigen Gewinne des Unternehmens schätzen und sie dann auf der anderen Seite mit einem individuell auf dieses Unternehmen abgestimmten Zinssatz auf den heutigen Tag diskontieren oder zurückrechnen. Tut man dies nun korrekt, und ergibt sich dabei ein Wert, der über dem aktuellen Börsenkurs beziehungsweise der Marktkapitalisierung des Unternehmens liegt, dann ist der Aktienkurs unterbewertet. Ist der errechnete Wert jedoch geringer, dann ist der Aktienkurs überbewertet.

Nun stellt sich in diesem ganzen Prozedere jedoch die sehr wichtige Frage: Was heißt eigentlich ›korrekte Bewertung‹ oder ›korrekte Berechnung‹? Denn anscheinend können hierbei sogar in zwei verschiedenen Kontexten Fehler gemacht werden, nämlich erstens bei der Schätzung der zukünftigen Gewinnsituation des Unternehmens und zweitens bei der Wahl des Zinssatzes. Die Krux daran ist jedoch, dass man diese Fehler immer erst im Nachhinein erkennen kann, weshalb natürlich an der gesamten Methode der diskontierten Erträge durchaus eine ganze Menge Kritik zu üben ist – und folglich von mir auch geäußert werden soll.

Selbst wenn man heute ganz korrekt ausrechnen würde, dass beispielsweise die Aktie XY auf dem gegenwärtigen Kursniveau deutlich unterbewertet ist, so kann man daraus natürlich keinerlei Garantie ableiten, dass diese Aktie zukünftig steigen wird. Selbst dann, wenn man alles richtig gerechnet hat. Und der Grund liegt darin, dass der Markt diese Unterbewertung selbstverständlich durchaus bis zum jüngsten Tage aufrecht erhalten könnte. Das heißt: Auch hier hat der Markt immer Recht. Was der Markt nicht will, das wird auch nicht geschehen. Und wenn eine Aktie gestern unterbewertet war, warum sollte sie das morgen nicht auch noch sein?

Die Ursache hierfür liegt natürlich in der Tatsache begraben, dass prinzipiell niemand jemals in der Lage sein wird, die korrekten Parameter einer ›richtigen‹ Marktbewertung genau zu bestimmen. Wie hoch muss der Diskontierungszinssatz sein? Wieviel Prozent muss er aufgrund der individuellen Risikosituation des Unternehmens über dem Zinssatz für risikolose Papiere wie Staatsanleihen liegen? Wie hoch wird die Wachstumsrate der Umsätze, der Gewinne und der Kosten beim Unternehmen sein? Und welchen Zeithorizont müssen wir dabei überhaupt betrachten? Alles Fragen, die sich niemals eindeutig richtig beantworten lassen, weshalb wir auch sagen können: Es wird niemals ein eindeutiges Urteil über die Richtigkeit einer Marktbewertung geben können.

Hinzu kommt allerdings noch ein weiterer Punkt, den ich zwar nur in einem einzigen Buch gefunden habe, der mir jedoch sehr plausibel erscheint. Witzigerweise ist es dasselbe Buch, in dem auch der ›Würfelchart‹ von eben enthalten ist und das den interessanten Titel Der Crash der Theorien *trägt. Dieses Argument lautet nun: Es kann deshalb überhaupt keinen verlässlichen Mechanismus zur Bewertung von Aktien geben, weil Aktien niemals zurückgezahlt werden. Und die genaue Argumentation lautet folgendermaßen:*

Tatsache ist, dass für jeden Kauf und jeden Verkauf eines Unternehmens oder von Teilen davon stets ein Preis festgelegt werden muss. Betrachten wir nun zunächst den Fall des Kaufs beziehungsweise Verkaufs eines ganzen Unternehmens: Auch wer ein Unternehmen kauft, für den stellt dieses prinzipiell eine Kapitalanlage wie jede andere dar. Und das heißt, der Kaufpreis wird sich an den zukünftigen Erträgen ausrichten. Hier also mag das Modell der diskontierten Zukunftserträge tatsächlich einige Berechtigung haben, denn schließlich kann der Käufer sich diese Erträge – und vielleicht sogar noch ein bisschen mehr – de facto vom Unternehmen auszahlen lassen.

Das heißt: Diese Investition rechnet sich für ihn. Sie fließt langsam in Form von Bargeld wieder zu ihm zurück. Der Käufer eines Unternehmens wird also auch ruhig dessen ›inneren Wert‹ zahlen, weil er es nämlich selbst ist, der an diesen inneren Wert am besten herankommt.

Doch vergleichen wir damit nun einmal die Rolle eines normalen Aktionärs einer börsennotierten AG: Er hat im Unterschied dazu überhaupt keine Chance, denn er kann sich weder die Erträge auszahlen lassen, noch den inneren Wert realisieren. Über die Verwendung der Erträge entscheidet nämlich die Hauptversammlung, die in der Regel den Vorschlägen der Verwaltung zustimmen und – gemäß gängiger Praxis – einen Großteil nicht ausschütten wird. Und der ›Griff in die Kasse‹, das heißt, die Veräußerung von Teilen des inneren Wertes gegen Cash, der dem Alleineigentümer stets offen steht, ist dem Aktionär natürlich ebenso verwehrt.

Der Aktionär ist also im Vergleich zum alleinigen Firmeninhaber – bezogen auf die Unternehmenserträge – ein armes Schwein. Denn wenn er einmal einen relevanten Teil seines Einsatzes wieder in Form von Bargeld zurückerhalten möchte, dann bleibt ihm aufgrund der Tatsache, dass das Unternehmen selbst prinzipiell keine Aktien wieder zurücknehmen wird, nur ein Weg: Er muss einen Anderen finden, an den er seine Anteile weiterverkaufen kann.

Doch hier nun stellt sich das Problem von neuem: Zu welchem Preis soll der Handel stattfinden? Tja, da niemand über eine bessere Idee verfügt, wird man sich also trotzdem an den Wert der diskontierten Zukunftserträge anlehnen. Und wenn dieses Modell somit auch in diesem Bereich einige Bedeutung erlangt, dann auf jeden Fall nicht auf Basis logischer Überlegung, sondern schlichtweg aufgrund des Mangels Alternativen.

Doch das birgt natürlich einige Gefahren in sich. Denn wer zu normalen Zeiten im Bereich des inneren Wertes gekauft hat, kann bei einem Verkauf in verrückten Zeiten von absoluten Mondpreisen bis hin zu grottenschlechten Crashkursen wirklich alle Preise für seinen Aktienverkauf bekommen, nur nicht den inneren Wert oder die abdiskontierten Zukunftserträge. Und wer wüsste heute schon zu sagen, wann später einmal am Aktienmarkt die Normalität und wann die Verrücktheit regiert.

Es gibt also, obwohl die Fundamentalanalyse sicherlich den Vorteil hat, zumindest eine Orientierungsgröße für den Wert eines Unternehmens oder einer Aktie zu liefern, keinen Anker des Börsenwertes in den Fundamentaldaten. Hier gibt es nur entweder eine Situation des Vertrauens oder eine Situation der Nervosität, niemals jedoch auch nur eine annähernde Sicherheit. Und niemand hat dies jemals besser ausgedrückt als der große Wirtschaftswissenschaftler John Maynard Keynes, der bei uns zwar stets den Kopf hinhalten muss, wenn es um kreditfinanzierte staatliche Ausgabenprogramme geht, der sich jedoch in Wirklichkeit im Wesentlichen mit ganz anderen und viel interessanteren Dingen beschäftigt hat.

›Wir setzen tatsächlich voraus‹, schreibt Keynes, ›dass die bestehende Marktbewertung, wie sie auch immer erreicht wurde, in Bezug auf unsere Kenntnis der das Erträgnis der Investition beeinflussenden Tatsachen eindeutig richtig ist, und dass sie sich nur im Verhältnis zu Änderungen in dieser Kenntnis ändern wird.‹ ›In Wirklichkeit jedoch‹, so Keynes weiter, ›haben wir uns dabei ... stillschweigend auf etwas eingelassen ..., was in Wahrheit eine Übereinkunft ist.‹

Die Aktienbewertungen werden also, so die Quintessenz dieser Aussage, nur so lange einigermaßen verlässlich sein, ›so lange wie wir uns auf die Einhaltung dieser Übereinkunft verlassen können.‹ Völlig anders kann es natürlich auch gar nicht sein, selbst dann, wenn dies von allen Seiten noch so weit in die Welt hinausposaunt wird. Schließlich müssen alle Aktien zu jedem Zeitpunkt immer von der Gesamtheit der Anleger gehalten werden. Da sie niemals rückzahlbar sind, müssen sie immer von irgendjemandem besessen werden.

Und das heißt: Die vermeintliche ›Liquidität‹ von Aktien, also die Tat-

sache, dass Aktien somit jederzeit wieder zu Geld gemacht werden können, gilt somit also immer nur für den einzelnen Anleger, niemals jedoch für alle Anleger gemeinsam.

Wer also seine Aktien wieder loswerden möchte, muss dazu immer einen Anleger finden, der begierig ist, sie zu kaufen. Wären hingegen alle Anleger wenig geneigt, sich in Aktien zu engagieren, so wäre das eine Katastrophe, die man gemeinhin ›Crash‹ nennt und in der natürlich, wie in einer moderaten Abwärtsbewegung sicherlich auch schon, fundamentale Bewertungsregeln kaum noch Beachtung finden werden.

Die Börse ist damit, wie Keynes es ausgedrückt hat, ein Mechanismus, der bewerkstelligt, dass Investitionen, die für das Gemeinwesen ›fest‹ sind, somit für den Einzelnen ›flüssig‹ gemacht werden. Der Einzelne kann das Risiko dabei immer loswerden, indem er es auf den nächsten abwälzt, die Gesamtheit jedoch kann es schlichtweg niemals loswerden. Für sie bleiben Aktien in jedem Fall eine risikoreiche Anlageform.

Und je größer, so behaupte ich, die Naivität hinsichtlich der Bewertung von Aktien ist, umso größer das Risiko der Anlage. Denn wer das Risiko nicht kennt, den könnte es schwerer treffen als denjenigen, der ihm bewusst ins Auge blickt – und dennoch Aktien kauft. «

An dieser Stelle war Brian mit seinem Vortrag am Ende angelangt, und die anderen spendeten ihm aufrichtigen Beifall. Auch der Professor klopfte auf den Tisch, obwohl er sicherlich nicht alles unterschrieben hätte, was Brian hier vorgetragen hatte. Aber insgesamt war den Ausführungen von Brian natürlich eine gewisse Logik nicht abzusprechen, das musste sogar der Professor zugeben.

»Und wisst ihr, was Keynes noch gesagt hat?« fragte Brian jetzt in die Runde, als er merkte, dass den anderen sein Vortrag gefallen hatte. »Als er einmal gefragt wurde, ob er im Leben eigentlich etwas bedauern würde? Schätzt mal, was er da geantwortet hat? Eine Sache, hat er daraufhin gesagt, würde er tatsächlich in seinem Leben bedauern, nämlich dass er nicht noch mehr Champagner getrunken habe.«

»Geil!«, rief Hemingway aus. »Muss ja wirklich ein lustiger Knabe gewesen sein.«

»Stimmt wohl auch«, antwortete Brian, »war ein richtiger englischer Exzentriker. Ein Wissenschaftler, mit einer russischen Tänzerin verheiratet. Und immer für eine abweichende Meinung gut. Hat wohl auch selbst eine Menge Geld mit Aktien- und Währungsspekulationen verdient.«

»Ein etwas elitärer Knabe war er aber schon«, hielt der Professor dagegen. »Dennoch hat er sicherlich Recht: Es ist kein strenges Gesetz, dass sich die Aktienkurse immer nach den zukünftigen Erträgen der Aktiengesellschaften beziehungsweise ihrer Investitionsvorhaben richten müssen. Dies ist kein von höheren Mächten diktierter Zusammenhang, sondern schlichtweg nur eine Konvention. Und diese Konvention wird in normalen Zeiten Bestand haben, in besonderen Situationen jedoch außer Kraft treten. Und genau das ist es ja auch, was ich immer sage: Wir müssen uns nach irgendetwas richten. Und diese Gesetzmäßigkeiten, oder besser ›Regelmäßigkeiten‹, können wir mathematisch berechnen. Wir können jedoch nicht berechnen, wann diese Regelmäßigkeiten nicht mehr zutreffen. Deswegen können wir auch nicht in jedem Fall auf sie vertrauen. Und dennoch ist das besser, als wenn man gar keine Orientierung hätte. Denn nur mit dem Nirwana alleine kommt man schließlich nirgendwo hin.«

»Dämdämdäräm!« Brian ahmte mit einem Höllenlärm einen Gitarrenakkord nach, so dass die anderen regelrecht zusammenzuckten. Dann rief er: »Das ist *Smells Like Teen Spirit* von Nirvana. Passt doch gut, oder? Aber du hast Recht. Mit Nirvana alleine endest du höchstens mit einem Kopfschuss im Nichts.« Dann nahm er sich wieder zusammen und fuhr fort: »Natürlich braucht man immer irgendetwas zum Festhalten. Auf der anderen Seite jedoch sollte man ebenso genau hinschauen, wo dieses Halteseil sein Ende findet.«

»Kein Widerspruch«, entgegnete hierauf der Professor, »dann müssen wir uns nur noch darauf einigen, wo dieser Punkt zu finden ist.«

»Oh, jetzt suchen sie den G-Punkt der Börse«, kommentierte Hemingway diesen Vermittlungsversuch und hätte sich dabei um ein Haar eine Maulschelle von Jeannette gefangen. »Das kann ja heiter werden.«

Kapitel 11

Jeanne d'Arcs Streifzug durch die Historie

Die Börse zwischen Internet und Vergangenheit

An Jeannettes Vortrag mit den geschichtlichen Parallelitäten konnte sich Brian noch bestens erinnern. Denn schließlich hatte er ja immer stark mit Jeannettes Ideen sympathisiert, da ihnen beiden aller Theoriekram stets sehr abstrakt vorgekommen und daher immer etwas vage geblieben war. Wohingegen die historischen Parallelen ihnen nicht nur viel zutreffender, sondern stets auch viel anschaulicher und prägnanter erschienen waren.

Doch jetzt stellten sich natürlich zwei Fragen mit ganz besonderer Brisanz: Erstens, was nutzten eigentlich alle historischen Vergleiche, wenn man niemals genau wusste, wann nun ähnliche Entwicklungen eintreffen würden und wann eben nicht? Und zweitens, was sich zudem für ihre eigene Geschichte ja als viel bedeutsamer herausgestellt hatte: Was war denn eigentlich dann, wenn eine Situation überhaupt zum ersten Mal eintrat? Hätte die Beschäftigung mit der Historie einem auch in diesem Fall Lehren und Erkenntnisse vermitteln können?

Und so widersprüchlich es klang, Brian hätte diese Frage, wenn sie ihm jetzt jemand gestellt hätte, durchaus mit einem Ja beantwortet. »Ja«, hätte er gesagt, »man kann auch dann über eine Situation etwas aus der Geschichte lernen, wenn diese noch niemals in der gleichen Art vorher aufgetreten ist. Denn die Geschichte wiederholt sich eben niemals in völlig identischer Form, sondern jedes Mal ein bisschen anders. Und das heißt: Selbst alles Neue ist zum überwiegenden Teil auch immer vorher schon da gewesen.«

Denn etwas, so hatte er in einem Buch über die Wissenschaften gelesen, was in jeglicher Hinsicht anders ist als das Bekannte, könnte man überhaupt nicht wahrnehmen, geschweige denn verstehen. Wahrnehmen und Verstehen kann man nämlich immer nur das, was man auch identifizieren kann. Und das wiederum heißt: Alles Neue ist niemals völlig neu, sondern immer nur ein bisschen neu, ein wenig anders als vorher. Aus der Geschichte kann man daher nicht nur lernen, was bisher alles passiert ist, sondern zusätzlich auch, was zukünftig noch passieren könnte. Und zwar, indem man diese Wiederholungen stets in etwas abgewandelter Form erneut stattfinden lässt.

Doch nicht immer muss man natürlich einen derartigen Aufwand treiben. Für die Prognose von Trendwechseln, Crashs und Kurszusammenbrüchen sicherlich schon. Aber andererseits: Schwindler und Börsenbuchschreiber hatte es natürlich bereits lange vor ihrer Zeit gegeben. Und das Internet? Das hatte es natürlich vorher noch nicht gegeben. Und dennoch basierte das Internet eigentlich nur auf einem Sammelsurium von Dingen, die es alle mittlerweile schon seit Ewigkeiten gab, nämlich Computern, Software und Datennetzen.

Auch das Internet war also nicht völlig neu, sondern nur eine neue Kombination des Alten. Und fügte damit, ebenso wie jede geniale, aber auch jede fehlgeschlagene Geldanlage, der Geschichte aller Ereignisse immer wieder etwas Neues hinzu. So wurden also ständig neue Sterne an den Himmel geschossen, und große Hoffnungen fanden sich andererseits als enttäuschte Erwartungen wieder. »Doch welcher Weg war der bessere?«, fragte sich Brian. »Sollte man eher die ausgetretenen Pfade benutzen oder lieber auf der Suche nach dem Neuland durch das Dickicht krauchen? Oder war man manchmal einfach nur im Einzelfall viel zu dämlich?«

»Das Internet wird unser Leben vollkommen verändern!«, hatten die Gurus der Internet-Aktien immer wieder laut herausgeschrien. Und zwar so lange, bis niemand, ja wirklich niemand, sich diesem Ruf noch entziehen konnte. »Dies ist eine der größten technologischen Revolutionen der Menschheitsgeschichte«, hieß es dann, »die das Leben der Menschen sicherlich in ähnlichem Ausmaß verändern wird, wie dies vorher nur durch die Einführung des Automobils der Fall war.«

»Und hier muss man dabeisein, dabeisein und noch einmal dabeisein«, dröhnte es noch immer in seinem Kopf. »Warum das alles noch nicht so richtig funktioniert? Hat es doch beim Automobil auch nicht! Denn was heute die Wartezeiten und Kompliziertheiten des Internet sind, das waren damals die dürftigen und eigentlich autountauglichen Straßen und die umständliche Bedienung der Automobile. Und: Registriert heute eigentlich überhaupt noch jemand, dass die ersten Autos ungefedert waren und ihr Schaltgestänge außen an der Karosserie angebracht war?«

Obwohl, über den Zeitraum der letzten 130 Jahre betrachtet, kein Durchbruch einer neuen technologischen Entwicklung gleichzeitig auch eine neue Ära der Aktienbewertung mit sich gebracht hatte: »Diesmal wird es passieren. Diesmal muss es passieren. Diesmal ist es schon passiert.« Beim Automobil jedoch hatte es auch nicht geklappt. Hier haussierten zwar die Autoaktien kurzfristig, aber nur so lange, bis sie damit wieder aufhörten. 130 Jahre! Das war, so hätte Jeannette sicherlich gesagt, genauso lange, wie es das Deutsche Reich jetzt hätte geben können. »Aber nein, das war jetzt bereits Geschichte; die Zukunft jedoch«, hatten alle immer gesagt, »wird glänzend, einfach glänzend.«

Dann aber die Tatsachen: Weder die Eisenbahn noch die Etablierung des Automobils noch die Nutzung des Flugzeugs als Massentransportmittel noch die von Radio und Fernsehen als Informations- und Unterhaltungsmedium und schon gar nicht die Computer, nicht die Großcomputer und auch nicht die PCs – nichts hatte dem Aktienmarkt eine wirkliche Revolution beschert. »Doch jetzt, jetzt ganz sicher.« Mein Gott, dachte Brian, was für ein Hornochse man manchmal sein konnte.

Aber wie sollte man sich andererseits auch enthalten können? Internet-Aktien waren doch wie Geld. Was heißt wie Geld? Besser als Geld! Denn mit ihnen konnte man mittlerweile sogar bezahlen. Und zudem wurden sie ständig teurer und teurer und teurer.

Wie in dem Beispiel mit dem Handwerker in den USA. Ja, das ist ein wahres Beispiel, denn es stand im *Wall Street Journal*. Brian erinnerte sich: Dieser Handwerker hatte einer im Internetbereich tätigen Gesellschaft die Büroräume umgebaut. Nun verfügte dieses Unternehmen jedoch nur über wenig Cash und überredete den Handwerker daraufhin, doch anstelle von Geld auch Aktien der Firma zu nehmen. Und aus den ursprünglichen 30000 Dollar wurden in einem Jahr fast 600000 Dollar.

»Vielleicht ist es manchmal wirklich besser,« überlegte Brian, »mit den Händen und nicht mit dem Kopf zu arbeiten. Denn wozu braucht man eigentlich einen Kopf? Vielleicht nur zum Fehler machen? Wo doch heute sowieso niemand mehr einen Hut trägt.« Wie hatte auch Hemingways Vater einmal so schön im Zusammenhang mit Brians Schusseligkeit gesagt? »Wenn dem Brian der Kopf nicht angewachsen wäre, dann hätte er ihn sicherlich schon längst einmal bei uns vergessen.« Hätte er bloß.

Jeannette war in dieser Hinsicht anders. Doch jetzt stand sie vor einer größeren Herausforderung. Sie musste nämlich nicht nur die anderen von ihren Albernheiten abbringen, sondern auch das Gesprächsthema direkt auf ihren Vortrag lenken. Denn auch Jeannette wollte jetzt mit ihrem Referat an die Reihe kommen und fertig werden. »Warum streiten wir eigentlich immer nur über die Theorie?«, fragte sie deshalb in die Runde. »Ist es nicht viel wichtiger, sich mit der Geschichte zu befassen?«

»Tätärätä, Vorhang auf, jetzt kommt wieder unsere heilige Jungfrau von Orléans!« Hemingway war wie immer nicht von seiner Spottlaune abzubringen. »Na los, Jeanne, erzähl uns, was du in deinem langen Leben so alles erlebt hast. Aber Vorsicht: No sex please, we are british.«

»Keine Diskriminierung von Minderheiten in diesem Raum!« wehrte sich Jeannette. »Doch keine Angst. So etwas würde euch Buben doch nur noch mehr durcheinander bringen!«

»Na gut, dann los, altes Mädchen«, erwiderte Hemingway lächelnd und machte sich eine Flasche Cola auf. »Aber Papa genehmigt sich erst einmal einen frischen Drink.«

»Gegenüber dem, was ich euch jetzt zu erzählen habe, kann die Spekulation um die Niederländische Vereinigte Ostindische Compagnie regelrecht als kalter Kaffee bezeichnet werden. Ebenfalls zu Beginn des 17. Jahrhunderts und ebenfalls in den Niederlanden trat nämlich ganz plötzlich eine völlig neue Modeerscheinung zu Tage. Das ist wichtig. Es war zuerst eine Modeerscheinung und erst später dann eine Spekulationsmanie. Denn es entwickelte sich eine Blume zum Prestigeobjekt der wohlhabenderen Bevölkerungsschichten – und das war die Tulpe.

Tulpen wurden ursprünglich im 16. Jahrhundert aus der Türkei eingeführt und konnten nur mit Mühe dem viel rauheren Nordseeklima angepasst werden. Vielleicht gerade deswegen entwickelten sie sich zunehmend zum Statussymbol und zum Beweis des Reichtums ihrer Besitzer. Folglich nahm die Nachfrage derart stark zu, dass die heimische Züchtung von Tulpenzwiebeln sie nicht mehr befriedigen konnte. Dadurch stiegen die Preise an. Zu-

erst sehr langsam und dann immer schneller. Der Grund hierfür war, dass die ersten cleveren ›Spekulanten‹ anfingen, ihr Geld in Tulpenzwiebeln anzulegen, weil deren Preise aus ihrer Sicht aufgrund des mangelnden Angebots anscheinend nur noch weiter steigen konnten.

Es bildete sich also, wie wir vorhin gehört haben, eine vollständig labile Situation, in der die Preisentwicklung ausschließlich nur noch von den Preiserwartungen der nächsten Tage und Wochen abhing. Dann jedoch drehte sich ganz plötzlich der gesamte Prozess radikal um. Wie hieß das in der Chaostheorie? Fulguration, genau. Und der Grund hierfür lag in Folgendem: Die Angebotslücke hatte alle Pflanzenzüchter des Landes und alle Importeure dazu getrieben, so viel neue Tulpenzwiebeln wie irgend möglich herbeizuschaffen und auf den Markt zu bringen. Als dann jedoch die Marktteilnehmer sukzessive registrierten, dass eigentlich alle Sorten von Tulpenzwiebeln ausreichend vorhanden waren, und die Tulpe somit den Reiz der Knappheit verloren hatte, brach der Markt innerhalb kürzester Zeit vollkommen zusammen.

Tulpen waren damit also auf einmal wieder genau das, was sie schon vorher gewesen waren und was sie auch heute noch sind: nämlich schöne Blumen, aber kein Gegenstand der Vermögensanlage. Und wer noch kurz vor dem Crash in der Hoffnung auf weitere Preissteigerungen schnell sein gesamtes Vermögen in Tulpenzwiebeln angelegt hatte, der war es jetzt nahezu vollständig los.

Ganz ähnlich sind auch alle anderen großen Spekulationen in der Geschichte von herben Crashs abgelöst worden. Und der Grund hierfür war immer der gleiche: Die Käufer waren zu optimistisch und glaubten, dass die Preise nur noch weiter steigen konnten. Als sich dann jedoch zeigte, dass dem nicht so war, brach das ganze Gebäude wie ein Kartenhaus zusammen. Oder, anders ausgedrückt, einer schrie ›Feuer‹ – und alle versuchten plötzlich, den rettenden Ausgang zu erreichen. Was jedoch nur wenigen gelang; während die breite Masse in diesem Durcheinander zu Boden ging und bleibende Schäden davontrug.

Interessant ist dabei besonders Folgendes: Die eigentliche Ursache für die entstandene Malaise hatte erstens in keinster Weise etwas mit einem realen, wirklichen Feuer zu tun, und zweitens hing sie auch weniger von den Feuer-Rufen ab, als vielmehr von der vorausgegangenen Entwicklung, davon, dass wirklich jeder dabei sein wollte, dass alles, was überhaupt Beine hatte, sich auch tatsächlich in den Börsensaal begeben hatte.

Auch als im Jahr 1929 in New York die Börse mit einem großen Knall

zusammenbrach, liefen die Ereignisse nach einem ganz ähnlichen Muster ab. Doch der Crash von 1929, das muss man immer beachten, der in unserer öffentlichen Meinung heute fast als Synonym für den Weltuntergang steht, war im Grunde nicht schlimmer als die Crashs der Jahre 1987 und 1998. Denn in allen drei Fällen verloren die Aktien innerhalb kürzester Zeit gleich viel, nämlich 39 Prozent an Wert.

In allen drei Fällen wurde anschließend auch relativ schnell fast die Hälfte dieser Verluste wieder aufgeholt. Erst danach zeigte sich ein großer Unterschied: 1987 und 1998 stürzte die Wirtschaft in eine Krise, weshalb, wie wir ja heute hautnah erleben können, die Aktienkurse sofort ihren Aufstieg zu neuen Höchstkursen fortsetzten. Dem gegenüber war es im Anschluss an 1929 zur so genannten Weltwirtschaftskrise gekommen, welche die Welt in Depression, Deflation und Elend gestürzt und in Verbindung damit auch bewirkt hatte, dass die Aktienkurse im Jahre 1932 nur noch gut 10 Prozent ihres Wertes vom Höchststand im September 1929 ausmachten.

Deswegen gilt es heute auch als erwiesen, dass die Weltwirtschaftskrise zwar ihren Auslöser, nicht aber ihre Ursache in dem Börsencrash von 1929 fand. Die Ursache lag vielmehr darin begründet, dass auf der einen Seite die goldenen zwanziger Jahre von einer viel zu hohen Kreditexpansion begleitet waren, und auf der anderen Seite – unter dem Einfluss der vorausgegangenen Inflation und des damaligen Goldstandardsystems – die Notenbanken in dem Moment, in dem es wirklich darauf ankam, weder willens noch in der Lage waren, das Wirtschaftssystem mit genügend Liquidität auszustatten. Und dies hatte zur Folge, dass reihenweise sowohl Unternehmen als auch private Schuldner zusammenbrachen, was dann eine richtige Abwärtsspirale in Gang setzte, da jeder Zusammenbruch immer weitere Zusammenbrüche nach sich zog.

Es war also nach übereinstimmender Meinung ein Fehler im System, der diese Krise sowohl ausgelöst als auch so weit getrieben hatte. Hierzu nur einmal das Beispiel des damaligen Deutschen Reiches: Deutschland hatte den Ersten Weltkrieg verloren und war im Vertrag von Versailles zu hohen Reparationsforderungen verpflichtet worden. Doch um diese leisten zu können, darauf hatte unser Freund Keynes immer wieder hingewiesen, hätte man Deutschland erlauben müssen, das dazu erforderliche Geld über Exporterfolge verdienen zu können. Doch das wollten die Alliierten natürlich nicht, schließlich lag ihnen ihre eigene Industrie viel näher als die des Kriegsverlierers Deutschland.

Und so gab man dann einfach Deutschland die entsprechenden Kredite, um die Reparationen bezahlen zu können. Man buchte also nur von der linken in die rechte Tasche, wobei diese Kredite überdies auch nur kurzfristigen Charakter hatten. Und dann begann die Krise in Amerika. Doch das bewirkte, dass man dort jetzt sein verliehenes Geld dringend benötigte – und folglich sofort alle seine vergebenen Kredite fällig stellte. Für Deutschland bedeutete dies nun natürlich eine immense Verschärfung der Probleme. Denn erstens litt Deutschland aufgrund der Kriegsfolgen sowieso schon stärker als andere Länder – und nun kam noch ein weiterer Punkt hinzu, dass nämlich gerade in dem Moment, in dem man neue Kredite gebraucht hätte, die alten zurückgezahlt werden mussten. Damit ging dann das Licht völlig aus.

Doch was genau hatte sich in dieser Zeit eigentlich in New York abgespielt? Die zwanziger Jahre waren eine Phase der Hochkonjunktur in den USA. Es gab enorme technologische Veränderungen im Transportbereich, in der Telekommunikation und in der industriellen Fertigung. Hinzu kam noch eine Welle von Unternehmenszusammenschlüssen. All das mischte sich zu einem ›Cocktail‹ aus hohen Produktivitätszuwächsen und einem Wirtschaftswachstum von durchschnittlich über 6 Prozent pro Jahr die gesamten zwanziger Jahre hindurch. Entsprechend stiegen auch die Aktienkurse an. Und wer hier mitspielen wollte, aber nicht über das entsprechende Geld verfügte, der konnte es trotzdem tun.

Die Broker, das sind die Aktienhändler, liehen nämlich an willige Aktienkäufer bereitwillig Geld aus. Das ist dann genau der Leverage-Effekt, über den wir schon gesprochen haben. So musste man beispielsweise nur etwa 10 Prozent dessen, was man in Aktien investieren wollte, auch tatsächlich einzahlen. Die fehlenden 90 Prozent bekam man nämlich relativ problemlos auf dem Kreditweg geliehen. Die derart enorm ansteigende Zahl der Aktienbesitzer war denn auch eines der entscheidenden Charakteristika der zwanziger Jahre. Nur schade allerdings, dass dieses kühne Gebäude nur auf einem sehr wackeligen und viel zu dünnen Fundament erbaut war.

Denn bereits im Jahre 1928 hatte die Notenbank begonnen, den Diskontsatz, das ist der Zinssatz für das Ausleihen von Geld bei der Notenbank, in kleinen Schritten heraufzusetzen. Im August 1929 wurde dann dieser Satz gleich um einen ganzen Prozentpunkt von 5 auf 6 Prozent angehoben. Das bedeutete nun, dass sämtliche Spekulationen auf Kredit von einem auf den anderen Tag deutlich teurer wurden. Die Nachfrage nach Aktien ging also zurück. Hinzu trat ein Rekordvolumen an neu emittierten Aktien, also eine extreme Ausweitung des Angebots. All das könnte schließlich zu einem

Umkippen der Erwartungen der Anleger geführt haben, wobei detailliertere Ursachen natürlich nicht auszumachen sind, da, wie wir ja bereits wissen, ansonsten Crashs voraussagbar sein müssten. Was sie jedoch nicht sind, denn ansonsten wären sie ja keine Crashs mehr.

Die Malaise begann schließlich am 23. Oktober 1929 mit einem Fall der Kurse an der New Yorker Börse um 6,4 Prozent. Als am nächsten Tag dann der Markt erneut um 11 Prozent fiel, beschlossen einige Banken die Einleitung von Stützungsmaßnahmen, die allerdings nur kurze Zeit Wirkung zeigten. Denn nur am 25. und 26. Oktober blieben die Kurse noch relativ stabil. Doch dann setzte der große Knall ein: Am Montag, den 28. Oktober verloren die Kurse 12,8 Prozent und am darauf folgenden Dienstag, dem legendären 29. Oktober 1929, noch einmal weitere 11,7 Prozent. Anschließend ging es für ein paar Tage wieder bergauf, doch im November sah der Markt wieder neue deutliche Tiefststände.

Und den Rest habe ich ja schon erzählt. Im November 1929 notierte der Dow Jones Index, der die Entwicklung der Kurse am amerikanischen Aktienmarkt misst, unter 200 Punkte, erholte sich dann jedoch bis zum April 1930 auf knapp 300 Punkte, allerdings nur, um dann erst in die richtige Baissephase einzutreten, die schließlich am 8. Juli 1932 mit nur noch 41,22 Punkten ihren absoluten Tiefststand fand.

Auch 1987 und 1998 lief das Geschehen in einem ganz ähnlichen Rhythmus ab. Auch hier waren die Aktien vorher enorm angestiegen und anschließend wurden, wie im Fall des Jahres 1987, die Zinsen ganz drastisch erhöht, oder es passierten, wie 1998 mit der Asien-, der Russland- und der Hedgefonds-Krise, andere Dinge, die breite Kreise der Anleger das Fürchten lehrten. Ich glaube, ich muss das hier nicht in allen Einzelheiten ausführen, da die Details ja, wie wir ebenfalls schon gesehen haben, doch in jedem Fall immer wieder andere sind – und nur das grobe Muster bestehen bleibt.

Doch auf eine Sache möchte ich unbedingt noch hinweisen. Und das ist der Crash von 1987. Denn was hier passierte, war in einem Punkt schon eine historische Einmaligkeit: Der größte Teil des gesamten Crashs lief nämlich tatsächlich nur an einem einzigen Tag ab. Und dieser unglückselige Tag war der Montag, 19. Oktober 1987. Der Dow Jones Index hatte zu diesem Zeitpunkt in den beiden Vorwochen bereits 6 respektive 10 Prozent an Wert verloren und brach nun – von diesem schon deutlich niedrigen Niveau aus – an einem einzigen Tag noch einmal um sage und schreibe 23 Prozent ein. Und so eine volle Pleite, um das noch einmal einzuflechten, ist tatsächlich fast nur noch mit dem von euch schon so oft angeführten Verbrennen auf dem Scheiterhaufen zu vergleichen. Und jetzt ›habe ich fertig‹.«

Jeannettes Auftritt wurde von den Zuhörern mit heftigem Beifall bedacht. Denn die anderen wussten sehr gut, dass es auch für die »eiserne« Jeannette nicht immer einfach war, sich gegen die drei Jungens durchzusetzen. Andererseits war das natürlich ein Heimspiel für sie gewesen, denn bei jeder Jahreszahl, die sie genannt hatte, flackerten vor ihrem inneren Auge gleichsam die sonstigen Ereignisse des entsprechenden Jahres auf. Und was konnte befriedigender sein, als sich damit zu beschäftigen, womit man sich am besten auskannte.

Nach den ganzen anstrengenden Vorträgen fühlten sich die vier jetzt matt und geschlaucht. Schließlich war es mittlerweile bereits Nachmittag – und angefangen hatten sie schon am frühen Vormittag. Niemand wollte jetzt mehr theoretische Debatten führen und allen stand nur der Sinn nach Ablenkung.

»Wisst ihr, was ich jetzt am liebsten machen würde?«, fragte Hemingway deshalb in die Runde.

»Ein Bier trinken«, war die einstimmige Antwort der anderen.

»Klasse Leute!«, antwortete dieser, »klare Frage – klare Antwort. Aber dennoch geht es leider nicht.«

»Was, es geht nicht?«, war die allgemeine und verblüffte Gegenfrage.

»Ja, es stimmt«, bestätigte der Professor Hemingways Äußerung, »schaut auf die Uhr. Denn so spät, wie wir glauben, ist es noch gar nicht.«

»Ach ja, jetzt kommt diese alte Leier«, maulte Brian und schaute zu Hemingway hinüber: »Nicht einmal an einem derartigen Tag eine Ausnahmegenehmigung?«

Hemingway hatte sich nämlich gleichsam so etwas wie ein »Gelübde« auferlegt. Und dieses bestand darin, vor 18 Uhr keinen Schluck Bier anzurühren. Woher Hemingway diese Verhaltensweise hatte, das wusste keiner seiner drei Freunde so genau. Aber letztlich war das auch egal. Denn wichtig war im Moment nur, dass sie dadurch ein neues Thema hatten, welches erst einmal nicht mit Theorien, dem Sinn des Lebens oder der Börse zu tun hatte.

Dem Professor hingegen fiel es sehr schwer, jetzt an das Biertrinken zu denken; zu sehr war er nämlich noch in der vorangegangenen Thematik verfangen. Und während Hemingway schon über ganz andere Dinge grübelte und sagte: »Trinken oder nicht trinken, das ist hier die Frage«, beschäftigte sich der Professor immer noch mit den Ereignissen des Tages und fragte in die Runde: »Und? Was findet ihr, hat sich die bisherige Mühe gelohnt? Was hat es gebracht?«

Während die anderen sofort angestrengt eine ernsthafte Antwort überlegten, preschte Hemingway jedoch sofort hervor und sagte: »Eines hat es auch jeden Fall gebracht – nämlich eine ganze Menge Durst.«

»Und unabhängig davon?«, fragte der Professor nach.

»Ich denke«, antwortete Hemingway, »jetzt muss es wirklich bald losgehen. Und zwar in jeglicher Hinsicht.«

»Genau«, pflichtete Brian ihm bei. »Endlich Schluss mit den Trockenübungen.«

»Dann müssen wir sofort anfangen, eine Bilanz unserer Ersparnisse aufzustellen«, warf der Professor ein, »und zudem sollten wir noch versuchen, einige Kreditquellen aufzutun.«

»Das mit der Bilanz der Ersparnisse kannst du wirklich vergessen«, antwortete Brian, »denn das wird wirklich eine komische Bilanz, mit einer Null auf beiden Seiten.«

»Genau«, ergänzte Hemingway, »Kreditquellen sind viel besser.«

»Nur, welche?« fragte Jeannette zurück.

»Na die Parentes natürlich«, antwortete der Professor in ungewohnt lockerer Manier. »Denn schließlich sind die Eltern doch immer für ihre Kinder da.«

»Meine Eltern geben mir bestimmt nichts«, entgegnete Jeannette. Und auch Brian und Hemingway sahen keine Chance.

»Wartet nur ab«, sagte der Professor und machte ein geheimnisvolles Gesicht. »Man muss es nur clever anstellen. Ich habe da schon so eine Idee.«

Kapitel 12

Endlich genug Geld

Das Modell des diskontierten Taschengeldes

Am nächsten Tag bereits riefen Jeannettes Eltern bei denen des Professors an und erkundigten sich, ob deren Sohn auch so merkwürdige Pläne über Börsengeschäfte geäußert hätte. Sie machten sich nämlich Sorgen um ihre Tochter und erhofften sich Rat von den Eltern des Professors, die sie recht gut kannten und denen sie vertrauten. Der Vater des Professors war ein angesehener Forscher, und die Erziehung in diesem Hause entsprach sehr den Vorstellungen von Jeannettes Eltern.

»Ja, ja«, antwortete der Professor senior. »Die scheinen sich ja Großes vorgenommen zu haben.«

»Das scheint mir auch so«, pflichtete ihm Jeannettes Vater bei. »Was halten Sie denn von der ganzen Sache?«

»Also, ich denke, dass die Kinder dabei sicherlich eine ganze Menge lernen können. Denn das ganze Schulwissen scheint mir doch in der Tat etwas einseitig zu sein. Und wo heute wirklich jedermann von der Börse spricht, wäre es sicherlich wünschenswert, wenn auch die Kinder in diesem Bereich zumindest etwas Wissen aufbauen würden. Denn ein paar Erfahrungen sind schließlich niemals verkehrt.«

»Da haben Sie sicherlich grundsätzlich Recht«, war die Antwort, »denn das ›Learning by doing‹ ist ja wirklich eine moderne Methode. Nur haben wir ein bisschen Angst, dass die Kinder sich dabei übernehmen könnten. Und hinterher bleibt dann vielleicht nichts anderes übrig als ein großer Haufen Schulden. Denn vom Taschengeld alleine kann sicherlich niemand an der Börse spekulieren. Und seit unsere Regierung die 630-Mark-Jobs gekippt hat, ist ja auch mit dem Hinzuverdienen nicht mehr allzuviel los. Vor allem, wo sie doch jetzt bereits anfangen wollen – und nicht erst in einem Jahr, wenn sie vielleicht genug angespart haben könnten.«

»630 Mark können sich Schüler wohl immer noch bei relativ moderaten Abzügen hinzuverdienen«, entgegnete der Professor senior. »Unser Sohn hat uns in diesem Zusammenhang einen ganz anderen und sehr interessanten Vorschlag gemacht:

›Paps‹, hat er zu mir gesagt, ›die Börse ist ein genialer Mechanismus, der die Dinge vorwegnimmt. Hier wird bereits heute die Zukunft gehandelt. Das heißt: Die gegenwärtigen Kurse der Aktien entsprechen in der Regel immer den auf den heutigen Zeitpunkt heruntergerechneten zukünftigen Erträgen der entsprechenden Gesellschaften – und zwar so, wie diese sich aus heutiger Sicht darstellen.‹ Darüber mussten wir natürlich diskutieren, aber ich teile seine Position, dass es bestimmt nicht völlig verkehrt ist, wenn man das so sieht.

Dann jedoch hat er mich gleich gefragt: ›Wärst du denn grundsätzlich bereit, deinen Sohn, also mich, in der gleichen Weise zu bewerten? Und, wenn ich recht in der Annahme gehe, dass du etwas von mir hältst, gewissermaßen Aktien von mir zu kaufen?‹

›Wie meinst du denn das?‹ habe ich ihn gefragt.

›Na, du weißt doch‹, hat er geantwortet, ›dass wir anfangen wollen, an der Börse zu investieren. Doch ohne Geld geht das nicht. Das laufende Taschengeld ist dafür zu wenig, und einen Kredit bekommen wir nicht, weil wir noch nicht volljährig sind.‹

›Richtig‹, habe ich ihm geantwortet. ›Und handeln dürft ihr auch nicht, solange ihr noch minderjährig seid.‹

›Wenn ihr es uns aber erlaubt und uns dafür eine Vollmacht gebt, dann doch.‹

›Das könnte durchaus sein‹, habe ich ihm zugestanden. ›Aber nun erkläre mir doch bitte noch einmal ganz genau, wie du das eben mit dem Aktienkaufen gemeint hast: Aktien von dir?‹

›Ganz einfach, Paps‹, hat er geantwortet. ›Stellen wir uns doch beide einmal vor, ich wäre eine Aktiengesellschaft und hätte eine tolle Investitionsidee. Und wenn du an mich glaubst, dann würdest du doch sicherlich auch in mich investieren, oder? Okay, dann mache ich dir jetzt folgende Rechnung auf:

Zwei Jahre werde ich bestimmt noch zur Schule gehen und folglich weiterhin Taschengeld bekommen. Zusätzlich könnte ich überdies nebenbei noch etwas dazuverdienen. Und hinterher werde ich entweder Bafög, Aus-

Aktie

bildungsentgelt oder weiterhin Taschengeld kriegen. Meine Einkünfte sind mithin sehr gut kalkulierbar, denn mir wird ein kontinuierlicher Einkommensstrom zufließen. Nicht gigantisch, aber regelmäßig. Und die Sicherheit dieser Einnahmen ist für dich in weiten Teilen zu 100 Prozent garantiert, denn schließlich bist du ja selbst der Zahlende – zumindest für das Taschengeld.

Konzentrieren wir uns deshalb zunächst auch darauf. Wenn ich nun den heutigen Wert dieses Geldes von dir heute bereits bekommen würde, indem du symbolisch Aktien von mir erwirbst, und ich ihn an der Börse investiere, dann hast du eigentlich kein Risiko, dafür jedoch viele Chancen. Denn geht die Spekulation gut, dann werde ich diesen Betrag zuzüglich einer guten Dividende recht bald an dich zurückzahlen, sprich ausschütten können. Läuft alles hingegen schief, was wir jedoch wohl weder glauben noch hoffen wollen, dann zahlst du eben das Taschengeld so lange an dich selbst, bis meine Schuld wieder abgetragen ist.‹

Wir haben uns dann sofort hingesetzt und einmal zu rechnen angefangen. Angenommen, das Taschengeld würde im Zeitraum der nächsten drei Jahre durchschnittlich 200 Mark im Monat betragen, dann wären das für die nächsten zwölf Monate 2400 Mark. Für die darauf folgenden zwölf Monate müssten wir es jedoch bereits mit dem herrschenden Abschlagszinssatz auf den gegenwärtigen Zeitpunkt herunterrechnen. Wir haben uns bezüglich dieses Diskontierungszinssatzes aufgrund der hohen Sicherheit des Geldflusses dazu entschieden, nur den aktuellen Zinssatz für unser Bonussparbuch anzusetzen, also 2 Prozent. Der Kapitalisierungsfaktor drückt dann, ohne die Rechnung allzu sehr zu verkomplizieren, den Gegenwartswert der Taschengeld-Einnahmen des nächsten Jahres auf 98 Prozent, des übernächsten auf 96 Prozent und des darauf folgenden auf 94 Prozent.

Macht also für dieses Jahr 2400 Mark, für das nächste Jahr 2352 Mark, für das übernächste Jahr 2304 Mark und für darauf folgende Jahr 2256 Mark. Wir haben uns dann jedoch aufgrund der Unerfahrenheit auf einen Risikoabschlag von 50 Prozent geeinigt. Insgesamt sind das dann aber immerhin noch 4656 Mark und somit eine recht ansehnliche Summe. Und wenn Sie und die anderen hier mitziehen würden, dann könnten die Kinder mit insgesamt 18624 Mark starten.«

»Haben Sie denn stets so viel flüssig?«, fragte Jeannettes Vater sofort.

»Nein, aber dann muss ich halt etwas von meinen eigenen Aktien verkaufen«, scherzte der Professor senior zurück.

Die nächsten Jahre	Das Taschengeld der folgenden Jahre ist heute so viel wert:
2000	2400 DM
2001	2353 DM
2002	2304 DM
2003	2256 DM
Insgesamt	9312 DM
abzüglich 50% Risikoabschlag	4656 DM
Endbetrag	4656 DM

»Ach«, entgegnete Jeannettes Vater, »haben Sie denn Erfahrung in diesem Bereich?«

»Nein, nicht wirklich«, kam die Antwort. »Wir haben nur für unseren Sohn ein bisschen Geld zurückgelegt und ein paar Aktienfonds und Bundesanleihen gekauft. Und letztere können wir jetzt mit ganz gutem Gewinn verkaufen.«

»Wenn es nun aber schief geht, was die Kinder da machen wollen«, gab Jeannettes Vater zu bedenken, »dann ist zwar deren Zukunft nicht gefährdet, aber ein gewisser Schlag ins finanzielle Kontor wäre das schon. Ich meine, wir haben für unsere Tochter ja auch etwas zur Seite gelegt. Aber ich weiß nicht, ob ich das jetzt angreifen soll?«

»Natürlich sind Ihre Bedenken nicht von der Hand zu weisen«, bekam er daraufhin zur Antwort. »Darüber haben wir auch lange nachgedacht. Auf der anderen Seite sind wir jedoch der Meinung, dass die Erfahrungen, die die Kinder jetzt damit machen können, später vielleicht nicht mal mit Gold aufzuwiegen sind. Denn lieber jetzt etwas in den Sand setzen als später, wenn sie vielleicht wirklich einmal über etwas mehr Geld verfügen und dann mit so einer Operation durchaus die Zukunft ihrer eigenen Familie aufs Spiel setzen könnten.«

»Das hat natürlich durchaus etwas für sich.« Jeannettes Vater war nun nicht mehr abgeneigt, sich dem Weg des Senior-Professors anzuschließen. »Ich finde es durchaus erwägenswert, was Sie sagen«, fasste er deshalb auch sein Urteil zusammen. »Ich mache daher folgenden Vorschlag: Wenn auch die anderen Eltern sich in diesem Sinne einigen können, dann soll das an uns nicht scheitern.«

»Na, das ist doch ein Wort«, entgegnete der männliche Vorstand der Professorenfamilie.

Nun sind Eltern zwar in der Tat oft weitsichtige Leute, zumindest weitsichtiger als ihre Kinder. Aber auch ihnen ist es völlig unmöglich, ein System mit vier Unbekannten und nur noch drei offenen Gleichungen zu lösen. Denn wenn jedes weitere Elternpaar nun sagen würde: »an mir soll es nicht scheitern«, dann war das eigentlich keine klare Aussage, sondern sowohl ein Ja als auch ein Nein. Doch wenn man sowohl »ja« als auch »nein« zu sagen bereit war, dann war das Gesamtergebnis mehr als zufallsbedingt.

Und so war es denn auch. Es zeigte sich nämlich sehr bald, dass sowohl Brians als auch Hemingways Eltern im Prinzip die gleiche Haltung einnahmen wie die Eltern von Jeannette: »Wenn Sie mitmachen«, versicherten sie sich wechselseitig, »dann machen auch wir mit.« Und damit herrschte eine völlige Pattsituation – zumindest zwischen diesen dreien. Ein Glück für die Gruppe, dass wenigstens der Professor seinen alten Herrn so brillant überzeugt hatte. Denn aufgrund der Unentschiedenheit aller anderen Eltern gaben somit im Endeffekt die Eltern des Professors ganz alleine den Ausschlag darüber, was passieren würde.

»Jubel, Jubel, Jubel!!!«, rief Jeannette den anderen entgegen, als sie sich am übernächsten Tag in der Schule trafen. Denn Jeannette hatte den kürzesten Schulweg, und alle Eltern hatten vereinbart, noch am Morgen dieses Tages vor der Arbeit endgültig über das »Börsenprojekt« ihrer Kinder zu entscheiden. Und als Jeannette schon das Haus verlassen hatte, rief ihr Vater ihr das Ergebnis noch hinterher.

Obwohl es erst kurz vor 9 Uhr war, hatten sie jetzt schon alle eine gehörige Lust zum Feiern. Doch manchmal war die Vorfreude tatsächlich die schönste Freude, weswegen sie ihr nächstes Treffen sofort festmachten. »Heute Nachmittag auf der Wiese am Badesee!«, rief Hemingway. »Und dass mir niemand vergisst, was Anständiges für ein Picknick mitzubringen. Ihr wisst schon, was ich meine …«

»Genau«, pflichtete ihm Brian bei. »Und dann machen wir Bagel mit Zöpfen, … äh, Nägel mit Köpfen, meine ich natürlich.«

»Okay, bis dann!« riefen sie sich zu, da sie heute nahezu alle verschiedene Kurse besuchten und deshalb erst am Nachmittag am Badesee wieder zusammentreffen würden.

Brian und Hemingway waren als Erste da, aber auch die anderen ließen nicht lange auf sich warten. Denn heute war wirklich kein Tag für Schularbeiten oder etwas Ähnliches, darüber waren sie sich alle einig. Jetzt fing es nämlich wirklich an, um die Wurst zu gehen. Zuerst einmal mussten sie ein Konto eröffnen, auf das ihre Eltern die risikobereinigten Gegenwartswerte von vier Jahren Taschengeld überweisen konnten. Anschließend war dann ein Depot einzurichten, um überhaupt Aktien kaufen zu können. Dann jedoch kam die wichtigste aller Fragen, nämlich welche Aktien sie nun konkret kaufen sollten.

Doch alles begann zunächst mit der Bank. »Am besten, wir gehen zu einer ganz seriösen, also zur Deutschen Bank«, schlug Jeannette vor.

»Dass ich nicht lache«, entgegnete Hemingway, »von wegen seriös. Bei den ganzen Skandalen. Und überhaupt: Die haben doch gerade ihre normalen Kunden alle an die Bank 24 ausgegliedert. Dann gehen wir doch lieber gleich zu einer Direktbank.«

»Direktbank?«, fragte Jeannette nach. »Willst du damit sagen, dass die anderen nur indirekt handeln?«

»Genau das«, entgegnete Hemingway im Brustton der Überzeugung. »Die normalen Banken zocken uns doch mit den Gebühren ab. Dafür soll es dann zwar eine Beratung geben; aber ich glaube, auf die können wir verzichten. Bei all dem, was wir uns jetzt schon selber eingepaukt haben.«

»Und bei den Direktbanken bekommt man keine Beratung, zahlt dafür aber weniger?« fragte Jeannette nach.

»Exakt«, bestätigte Hemingway. »Hat mir alles mein Alter erzählt, als er mir den Kredit bewilligt ..., äh ich meine natürlich, die symbolischen Aktien gezeichnet hat. Und wenn wir dort dann nicht per Telefon ordern, sondern über das Internet, dann reduzieren sich die Gebühren noch einmal.«

»Klingt gut«, bestätigten die anderen. »Doch welche Direktbank nehmen wir denn nun?«

»Keine Ahnung«, antwortete Hemingway. »Wie viele gibt es denn?«

»Ich glaube«, spekulierte der Professor, »mittlerweile hat jede Großbank so eine. Schließlich müssen die sehen, dass sie die Kunden, die ihnen wegen hoher Gebühren abspringen, wenigstens im Billigpreissegment im eigenen Hause halten können.«

»Schlaues Kerlchen, unser Professore«, mischte sich jetzt auch Brian ein. »Nicht nur, dass wir ihm den ganzen Haufen Geld zu verdanken haben, ...«

»... zu viel der Ehre ...«, unterbrach ihn der Professor.

»... aber nein«, entgegnete Brian. »Denn eigentlich müssten wir jetzt sowieso zuerst einmal anstoßen.«

»Dann muss ich ja gegen die Regeln handeln«, haderte Hemingway mit seinem Schicksal. Denn Lust und Gelübde standen sich hier gänzlich im Wege.

»Kannst du das nicht hinterher vielleicht mit einer rituellen Waschung wieder gutmachen?«, stichelte Brian und richtete den Blick auf den See.

»Ich bin doch kein Inder«, entgegnete Hemingway, »und trinke dann anstelle von Bier das Wasser aus dem Ganges.«

»Mensch, Leute«, ging der Professor dazwischen, »wir wollen demnächst fast 20000 Mark in den Aktienmarkt investieren. Da wird es uns doch wohl auch gelingen, einen von uns davon abzuhalten, sich zu betrinken.«

»Also, bei den Aktien bin ich wirklich optimistischer als bei Hem«, wendete Brian ein.

»Genau«, bestätigte Hemingway, »bei mir ist doch wirklich Hopfen und Malz verloren.«

»Verloren ist gut«, korrigierte Jeannette daraufhin, »denn eigentlich ist es ja genau umgekehrt: Bei dir sind Hopfen und Malz besonders gut aufgehoben!«

»Und Aktien nicht?« fragte Hemingway zurück.

»Keine Ahnung«, antwortete Jeannette, »ihr nennt mich zwar Jeanne d'Arc, aber ich bin keine Prophetin. Dennoch werden wir das auf jeden Fall bald wissen.«

Dann stellten sie eine Liste der wichtigsten zu erledigenden Punkte zusammen – und verteilten die Aufklärung der einzelnen Fragen gleichmäßig unter alle vier Beteiligten:

1. Welche Gebühren nehmen die Großbanken für die Depotführung und für Wertpapierkäufe?
2. Welche Gebühren fallen hingegen bei den einzelnen Direktbanken an?
3. Kann man als Gruppe von Minderjährigen überhaupt ein Depot eröffnen und Wertpapiere kaufen und verkaufen? Und wenn ja, was ist dazu alles erforderlich?
4. Wie läuft das konkret ab mit dem Kaufen und dem Verkaufen von Wertpapieren?
5. Woher bekommt man geeignete Informationen über interessante und kaufenswerte Aktien?
6. Was mussten sie sonst noch alles wissen, was sie jetzt noch nicht wussten?

7. Wann würden sie sich noch einmal in Ruhe mit Soros dem Zweiten treffen – und welche Fragen sollte dieser ihnen dann beantworten?

Als die Sonne sich anschickte unterzugehen, und die Wiese am Badesee langsam immer leerer wurde, hatten sie sich inzwischen die Bäuche vollgeschlagen und waren in eine heftige Debatte verstrickt. Die vier Helden der Zukunft, so fuhlten sie sich jedenfalls, waren an diesem Tage mit Sicherheit die letzten, welche die Liegewiese spät in der Nacht verließen.

KAPITEL 13

Das entscheidende Treffen mit Soros dem Zweiten

Vom Innenleben der Märkte

Das Restaurant, in das Soros der Zweite sie bestellt hatte, war viel vornehmer, als sie sich das vorgestellt hatten. Sie fühlten sich ein wenig deplatziert, als ein Kellner im schwarzen Anzug sie empfing und an den Tisch führte, den Soros der Zweite telefonisch reserviert hatte. Da saßen sie nun, Jeannette und ihre drei Freunde, in der gediegenen Atmosphäre eines Schickimicki-Restaurants, das sie ansonsten höchstens aus dem Fernsehen kannten. Alle vier in Jeans und Turnschuhen, in T-Shirts oder in karierten und kurzärmeligen Hemden. Und um sie herum nur wesentlich ältere Männer, ausschließlich in teuren dunklen Anzügen.

Verstohlen blickten sie sich in dieser fremden Welt um.

»Geld scheint hier keine Rolle zu spielen«, merkte Brian an.

»Und trotzdem würde ich freiwillig niemals so herumlaufen wie diese Pinguine hier«, kritisierte der Professor. »Selbst wenn mir das Geld zu den Ohren hinauswachsen würde.«

»Ach, nun sei doch kein Spielverderber, Professore«, beschwerte sich Hemingway. »Es gibt doch auch noch ein Leben jenseits des Geistigen. Lass uns das doch einfach einmal genießen.«

Anschließend drehte er sich um und rief: »Herr Ober, eine Flasche Valpolicella!«

»Halt die Klappe, Hem!«, intervenierte Brian sofort, dem diese Situation nicht weniger peinlich war als den anderen. »Hör doch auf mit den Schriftstellerallüren. Du bist kein Hemingway, auch wenn wir dich so nennen.«

»Ist doch egal«, antwortete Hemingway, »denn im Leben wie in der Literatur geht es doch sowieso immer um das Gleiche: Es ist nur der Stil, auf den es ankommt.«

Jetzt trat der Ober an den Tisch: »Ein Valpolicella, gern. Wünschen die verehrten Gäste einen Classico oder einen Superiore?«

»Wählen Sie ihn ruhig aus. Hauptsache, dass er noch nicht zu alt ist«, entgegnete Hemingway.

Der Kellner machte ein verblüfftes Gesicht, und Hemingways Freunde schauten mit offenem Mund zu.

»Ist Wein nicht am besten, wenn er besonders alt ist?« durchbrach Jeannette das Schweigen, als sie sich alle wieder langsam etwas gefangen hatten.

»Normalerweise schon«, antwortete ihr Hemingway. »Ein Valpolicella muss jedoch jung getrunken werden. Hat jedenfalls der Colonel damals im Gritti Palace auch zum Gran Maestro gesagt. Und der hat zugestimmt.«

»Oh je«, entgegneten die anderen jetzt im Chor, »über den Fluss und in die Wälder. Jetzt ist er im Kopf wieder in Venedig.«

Damit spielten sie auf einen von Hemingways Lieblingsromanen an, den der echte Hemingway geschrieben hatte, und der seinen Schauplatz hauptsächlich in Venedig hatte. Ganz von der Hand zu weisen war die Assoziation im Übrigen nicht. Denn das Restaurant, in dem sie sich gegenwärtig befanden, hätte aus ihrer Sicht auch gut und gerne die High-Society von Venedig beherbergen können.

Als der Kellner schließlich den Wein gebracht, die Flasche umständlich entkorkt und wie der Butler in *Dinner for One* langsam um den Tisch marschiert und jedem einen Schluck eingeschenkt hatte, mussten sie sich alle sehr zusammennehmen, um nicht plötzlich laut loszuprusten. Und Brian konnte es sich überdies nicht verkneifen, sofort auch noch seinen Lieblingsgag anzubringen. Dazu trank er sehr bedächtig einen Schluck Wein aus dem Glas und spülte ihn im Mund hin und her, bis er ihn schließlich herunterschluckte, das Glas gegen die Deckenbeleuchtung hielt und, während die anderen, weil sie wussten, was jetzt kam, schon vor Lachen gluckten, sagte: »Schmeckt aber nach Korken.«

Soros der Zweite war nun schon mehr als zwanzig Minuten überfällig, aber die hervorragende Bewirtung und die gute Laune ließen keine Langeweile aufkommen. All diese Albernheiten hatten dazu geführt, dass sie bereits in dieser kurzen Zeit so gut akklimatisiert waren, wie es ein Urlauber an seinem Ferienort erst nach Wochen ist. Wenn sie sich sowieso blamieren würden, so sagten sie sich, dann wenigstens richtig. Jetzt nahm der Professor die Checkliste zur Hand, mit der sie alle zusammen in mühevoller Kleinarbeit die Antworten auf alle noch offenen Fragen gefunden hatten. Und das hieß erst einmal: Umschalten und Tempowechsel.

1. Welche Gebühren nehmen die Großbanken für die Depotführung und für Wertpapierkäufe?

Die Großbanken nehmen in der Regel 1 Prozent Gebühren vom Kurswert der Aktien – und zwar sowohl beim Kauf als auch beim Verkauf. Die Mindestgebühr für jedes Geschäft beträgt allerdings bereits 30 Mark. Eine Position Aktien im Wert von unter 3 000 Mark zu kaufen, würde im Endeffekt also höhere Gebühren als 1 Prozent bedeuten. Und umgekehrt, den gesamten Geldbestand in Aktien anzulegen, ihn dann jedoch gleich wieder zu verkaufen, würde damit immerhin fast 750 Mark kosten. Also eine ganze Menge für eine Schülertruppe.

2. Welche Gebühren fallen hingegen bei den einzelnen Direktbanken an?

Die Direktbanken sind im Vergleich dazu deutlich günstiger. Hier bewegt sich die Schwankungsbreite je nach Institut und Höhe der entsprechenden Aktienposition zwischen 0,05 Prozent und 0,4 Prozent sowie einer Mindestgebühr zwischen null und 18 Mark. Das heißt: Man spart in jedem Fall 20 Prozent der Kosten, im besten Fall sogar 90 Prozent.

Die Einrichtung eines Depots ist kostenlos, und auch die jährliche Verwaltungs- und Aufbewahrungsgebühr erweist sich bei einer Größenordnung von rund 20 000 Mark nahezu als vernachlässigbar. Was im Übrigen in identischer Form auch für den überwiegenden Teil der Großbanken gilt.

3. Kann man als Gruppe von Minderjährigen überhaupt ein Depot eröffnen und Wertpapiere kaufen und verkaufen? Und wenn ja, was ist dazu alles erforderlich?

Ja, man kann! Allerdings müssen die Eltern bei der Kontoeröffnung anwesend sein und sowohl eine schriftliche Genehmigung zur Konto- und Depoteröffnung als auch eine separate Vollmacht erteilen, dass die Jugendlichen selbstständig über die Anlage des entsprechenden Geldes verfügen dürfen.

Hinsichtlich der konkreten Ausgestaltung eines Gemeinschaftskontos bestehen prinzipiell zwei Möglichkeiten: Entweder man wählt ein Und-Konto oder ein Oder-Konto. Der Unterschied zwischen beiden ist allerdings gewaltig. Denn während beim Oder-Konto prinzipiell jeder Einzelne der Kontoinhaber oder – je nach Vereinbarung – auch eine Teilgruppe der Kontoinhaber Verfügungen tätigen kann, ist dies bei einem Und-Konto immer nur allen Kontoinhabern gemeinsam gestattet.

4. Wie läuft das konkret ab mit dem Kaufen und dem Verkaufen?

Eigentlich sollte das ganz einfach sein. Bei den Großbanken kann das normalerweise per Telefon erledigt werden, indem man den für das eigene Depot zuständigen Anlageberater anruft und ihm ganz exakt die Daten des gewollten Geschäftes durchgibt. Das sind in jedem Fall: die Depotnummer, die Anweisung, ob es sich um einen Kauf oder Verkauf handeln soll, die genaue Bezeichnung der Aktien und des gewählten Börsenplatzes, die Stückzahl sowie die Angabe eines Limits beziehungsweise die Klassifizierung der Order als ›billigst‹ oder ›bestens‹.

Mit ›Börsenplatz‹ ist der Ort der Börse gemeint, an dem man die Aktien kaufen und verkaufen will. Hauptbörsenplatz in der Bundesrepublik ist in jedem Fall Frankfurt, wobei jedoch gerade in den Aktien des Neuen Marktes auch die Regionalbörsen in Düsseldorf, Stuttgart, München und Berlin eine wichtige Rolle spielen. Darüber hinaus lassen sich nahezu alle Transaktionen in den großen und marktgängigen Werten jedoch auch über das Computerhandelssystem der Deutschen Börse, genannt XETRA, abwickeln.

Ratsam ist es jedoch, in jedem Fall vor der definitiven Orderabgabe den Berater nach den letzten Kursen an den entsprechenden verschiedenen Börsenplätzen sowie den ›Spannen‹ zu fragen, die bereits jetzt für die zukünftigen Kurse gestellt wurden. Dies ist im Übrigen ein Service, den man bei den Direktbanken nur dann bekommt, wenn man den gesamten Aktienhandel über das Internet abwickeln will.

Diese Spannen ergeben sich aus den so genannten ›Geld- und Briefkursen‹. Damit werden die Preise bezeichnet, zu denen der Makler bereit ist, den jeweils nächsten Handel abzuwickeln. Ist beispielsweise eine Aktie gerade zu 99,30 gehandelt worden und steht jetzt bei »30 Geld zu 50 Brief«, dann bedeutet das: Der Makler würde sie zu 99,30 kaufen und zu 99,50 verkaufen. Aus Anlegersicht ist das Geschehen damit jedoch gleichsam umzudrehen, denn wenn der Anleger verkaufen will, dann würde er nur 99,30 bekommen, weil der Makler ja nur zu diesem Preis die Aktie ankaufen würde. Will der Anleger hingegen selbst kaufen, dann müsste er 99,50 bieten, weil der Makler erst zu diesem Kurs bereit wäre, Papiere abzugeben.

Diese Spannen sind für die Makler verbindlich. Das heißt, sie sind verpflichtet, wenn es jemand will, auch zu diesen Preisen abzuschließen. Das heißt, sie müssen mindestens den Geldkurs zahlen und mindestens den

Briefkurs geben. Dennoch lässt sich aus den aktuellen Geld- und Briefspannen nicht korrekt auf den nächsten Kurs schließen, da dieser immer entsprechend der augenblicklichen Marktlage festgesetzt wird. Auch bei »30 Geld zu 50 Brief« kann daher der nächste Kurs sowohl zwischen 99,30 und 99,50 liegen, als auch darüber oder darunter, wenn nämlich plötzlich neue Order in den Markt hereinkommen. Eine gute Orientierung sind diese Spannen jedoch in jedem Fall.

5. Woher bekommt man geeignete Informationen über interessante und kaufenswerte Aktien?

. . . .

. . . .

Tja, da war sie natürlich wieder, die wichtigste aller Fragen. Einige behaupteten ja, dass es am besten und am risikolosesten wäre, einen »Fonds« oder ein »Index-Zertifikat« zu kaufen. Doch das hatte natürlich wenig Pep für ein paar lernbegierige Schüler. Sie hatten deshalb angefangen, sich nahezu sämtliche Börsenmagazine im Kiosk anzuschauen, die gerade auf dem Markt waren. Angefangen von *Börse online* über *Der Aktionär*, *Finanzen*, *Capital*, bis hin zum *Effectenspiegel*.

Doch irgendwie hatten sie stets den Eindruck gewonnen, dass man, wenn man alle diese Hefte durchgearbeitet hatte, auch Kaufempfehlungen für nahezu alle Aktien gelesen hatte, die es überhaupt gab. Und vor allem: Es wurden zwar ständig Empfehlungen gegeben, die Begründungen dafür waren jedoch in den meisten Fällen sehr schlüpfrig. Denn wozu hatten sie sich jetzt, so fragten sie sich, eigentlich so ausführlich mit Bilanzen beschäftigt, wenn man immer wieder den Eindruck hatte, dass niemand aus der ganzen Tippgeberschar überhaupt schon einmal eine Bilanz eines der von ihm empfohlenen Unternehmen in der Hand gehabt hatte.

Und noch weitgehender: Woher konnte man die Bilanzzahlen überhaupt bekommen? Denn wenn sie in den Börsenjournalen überhaupt Zahlen fanden, dann handelte es sich hierbei entweder nur um Kennzahlen, wie beispielsweise das Kurs-Gewinn-Verhältnis, oder aber um reine Prognosezahlen, wie den Gewinn pro Aktie im nächsten Jahr. Manche Prognosen, das war ihnen klar, waren also sicherlich nicht einmal das Papier wert, auf dem sie gedruckt waren. Und das, obwohl die Börsenmagazine fast alle auf Hochglanzpapier gedruckt und folglich – im Verhältnis zu ihrem Taschengeld – für recht stolze Preise verkauft wurden.

Hier war deshalb also auch der größte Gesprächsbedarf für das Treffen mit Soros dem Zweiten übrig geblieben.

6. Was müssen wir sonst noch alles wissen, was wir jetzt noch nicht wissen?

Dies ist wohl mit Abstand die schwierigste aller Fragen, denn sie klingt zwar sehr einfach, ist jedoch im Grunde genommen vollständig unbeantwortbar. Denn um zu wissen, was man nicht weiß, muss man mehr wissen können, als man eigentlich weiß. Doch das geht natürlich nicht, was im Übrigen auch den entscheidenden Grund dafür darstellt, dass man nicht in die Zukunft schauen kann.

Aber irgendwie hatten sie jetzt keine Lust, das heikle Thema »Prognosen« anzusprechen, weswegen sie auch sehr pragmatisch handelten und diese Frage zunächst einmal einfach übergingen. Doch wie nun hinsichtlich der anderen, der beantwortbaren Fragen konkret entscheiden?

»Dann nehmen wir doch einfach den billigsten Discount-Broker«, schlug Hemingway vor. »Ich meine natürlich die …, wie hießen die doch gleich?«

»Direkt-Banken«, antwortete der Professor.

»Was ist das denn eigentlich überhaupt für ein Unterschied?«, fragte Hemingway zurück. »Ich habe nämlich bisher beide Begriffe schon in vielen Anzeigen gesehen, die mit günstigen Konditionen im Wertpapierhandel werben.«

»Ich glaube«, entgegnete der Professor, »das sind nur zwei verschiedene Namen für ein und die selbe Sache.«

»Gut«, sagte Hemingway daraufhin, » dann nehmen wird doch die billigste Discount-Bank oder den billigsten Direkt-Broker, wenn das sowieso das Gleiche ist.«

»Hem, Discount-Broker und Direkt-Bank«, verbesserte ihn der Professor sogleich.

»Was?«

»Discount-Broker und Direkt-Bank.«

»Hab ich doch gesagt!«

»Hast du nicht. Du hast ›Discount-Bank und Direkt-Broker‹ gesagt.«

»Mit Sicherheit nicht, denn Discount-Banken und Direkt-Broker gibt es ja gar nicht. Es gibt nur Discount-Broker und Direkt-Banken.«

»Sage ich doch.«

»Na, dann sind wir uns ja einig.«

»Gut, dann nehmen wir einfach die billigsten. Egal, wie sie heißen.«

»Ganz so einfach ist das aber nicht«, gab der Professor zu bedenken, »denn die Gebührenstruktur ist hier in etwa so übersichtlich wie die der Telekom oder die der Deutschen Bahn. Aber Vimatex scheinen mir wirklich die Billigsten zu sein.«

»Um Gottes Willen, nein!« entrüstete sich Hemingway. »Vimatex, wie das klingt. Nach Regenjacke oder wie ein Hersteller von Präservativen. Ich pack doch mein Geld nicht in eine Lümmeltüte.«

»Mann, Hem«, mischte sich jetzt auch Brian ein, »der Name ist doch wirklich nur Schall und Rauch. Aber mir fällt noch ein weiteres Entscheidungskriterium ein: Wenn die Preise nun wirklich kaum differieren, dann können wir ja auch deren Internetadressen alle hintereinander aufrufen – und uns dann für diejenige entscheiden, die am schnellsten geladen worden ist. Was haltet ihr davon?«

Ein späterer Versuch hatte ergeben: Die Direktbank hatte mit sechs Sekunden ganz knapp vor ConTors und der Direktanlegerbank gewonnen. Doch hätten sie sich bloß nicht für diese Bank entschieden. Denn in der Zeit, die das gesamte Procedere der Kontoeröffnung letztlich in Anspruch nahm, hätten sie auch gut und gerne wie im Mittelalter mit Pferden oder Elefanten über die Alpen reisen und in Norditalien ein Konto eröffnen können. Was allerdings wohl wirklich etwas teurer gekommen wäre, aber immerhin noch ein paar Tage Zeit gespart hätte. Doch wer wäre vorher auf die Idee gekommen, dass sich hinter den Stichwörtern »schnell« und »direkt« in Wirklichkeit immer noch das Postkutschenzeitalter verbarg?

Letztlich sollte sich das jedoch überhaupt nicht als entscheidend erweisen. Und der Grund hierfür lag letztlich bei Soros dem Zweiten, der gerade das Restaurant mit einem großen Satz betrat, fast wie ein Tiger auf Beutezug. Sofort gab er dem Kellner einen Wink und setzte sich anschließend zu Jeannette und den Jungs an den Tisch.

»Tut mir leid, dass ich zu spät bin«, entschuldigte er sich, »aber ihr wisst ja, wie das immer ist.«

Alle nickten. In Wirklichkeit jedoch wussten weder Brian noch Jeannette, Hemingway oder der Professor, was er damit genau meinte. Denn woher sollten sie auch ein Verständnis für die Abläufe im Berufsleben haben? Sie gingen ja noch zur Schule. Woher sollten sie daher also wissen, dass jeder Mitarbeiter einer Investmentbank stets in ein großes Netz von Kontakten eingebunden war. Und wie eine Spinne, die ihr Netz nur aus dem Grunde aufspannte, um damit ihre Beute einzufangen, so lebte auch der Investmentbanker letztlich ausschließlich von seinen gut geknüpften Fäden.

Dieses Netz wollte jedoch gepflegt sein, gerade in Situationen, in denen es einmal nicht optimal lief. Denn Unterstützung von anderen bekam immer nur derjenige, der seinerseits auch bereit war, den anderen im Notfall Unterstützung zu leisten. Und so musste man in diesem Job eben immer, zu nahezu jeder Tages- und Nachtzeit, ansprechbar sein, denn schließlich wusch ja stets die eine Hand die andere.

Doch so etwas ahnten die vier nicht einmal, ebenso wenig wie die Tatsache, dass man gerade bei einer amerikanischen Bank jederzeit Gefahr lief, relativ schnell und abrupt auch einmal gefeuert zu werden. Und dass das Netz der eigenen Beziehungen dann umso wichtiger wurde. Nein, ihnen erschien die Börse vielmehr wie ein großes und verlockendes Abenteuer.

Jetzt kam der Kellner erneut an den Tisch, und Soros der Zweite rief ihm zu: »Das Gleiche wie immer.« Nachdem der Kellner wenig später ein Glas Champagner für Soros den Zweiten gebracht und dieser den ersten Schluck genommen hatte, kündigte er an, die Clique noch weitgehender an seinem Erfahrungsschatz der letzten Jahre teilhaben zu lassen. Natürlich war das Thema der Aktienauswahl sofort der erste und der bestimmende Punkt der ungeschriebenen Tagesordnung.

Doch entgegen allen Erwartungen, die Brian, Jeannette, Hemingway und der Professor gehegt hatten, wartete Soros der Zweite gleich zu Beginn mit einer faustdicken Überraschung auf.

»Seit unserem letzten Gespräch hat sich viel verändert«, begann er seine Ausführungen. »Damals sah es noch so aus, als ob wir nur noch nach oben gehen könnten. Doch mittlerweile ist das anders. Die Neuemissionen, also die Aktien, die gerade neu an den Markt gebracht werden, ›laufen‹ nicht mehr. Früher konnte man hiermit immer prächtiges Geld verdienen. Jetzt jedoch kommen immer mehr und immer schlechtere Aktien an den Markt, was zwei Dinge bewirken wird, von denen wir die Spitze des Eisberges bereits sehen können: Auf der einen Seite wird der Markt sich extrem schwertun, diese riesige Flut an Neuemissionen zu verdauen, und zweitens, und viel schlimmer noch, die gesamte Stimmung könnte dadurch in ganz extremer Weise verdorben werden.«

»Und was heißt das jetzt?«, fragte Hemingway, der langsam ungeduldig wurde und wissen wollte, was Sache ist.

»Das heißt«, entgegnete Soros der Zweite, »dass man jetzt eigentlich gar keine Aktien anfassen sollte.«

»Waaaaaaaas?«, entgegneten alle vier wie im Chor und gleichermaßen entsetzt. »Jetzt haben wir so lange Trockenübungen gemacht – und plötzlich soll das Wasser nicht mehr nass genug zum Schwimmen sein?«

»Ich kann ja auch nichts dafür«, wehrte Soros der Zweite ab. »Aber ich habe wirklich kein gutes Gefühl im Augenblick. Und ich will euch gerne noch genauer erzählen, warum:

»Der deutsche Aktienmarkt hat die ganzen sechziger und siebziger Jahre hindurch nichts weiter als eine Seitwärtsbewegung geschafft. Das waren 20 lange Jahre fast ohne Netto-Kursgewinne. Dann jedoch ging es 1983 wie die Feuerwehr los und der DAX stieg von damals 500 Punkten bis auf über 6 000 Punkte im Jahr 1998, nur unterbrochen vom kurzen Crash im Jahr 1987. Von den Höchstständen 1998 waren wir zwar bis zur letzten Jahreswende weit entfernt, dann jedoch kam der große Schub nach oben.

Seit 1997 hat sich jedoch die deutsche Börsenlandschaft merklich verändert. Denn am 10. März 1997, ich werde diesen Tag nie vergessen, startete die Deutsche Börse den ›Neuen Markt‹. Ziel war es, damit ein Forum zu schaffen, auf dem sich junge Technologiegesellschaften mit ausreichend Anlagekapital versorgen können, um damit ihre zukunftsträchtigen Geschäfte auszubauen. Bei diesem Kapital handelt es sich nun jedoch im wahrsten Sinne des Wortes um Risikokapital, da derartige Investitionen entweder in die Hose gehen, womit das Geld dann eben futsch ist, oder aber eben hochprofitabel sind.

Aus diesem Grunde haben derartige Unternehmen auch gar keine Chance, bei den Banken ihr benötigtes Kapital zu bekommen. Für eine Volkswirtschaft würde so etwas jedoch bedeuten, dass viele gute Ideen nicht realisiert werden und dadurch die Innovationskraft, das Wachstum und nicht zuletzt die Anzahl der Arbeitsplätze deutlich hinter dem zurückbleiben würden, was eigentlich möglich wäre.

Die USA hatten es den Europäern hier ja bereits seit langem vorgemacht, denn an der US-Computerbörse NASDAQ notieren bereits über 5 000 solcher Unternehmen. Um nur die bekanntesten zu nennen: Microsoft, Intel, Cisco, Dell und Compaq haben dort alle klein angefangen und wären sicherlich nie etwas geworden, wenn sie dort nicht von Beginn an mit dem Kapital ausgestattet worden wären, welches sie zur Umsetzung ihrer Geschäftsideen benötigen. Heute übrigens sind dies die größten beziehungsweise teuersten Unternehmen der Welt.

Mit dem Neuen Markt wollte man das also auch bei uns nachmachen. Begonnen wurde zunächst nur mit zwei Unternehmen, aber nur zweieinhalb Jahre später waren es dann bereits über 150. Dieser Zeitraum ist daher auch in zwei sehr verschiedene, um nicht zu sagen gegensätzliche Perioden zu unterteilen, nämlich in die Zeit vor dem Frühjahr 1999 und die danach. Warum? Weil es vom Anfang des Neuen Marktes bis zu diesem Zeitpunkt stets ein viel stärkeres Interesse an Aktien des Neuen Marktes gab als tatsächlich Papiere auf dem Markt waren. Dann jedoch kippte durch den ersten großen Neuemissionsboom, der im Frühjahr 1999 startete, der gesamte Prozess vorübergehend schlagartig um, weil es viel mehr Aktien als Interesse gab.

Dann jedoch ein enormer Zwischenboom zur Jahrtausendwende, doch nun sieht es dafür so richtig böse aus. Ich sage nur: Heutzutage beginnen die Herbststürme bereits im Frühling – und die Sommerrallye im Winter. Denn die Börse ist eben ein Antizipationsmechanismus. Das heißt, hier wird versucht, die Zukunft vorwegzunehmen. Und warum sollte diese Vorgehensweise gerade vor den Jahreszeiten Halt machen? Wenn alle also übermorgen eine Krise erwarten, dann passiert sie schon morgen – oder heute.

Und so haben wir denn auch bereits jetzt schon ein größeres Angebot an Aktien als es überhaupt Nachfragen gibt. Ganz wie der alte Kostolany, Gott hab ihn selig, immer gesagt hat: ›Für die Kursentwicklung ist stets entscheidend, ob es mehr Aktien als Dummköpfe oder mehr Dummköpfe als Aktien gibt.‹

Wobei die Bezeichnung ›Dummköpfe‹ sicherlich als gewisse Anlehnung an unseren alten Berliner Bankier von Fürstenberg zu verstehen ist, von dem das folgende Zitat überliefert ist: ›Aktionäre sind dumm und frech. Dumm, weil sie Aktien kaufen und frech, weil sie dafür auch noch eine Dividende haben wollen.‹

Hatten wir nun in der ersten Phase des Neuen Marktes eine Situation, in der es mehr Dummköpfe als Aktien gab, weshalb die Kurse folglich stiegen, so befinden wir uns nun bereits in einem ›Strudel‹, in dem es deutlich mehr Aktien als Dummköpfe geben wird, weshalb die Kurse auch merklich sinken werden. Oder drastischer formuliert: Es gibt einerseits zwar zu wenig Dummköpfe, andererseits jedoch zu viele Dumme, die den ganzen Schrott, der jetzt an den Börsen abgeladen wird, auch tatsächlich noch kaufen. Denn letztlich verzögert dies den ganzen Prozess der Marktbereinigung nur. An der Börse ist es nämlich nicht viel anders als früher zu Hause bei Muttern: Wenn sauber gemacht wird, dann zieht man besser den Schwanz ein und verschwindet.

Um euch einmal klarzumachen, was sich derzeit an den Börsen abspielt, habe ich euch hier ein paar Verkaufsprospekte für Aktien mitgebracht. Diese Verkaufsprospekte müssen nach dem Gesetz von jedem vorgelegt werden, der in der Bundesrepublik öffentlich Aktien zum Verkauf anbietet. Da steht eigentlich alles Wissenswerte drin, weshalb sich ein Studium dieser Dinger auch in jedem Fall lohnt. Es gibt allerdings einen Haken an der Sache: Diese Verkaufsprospekte sind heute das, was die Westprodukte früher in der DDR waren, nämlich ›Bückware‹, also Güter, die extrem knapp sind und folglich nur unter dem Ladentisch gehandelt werden.

Zwar ist gesetzlich vorgeschrieben, dass die Verkaufsprospekte unentgeltlich an alle Interessenten abgegeben werden müssen, aber in der Praxis funktioniert das nur selten. Und wenn man einmal einen bekommt, dann in jedem Falle erst, nachdem die Gesellschaft bereits an der Börse eingeführt ist. Als Bank haben wir es hier natürlich leichter als die Privatanleger, aber auch wir werden nicht immer rechtzeitig bedient.

Als Einführung dazu sollte ich vielleicht einmal einige Worte dazu sagen, wie diese Unternehmen generell von ihrer Kapitalseite her gestrickt sind. Ihr seid doch jetzt bereits ganz firm in diesen Dingen. Nahezu alle Unternehmen, die jetzt neu an die Börse gehen, waren bis vor kurzem noch niedrig kapitalisierte GmbHs, meistens mit nur 50 000 Mark Stammkapital. Um nun überhaupt an die Börse gehen und neues Kapital aufnehmen zu können, ist es jedoch zwingend erforderlich, eine höhere Kapitalisierung vorzuweisen. Kapitalkräftiger werden können sie jedoch nur dann, wenn sie entweder Gewinne machen, was bei jungen Technologieunternehmen jedoch selten bis nie der Fall sein wird, oder aber neues Kapital aufnehmen.

Im Grunde genommen beißt sich hier also die Katze in den Schwanz. Denn es stellt einen prinzipiell unlösbaren Zirkel dar, dass man somit also die Mittel für die notwendige Größe erst dann bekommt, wenn man diese Größe bereits hat. Und wenn man das nicht schafft, bekommt man die Mittel auch nicht und kann die Geschäftsidee folglich auch nicht weiter verfolgen.

Die Gesellschaften behelfen sich deshalb auch mit einem Trick, um dieser ausweglosen Situation zu entkommen: Sie machen sich einfach größer als sie sind! Das geht nämlich ganz einfach. Und die Methode dazu kennt ihr auch bereits. Sie lautet nämlich: diskontierte Zukunftserträge. Hintergrund für die Anwendung dieser Methode in diesem Zusammenhang ist die Notwendigkeit, für den Börsengang aus der GmbH eine AG zu machen. Und es wird sich zeigen, dass dies überhaupt nicht, wie man anfangs denken könnte, ein beschwerlicher Weg ist, sondern vielmehr umgekehrt fast einer göttlichen Fügung gleicht.

Prinzipiell gibt es zwei Wege, aus einer GmbH eine AG zu machen. Der erste Weg ist die einfache Umwandlung, der jedoch insoweit für die Firmen jeglicher Lukrativität entbehrt, als hierbei jede Bilanzposition der GmbH einfach im Verhältnis eins zu eins in Bilanzpositionen der AG umgewandelt wird. Von Größermachen fehlt hierbei also jegliche Spur.

Es gibt jedoch noch eine weitere Möglichkeit. Und diese besteht darin, mit einem Mindestkapital von 100 000 Mark in bar eine AG zu gründen – und anschließend die GmbH als ›Sacheinlage‹ in die neu gegründete AG einzubringen. Dies nun ist sehr vorteilhaft für die Initiatoren, da man hierzu eine Festlegung über den Wert der GmbH benötigt – womit schließlich also das Modell der diskontierten Zukunftserträge in Form eines Gutachtens einer Wirtschaftsprüfungsgesellschaft ins Spiel kommt.

Wirtschaftsprüfer sind in der Regel – trotz eines gegenteiligen Rufes – sehr nette Menschen, insbesondere denen gegenüber, die sie gut bezahlen. Was wiederum in den meisten Fällen ebenfalls die Regel darstellt. Das Wesentliche dieses Gutachtens, nämlich die Entscheidung über den Wert der GmbH, ist daher auch fast in jedem Falle einfach ›ansagbar‹ und auch der einzige Punkt, der daraus richtig an die Öffentlichkeit dringt. Das Gutachten selbst wird hingegen meistens schön geheim gehalten, und nur die Summe der Werte der GmbH kommt auf die Aktivseite der Bilanz der AG als Anlagevermögen, respektive auf die Passivseite nach Abzug der Schulden als Grundkapital beziehungsweise Kapitalrücklage.

Eine GmbH mit ein paar hunderttausend Mark Umsatz kann somit, je nach Vorgabe für den Wirtschaftsprüfer, ruhig 5 bis 10 Millionen und eine mit ein paar Millionen Umsatz einige hundert Millonen Mark wert sein. Buchwert, versteht sich natürlich.

Doch dies ist nur der erste Streich, und der zweite folgt sogleich. Hierbei geht es darum, neben diesen ›imaginären‹ Werten, nämlich den Buchwerten, auch echtes Bargeld in die Firma hineinzubekommen. Dies geschieht nun konkret durch den Börsengang, sprich durch die Kapitalerhöhung beim Börsengang. Allerdings niemals, ohne nicht vorher noch einmal ein paar schöne – und vor allem noch höhere – Zahlen auf Hochglanzpapier unter die

Leute zu bringen. Dazu wird, allerdings nicht mehr vom Wirtschaftsprüfer, sondern nunmehr vom Emissionsbegleiter, beziehungsweise dem so genannten ›Konsortialführer‹ des Emissionskonsortiums, eine zweite Studie angefertigt, die nunmehr auf Basis des ›Discounted-Cashflow-Modells‹ einen noch phantastischeren Wert des Unternehmens ausweisen wird.

Hintergrund dieses höheren Wertes ist natürlich die Behauptung, die alte GmbH hätte im neuen Mantel der AG noch viel, viel bessere Entwicklungschancen. Denn anderweitig ergäbe sich ja überhaupt kein Ansatzpunkt für ein neues Rechnen. Der Vollständigkeit halber sollte ich zusätzlich auch noch sagen, dass eigentlich alle Rechnungen in diesem Business mittlerweile auf Cashflow-Basis erfolgen, also den tatsächlichen ›Fluss‹ von Geld und nicht die buchhalterische Bewertung von Erträgen in den Mittelpunkt stellen. Ich habe bisher jedoch aus Vereinfachungsgründen erst einmal nur von diskontierten Erträgen gesprochen.

Doch nun dazu ein konkretes Beispiel: Hier habe ich eine Gesellschaft, die fährt in diesem und im nächsten Jahr jeweils einen negativen Cashflow von gut 6 Millionen Mark ein, im übernächsten ein Plus-Minus-Null und im darauf folgenden schließlich einen positiven in Höhe von knapp 3 Millionen Mark. Was schätzt ihr nun, was das Unternehmen wert ist? Kaum etwas, denke ich. Doch weit gefehlt. Denn nun kommen erst die Rechenkünste der Emissionsbanken voll zum Tragen. Es ist nämlich fast 80 Millionen Mark wert! Und zwar nicht erst morgen, sondern jetzt, hier und heute.

Wie das genau geht, kommt jetzt: Zuerst bildet man den Discounted-Cashflow für die vier Jahre der Planungsperiode. Das macht bei einem zugegebenermaßen realistisch hoch gewählten Kalkulationszinsfuß von mehr als 15 Prozent einen negativen Barwert von 16 Millionen Mark. Doch damit ist die Rakete noch längst nicht abgebrannt, sondern jetzt zündet sie erst richtig. Denn nun werden die Discounted-Cashflows für weitere sechs Jahre errechnet, und zwar bei Zugrundelegung einer Wachstumsrate von 100 Prozent im ersten und 60 Prozent in den Folgejahren. Ergibt auf den heutigen Tag diskontiert schon einmal gut 21 Millionen Mark – und treibt damit den Unternehmenswert bereits ins Positive.

Doch der richtige Knaller kommt erst jetzt: Nun wird nämlich der so errechnete Wert im Hinblick auf die Ewigkeit verrentet. Nein, ich mache keine Scherze. So ist die Wirklichkeit heutzutage. Das heißt: Man geht davon aus, dass diese Zuflüsse bis zum jüngsten Tage weiterhin in jedem Jahr beim Unternehmen pünktlich eingehen. Dies ergibt dann – gemäß der Formel R/i, also jährliche Rente geteilt durch den Zinssatz – bereits alleine einen Discounted-Cashflow von 73 Millionen Mark und somit den aktuellen Unternehmenswert von genau 78 Millionen, also fast 80 Millionen Mark. Und jetzt muss man nur noch diesen Wert durch die Anzahl der ausgegebenen Aktien teilen, dann kommt man auf den Wert pro Aktie und damit den ungefähren Emissionskurs der Aktie.

Insgesamt gleicht diese Berechnungsweise also einem Radrennen, bei dem die siegreiche Mannschaft diejenige ist, die ihren Sprinter kurz vor dem Ziel in die beste Position gebracht hat. Und der Sprinter heißt in diesem Fall ›Konzept der ewigen Rente‹. Das heißt: Die negativen Cashflows von heute und morgen sind für den Unternehmenswert völlig egal! Wie hoch auch immer sie sind. Wichtig ist nur, dass in dem Moment, in dem die Berechnung der ewigen Rente anfängt, der Cashflow besonders hoch ist. Das Konzept der ewigen Rente ist damit also der Erik Zabel der Börse – und die Vorjahre haben ausschließlich reine Wasserträgerfunktion, wenn ihr wisst, was ich meine. «

»Aber ist das nicht eigentlich Betrug?« unterbrach Hemingway Soros den Zweiten mitten in seinem Vortrag.

»Weißt du, Junge«, antwortete dieser daraufhin, »eigentlich ist die gesamte Börse ja ein großer Betrug. Aber so dreist, da hast du völlig Recht, hat man es sicherlich bisher nur selten getrieben.«

»Kann man diese Leute denn nicht verklagen, dass so etwas nicht wieder vorkommt?« wollte jetzt auch Brian wissen.

»Aber woher denn«, entgegnete Soros der Zweite. »Betrug kann es doch nur dann sein, wenn man etwas anderes vorspiegelt als man letztlich liefert. Wenn ich eine Dose als Kaviar anpreise, aber nur Schuhcreme hineinfülle, dann ist das Betrug. Die Emissionsbanken schreiben jedoch ganz genau, was in ihren Produkten drin ist. So, wie ich es euch eben vorgelesen habe. Nur, dass dies normalerweise eben niemand liest. Es ist eben das, was sonst das ›Kleingedruckte‹ ist.«

Während die vier noch mit erstaunten Mienen dasaßen, setzte Soros der Zweite zur Fortsetzung seines Vortrages an. »Doch wenn das schon alles wäre«, lächelte er, »dann wäre die Börse gar keine Börse.«

» *Der Fairness halber ist allerdings noch zu sagen, dass der wirklich Schuldige hierbei letztlich gar nicht die Emissionsbank ist, sondern vielmehr die Verrücktheit des Marktes diese zwingt, alle Neuemissionen auch den überzogensten Bewertungsmaßstäben anzupassen. Denn was würde passieren, wenn plötzlich ein neues Unternehmen an die Börse kommt, welches durchaus mit einem bereits notierten zu vergleichen ist, und trotzdem nur halb so hoch bewertet wäre?*

Entweder der Kurs des bereits notierten müsste fallen, was der Börse jedoch insgesamt einen Schaden zufügen würde. Oder aber, die Aktien des neuen Unternehmens müssten steigen. Doch warum, so werden alle Initiatoren mit einem gewissen Recht fragen, soll man diesen ›Kursspielraum‹ den Spekulanten als Gewinn lassen – und nicht vielmehr selbst in Form eines höheren Emissionskurses einstreichen?

Aber auch so geht die Geschichte ja durchaus noch weiter. Das Beste ist jetzt zwar schon wegverdient, aber eben nur von den Gründern und Alteigentümern der Gesellschaft. Denn ihre 50 000-Mark-GmbH hat ja mittlerweile den Wert von 80 Millionen Mark erreicht, was, wenn ich im Kopf richtig rechnen kann, immerhin einen Gewinn von stolzen 160 000 Prozent ausmacht. Doch zunächst existieren diese Gewinne ja erst einmal nur auf dem Papier. Richtiges bares Geld wird daraus für die Initiatoren erst dann, wenn sie ihre in den Aktien verbrieften Anteile an dem Unternehmen verkaufen. Doch so schnell ist das gemeinhin nicht möglich, denn die Deutsche Börse fordert hier zumindest für das erste halbe Jahr eine Sperrfrist.

Doch diese Sperrfrist ist wie ein Hund ohne Zähne. Denn die Altaktionäre müssen sich zwar verpflichten, binnen des ersten halben Jahres keine eigenen Aktien auf den Markt zu werfen, doch wenn sie es trotzdem tun, dann gibt es keinerlei wirksame Sanktionsmechanismen, ja aufgrund des Bankgeheimnisses sogar nicht einmal die Möglichkeit, exakt zu kontrollieren, ob sie nun verkauft haben oder nicht.

Ganz anders sieht es hingegen aus, wenn die Alteigentümer sich offiziell bereits zum Börsengang von einem Teil ihres Aktienbestandes trennen wollen. Man nennt das ›Kasse machen‹ und liebt so etwas weder auf Seiten der Börse noch bei den Anlegern. Denn letztlich wird damit signalisiert, dass diejenigen, die beim Börsengang in Hinsicht auf ihre eigene Aktie große Versprechungen machen, nicht gewillt sind, mit allem, was sie besitzen, auch dafür einzustehen, dass ihre Prognosen schließlich eintreffen werden, sondern vielmehr bereits im Vorfeld einen großen Teil davon schon zu Geld machen.

Nehmen wir beispielsweise in unserem Fall von vorhin an, dass das Unternehmen mit 80 Millionen Mark Marktwert, also circa 40 Millionen Euro, insgesamt ein Eigenkapital von 5 Millionen Euro besäße. Wäre dieses nun in 5 Millionen Stückaktien mit einem rechnerischen Nennwert von einem Euro

eingeteilt, dann ergäbe sich ein Emissionskurs für die neuen Aktien von 8 Euro.

Nehmen wir nun weiter an, dass die Kapitalerhöhung so bemessen wird, dass der bisherige Aktienbestand um ein Viertel erhöht wird, dann würden somit also etwa 1,25 Millionen Aktien am Markt platziert werden und für die Gesellschaft einen Erlös von insgesamt 10 Millionen Euro einspielen. Nun sagen die Gründer – beziehungsweise die Altgesellschafter – jedoch ›ich auch‹ und bringen folglich ebenfalls eine Million Aktien aus ihrem Bestand an den Markt. Dann fließen ihnen selbst zusätzlich also schlappe 8 Millionen Euro, sprich 16 Millionen Mark, zu. Und zwar sofort – Cash auf die Hand. Für einen Anteil von 20 Prozent an einer Gesellschaft, die vor ein paar Wochen noch eine GmbH mit 50 000 Mark Stammkapital war. Wie eine Lizenz zum Gelddrucken, oder?

Aber damit ist der Gipfel des Geldverdienens immer noch nicht erreicht. Denn normalerweise hat sich im Vorfeld jedes Börsenganges immer noch die eine oder andere Beteiligungsgesellschaft an dem entsprechenden Unternehmen beteiligt. Und zwar meistens zu einem Zeitpunkt, zu dem der Börsengang bereits feststand. Oder der sich Beteiligende war keine klassische Beteiligungsgesellschaft, sondern der Emissionsbegleiter selbst, also das Unternehmen, welches die Aktie an der Börse platziert. Denn der weiß natürlich am besten über den möglichen Börsenerfolg Bescheid – und ein paar Milliönchen, hinzuverdient zum normalen Salär für die Börsenplatzierung, in Ehren, wird doch niemand verwehren! Zahlt ja auch letztlich niemand Spezielles, sondern immer der unbekannte Mann von der Straße.

Was mich sofort zum Thema ›Freunde‹ bringt, denn jetzt kommt eine weitere Spezialität, die sich ›Friends-and-Family-Programm‹ nennt. Das bedeutet, dass von den Aktien, die eigentlich ganz normal am Markt platziert werden sollen, stets ein erheblicher Teil an die Freunde und Familienmitglieder der Unternehmenslenker geht. Merkwürdigerweise haben gerade die Unternehmer, die mit ihrem Unternehmen an die Börse gehen, nun immer einen besonders großen Familien- und Bekanntenkreis, sprich: Auch hier werden die ›Spezis‹ bevorzugt bedient, zu denen natürlich auch Journalisten gehören können, die dann selbstredend besonders gut über die Aktie schreiben werden.

Und eine faire Berichterstattung ist doch das Wichtigste an einem Börsengang! Schließlich war es ja bereits bei den alten Römern so, dass sich Freundschaft und Politik wunderbar verquicken lassen. Und schließlich nicht zu vergessen: die Mitarbeiter, denen man mit ein paar zugeteilten

Aktien so etwas wie die Garantie auf Kursgewinne gibt – womit man sicherlich keine Demotivation betreibt. Ganz im Gegenteil sogar.

Doch wer nun glaubt, dass das Verdienen hiermit endlich ein Ende hat, der liegt erneut schief. Denn für manche fängt das große Geldverdienen jetzt eigentlich erst richtig an. Wie ich bereits gesagt habe, wurden bis vor kurzem alle Neuemissionen gleich bei ihrer ersten Börsennotiz deutlich über dem Ausgabepreis notiert – und stiegen dann in der Regel in den Folgetagen auch noch viel weiter an. Was wäre also lukrativer, als anzukündigen, dass man eine bestimmte Anzahl von Aktien breit unter den Anlegern streuen möchte, dies dann jedoch überhaupt nicht macht! Habt ihr verstanden? Also einfach nur so zu tun, als ob man es machen würde, dann jedoch die entsprechenden Aktien erst zu einem 100 oder 200 Prozent höheren Kurs tatsächlich in den Markt zu leiten.

Machen wir dazu doch einfach einmal ein Rechenbeispiel und nehmen erneut die Zahlen sowie die Situation des Falles von eben: 2,25 Millionen Aktien sollen an die Börse gebracht werden – und die Anleger sind ganz wild. Der Emissionsbegleiter platziert bei den gierigen Anlegern jedoch erst einmal nur 1,5 Millionen und schiebt die restlichen 750 000 Stück zunächst zu einer seiner Tochtergesellschaften. Die Anleger, die in der Summe also viel weniger Aktien bekommen haben als erwartet, werden nun natürlich versuchen, am freien Markt Stücke auch zu steigenden Kursen zu ergattern. Und in diese steigenden Kurse hinein lädt dann der Emissionsbegleiter beziehungsweise seine Tochtergesellschaft die vorher zunächst einbehaltenen Aktien bei den Anlegern ab.

Gehen wir davon aus, dass bei einer guten Emission mit einem Emissionspreis von 8 Euro Kurse von 20 bis 30 Euro in den ersten Tagen durchaus realistisch sind, so ergibt das bei einem Mittelkurs von 25 Euro beim Verkauf der für 8 Euro übernommenen Aktien für den Emissionsbegleiter noch einmal einen Gewinn von satten 12,75 Millionen Mark. Kein schlechter Verdienst für so eine kleine Operation, findet ihr nicht? Und keiner hat etwas gemerkt.

Den Vogel abgeschossen hat jedoch neulich ein Unternehmen, das eine gesellschaftsrechtliche Form gewählt hat, die dem Betrug schon wirklich sehr nahe kommt. Ich habe ja gerade gesagt, dass bei der – zur Börseneinführung notwendigen – Überführung der ursprünglichen GmbH in eine AG normalerweise von den GmbH-Eignern eine neue AG gegründet wird, meistens mit dem Minimum-Grundkapital von 100 000 Mark, welches bar eingezahlt wird. Anschließend wird eine Kapitalerhöhung durchgeführt und im

Rahmen dieser die mit Gutachten eines Wirtschaftsprüfers bewertete GmbH als Sacheinlage in die AG eingebracht. Nach diesem Deal gehört mithin die GmbH vollständig der AG, und die Eigentümer, die vorher die GmbH-Anteile besaßen, besitzen nun die Aktien an der AG. So weit, so sauber.

Ganz anders sieht es nun jedoch aus, wenn die GmbH nicht in die AG eingebracht wird, sondern die AG die GmbH auf Kredit kauft. Denn in diesem Fall halten die Alteigentümer, die vorher die GmbH besessen haben, jetzt nicht nur die Aktien der AG in ihren Händen, die nunmehr Eigentümerin der GmbH geworden ist, sondern haben darüber hinaus auch noch eine Forderung in Höhe des Kaufpreises gegen ihre eigene AG. Geht diese AG nun an die Börse, so verfügen sie nicht nur über ein stattliches Aktienvermögen, sondern darüber hinaus zusätzlich auch über Zins- und Tilgungsforderungen in ähnlicher Größe gegenüber der Gesellschaft.

Die Initiatoren haben in diesem Falle also aus einem Vermögen zwei Vermögen gemacht. Und das Beste daran ist: Im Sturm des Gefechtes hat das an der Börse so gut wie niemand gemerkt! Man ist also wirklich fast als dämlich zu bezeichnen, wenn man selbst nicht auch irgend so ein Ding drehen würde. Denn wer weiß schon, wann solche Goldgräberzeiten noch einmal wiederkommen.

Doch genau hier fängt nun natürlich auch meine Sorge an, von der ich euch eben schon erzählt habe. Denn was passiert nun, so frage ich euch, wenn sich dieser ganze Prozess des Gewinnens in relativ kurzer Zeit einmal wieder umdreht? Muss dann, wenn aus den Gewinnen plötzlich Verluste werden, nicht ein Hauen und Stechen beginnen? Und zwar sowohl innerhalb der Unternehmen als auch an der Börse? Hat nämlich beispielsweise ein Arbeitnehmer, wie in unserem Fall, Aktien seines Arbeitgebers zum Emissionskurs von 8 Euro gezeichnet, und sind diese nun plötzlich nur noch 4 Euro wert, so wird er sicherlich sauer sein. Besonders dann, wenn der Vorstand des Unternehmens, vielleicht durch eine heikle Kapitalkonstruktion oder ein übermäßiges Abstoßen von Papieren aus seinem eigenen Aktienbestand, als der Hauptverantwortliche für diese Malaise zu bezeichnen ist.

Und was ist, so frage ich weiter, wenn dieser Arbeitnehmer zum Erwerb seiner Aktien sogar Kredite aufgenommen hat und nun von den Banken zwangsexekutiert wird? Das muss ich sicherlich erklären: Wer einen Kredit zum Kauf von Wertpapieren aufnimmt, muss in der Regel diese Wertpapiere als Kreditsicherheit hinterlegen. Nehmen wir an, in unserem Beispiel beantragt jemand einen Kredit, um Aktien seines Arbeitgebers zu kaufen. Er insgesamt 2 000 Stück à 8 Euro erwerben. Macht 16 000 Euro oder

32 000 Mark. Er hat jedoch nur die Hälfte verfügbar, weshalb er sich die andere Hälfte, also 16 000 Mark, leihen muss. Die Bank beleiht Aktien gemeinhin mit 60 Prozent, so dass er bei einem Kredit von 16 000 Mark mit der Hinterlegung von Aktien im Kurswert von 32 000 Mark gut zurecht kommt.

Doch was passiert nun, wenn der Kurs der Aktien plötzlich von 8 auf 4 Euro fällt? Dann ist der Kredit über 16 000 Mark auf einmal nur noch durch einen Aktiengegenwert von 16 000 Mark abgesichert. Doch das sind 100 Prozent und nicht nur 60 Prozent. Die Bank wird den Kunden und Arbeitnehmer dieser Firma daher auffordern, entweder neue Sicherheiten einzureichen oder den Kredit zurückzuführen. Kann der Kunde nun keines von beidem leisten, so ist die Bank berechtigt, seine als Sicherheit hinterlegten Aktien am Markt zu verkaufen. In diesem Beispiel würde es dann wenigstens noch aufgehen, das heißt, der Kunde wäre dann zwar sein Eigenkapital los, der Kredit könnte damit jedoch auf jeden Fall zurückgezahlt werden.

Fällt die Aktie hingegen bis auf 2 Euro zurück, so würde der Bankkunde nicht nur sein gesamtes Eigenkapital verspielt haben, sondern überdies auch noch auf einem Kredit in Höhe von 8 000 Mark sitzen bleiben. Und das, was sogar das Schlimmste ist, ganz ohne Aussicht, diesen Verlust bei einem erneuten Anstieg der Aktie jemals wieder ausgleichen zu können. Denn er ist, wie man sagt, ›zwangsexekutiert‹ – und damit schlichtweg nicht mehr im Besitz seiner Aktien.

Und was ist, so muss man weiter fragen, mit den Journalisten, die vielleicht ebenso Aktien im Rahmen des ›Friends-and-Family-Programms‹ gekauft haben? Werden diese jetzt nicht entsetzlich negativ über diese Unternehmen schreiben? Allerdings erst dann, wenn sie ihre eigenen Papiere bereits verkauft haben. Oder vielleicht auch sofort, weil die Wut hier sogar das Besitzstandsdenken übertrumpfen könnte? Und die Öffentlichkeit? Wie werden die Anleger reagieren, wenn sie dann erst einmal erfahren, wie sie von diesen vermeintlich so sauberen Herren an der Nase herumgeführt worden sind?

Man kann daher eigentlich wirklich nur zornig werden, wenn man sich das gegenwärtige Geschehen anguckt. Und je tiefer man blickt, umso größer wird die Abzocke. Was also tun? Mitspielen oder dagegenhalten? Das muss wohl wirklich jeder für sich allein entscheiden. «

KAPITEL 14

Die Zeit des geldgierigen Irrtums?

Nostradamus, der erste Crash-Guru der Geschichte

»Meine Güte, diese Klatsche hat aber erst einmal gesessen«, sagte Brian, als sie das Restaurant verlassen hatten und gemeinsam zur Straßenbahn trotteten. Dann jedoch fügte er hinzu: »Damit macht es dann aber wenigstens nicht mehr so viel aus, dass wir mit dieser blöden Direktbank und der Kontoeröffnung solche Probleme haben. Denn überlegt euch einmal, Soros der Zweite hätte jetzt gesagt, diese oder jene Aktie müssten wir unbedingt morgen früh gleich kaufen. Und wir hätten das dann gar nicht machen können. Aber so haben wir natürlich die Zeit auf unserer Seite.«

Die anderen hatten jedoch im Moment keine Lust mehr, sich noch weiter über Aktien und Unternehmen den Kopf zu zerbrechen. Und so antwortete Hemingway, der von dem Treffen mit Soros dem Zweiten immer noch etwas erledigt war, auf Brians Äußerung nur noch mit einem diffus wahrnehmbaren Gesang: »Die Zeit macht nur vor dem Teufel halt!«

»Hör auf, Hem!«, entgegnete Brian. »Solch ein schlechter Musikgeschmack passt doch gar nicht zu einem Schriftsteller. Oder ist das vielmehr nur als Beleidigung meiner Ohren gedacht?«

»Hier kommt es ausschließlich auf den Text an«, antwortete Hemingway, »nicht auf die Melodie. Auf die Zeit und auf den Teufel. Oder hätte ich darauf vielleicht ein Lied von den Beach Boys singen sollen, Mr. Brian Wilson?«

»Geschmackvoller wäre das auf alle Fälle gewesen. Und gepasst hätte es auch. Denn schließlich haben die Beach Boys ja tatsächlich einmal ein Lied eines wirklichen Teufels von sich gegeben.«

»Was heißt denn das?«, fragte Hemingway zurück. »Der ›wirkliche‹ Teufel? Ein richtiger, ganz echter Teufel?«

»Charles Manson, reicht das?«, hielt Brian dagegen.

»Der Charles Manson, der für den Mord an Sharon Tate Ende der sechziger Jahre in Hollywood verantwortlich war?«

»Genau der«, gab Brian zurück.

»Nicht Marilyn Manson?«, warf Jeannette ein, der der Wein anscheinend ganz schön die Zunge gelockert hatte, da sie sonst keinen Alkohol trank.

»Komm, misch dich da raus, bezaubernde Jeannie, wir sind hier bei der wirklichen Geschichte«, giftete Brian zurück.

»How come?«, fragte Hemingway weiter.

»Na, der Drummer von den Beach Boys, Dennis Wilson, hatte wohl damals etliche Male Kontakt mit der Manson-Clique, hat sie dann aber aus seinem Haus hinausgeworfen. Doch irgendwie muss er dabei an eine von Mansons Kompositionen gekommen sein. Wahrscheinlich hat er sie im Gegenzug für die Versorgung von Mansons Sekte mit Drogen bekommen. Aber egal, auf jeden Fall haben die Beach Boys das Lied dann auf ihrer LP *20/20* von 1969 veröffentlicht. Es heißt *Never learn not to love*, weist jedoch Dennis Wilson als Autor aus. Der richtige Fan hingegen weiß, dass es in Wirklichkeit Manson war.«

»Dein Bruder Dennis? So ein Schurke!«, versuchte Hemingway Brian zu necken.

»Papperlapapp«, antwortete Brian. »Ich identifiziere mich schließlich nur mit den guten Seiten von Brian Wilson und nicht mit den schlechten.«

»Aber Brian Wilson war doch eine ganze Zeit lang ebenfalls drogensüchtig«, gab Hemingway zu bedenken.

»Okay, das stimmt«, bestätigte Brian, »aber er nahm Drogen, um so bessere Musik schreiben zu können. Das ist schon ein Unterschied.«

»Naja«, meinte Hemingway, »aber dann ist er durchgeknallt und hat zehn Jahre nur noch im Bett verbracht.«

»Quatsch doch nicht!«, entrüstete sich Brian. »Durchgeknallt ist er nicht wegen der Drogen, sondern weil er das Genie in sich nicht ausreizen konnte. Ich sage nur: *Pet Sounds* von 1966 ist immer noch das beste Album der Popgeschichte. Und *Smile* wäre noch besser geworden, wenn man Brian Wilson nur gelassen hätte und es nicht zum Zerwürfnis mit den Beach Boys gekommen wäre. Aber ein Schriftsteller, der sich selbst mit einer Knarre aus der Welt gepustet hat, sollte, so finde ich, bei diesem Thema vielleicht doch besser die Klappe halten.«

»Hört doch auf«, versuchte der Professor zu schlichten. »Über eure neurotischen Identifikationsversuche haben wir doch nun schon oft genug diskutiert. Könnt ihr das nicht ein andermal ohne uns austragen?«

»Okay«, antwortete Brian und richtete den Blick auf Hemingway, »aber nur unter der Bedingung, dass ich dir demnächst das alles einmal ganz genau mit Brian Wilsons Musik beweisen kann.«

»In Gottes Namen«, stimmte Hemingway zu, »wenn du denn auch ein paar Bierchen und belegte Brötchen dazu bereithältst.«

»Männer ...«, ergänzte Jeannette und schüttelte nur noch in ihrer unnachahmlichen Art den Kopf.

»Aber denkt dran«, ermahnte der Professor, »nach 18 Uhr.«

»Finde ich aber interessant«, nahm Jeannette doch noch einmal den Ball auf, »›Never learn not to love‹. Das ist doch eine doppelte Verneinung. Und minus mal minus ergibt wieder plus. Also: ›Lerne zu lieben.‹ Das ist natürlich schwer für euch Kerle. Aber manche sollen es ja zumindest immerhin probieren.«

»Das kann man aber auch anders deuten«, entgegnete der Professor. »›Unterlasse es, nicht zu lieben.‹ Ist inhaltlich zwar das Gleiche, meint jedoch keine aktive Tätigkeit wie ›Lerne!‹, sondern nur das passive Hinnehmen: ›Lass es sein, zu lernen.‹«

»Oh, welch intellektuelle Bravourstücke, eure Interpretationen«, entgegnete Brian. »Aber das ist doch noch gar nichts. Denn Brian Wilson hat noch viel bessere Mehrdeutigkeiten auf dieser Platte abgeliefert. Zum Beispiel bei *Cabinessence*, das ursprünglich für *Smile* vorgesehen war. Da singt er zum Schluss:

›Over and over the crow flies
Uncover the cornfields
Over and over the thresher man
Cover the wheatfield.‹«

»Ich sage doch: völlig durchgeknallt«, fühlte sich Hemingway bestätigt.

»Erinnert etwas an ein Gemälde von Van Gogh in der Spätphase«, fand hingegen der Professor: »›Over and over the crow flies.‹ Wisst ihr noch? Das helle Getreidefeld und darüber die gespenstischen schwarzen Krähen?«

»Ich finde, das klingt eher wie Nostradamus«, meldete sich erneut Jeannette zu Wort.

»Und was will uns der Dichter mit all dem nun eigentlich sagen?«, fragte Hemingway.

»Oder die Dichterin«, präzisierte Jeannette.

»Keine Ahnung«, antwortete Brian mit Blick zu Jeannette. »Jeanne d'Arc hat doch nicht gedichtet.« Dann schaute er Hemingway an und sagte: »Du bist doch hier der Dichter, oder Hem?«

»Nein, was sollte das bedeuten?«, fragte Hemingway zurück. »Ich vermute eher, dass Brian Wilson schon damals ein seniler Greis war.«

»Willst du deshalb etwa lieber Puff Daddy hören?«, entgegnete Brian.

»Um Gottes Willen, nein! Wer wird denn gleich zum Äußersten gehen?«, war Hemingways prompte Antwort.

»Oder doch gleich Nostradamus?«, setzte Brian noch einen drauf und sang:

»An emperor of France shall rise who will be born near Italy
His rule cost his empire dear, Napoloron his name shall be
One named Hister shall become a captain of Greater Germanie
No Law does this man observe and bloody his rise and fall shall be.«

»Klasse!«, begeisterte sich Jeannette. »Hab ich doch auch gerade gesagt. Das Lied kenne ich übrigens auch. Es ist von Al Stewart von seiner Platte *Past, Present & Future*:

›Man, man, your time is sand, your ways are leaves upon the sea
I am the eyes of Nostradamus, all your ways are known to me‹.

Das ist der Refrain. Soll zwar ein Originaltext von Nostradamus sein, ich habe jedoch in dessen Büchern viel verklausuliertere Texte gelesen. Und das scheint mir auch plausibler zu sein. Denn wie hätte Nostradamus auch 1555 schon Hitler voraussehen können. Und das sogar mit fast korrektem Namen.«

»Bei ›Hister‹ muss ich immer an ›Monty Python's Flying Circus‹ denken«, sagte Hemingway darauf. »Denn dort heißt er ›Mr. Hilter‹. Der große Führer, ein einziger Tippfehler.«

»Always look on the bright side of life«, trällerte Brian dazwischen.

»Mensch, Kerle«, beschwerte sich Jeannette daraufhin, »ihr seid ja wirklich ein alberner Haufen. Mit euch kann man auch keine ernste Diskussion mehr führen. Aber eigentlich habe ich das ja schon immer gewusst:

›Männer haben Muskeln.
Männer sind furchtbar stark.
Männer können alles.
Männer kriegen 'n Herzinfarkt.‹«

»Wo sie Recht hat, da hat sie Recht«, erhielt Jeannette plötzlich ganz unerwartete Schützenhilfe von Brian. »Und nicht einmal in ein ordentliches Restaurant kann man mit euch gehen. Denn einer fällt immer aus der Rolle und einer ist immer betrunken. Meistens ist das sogar immer derselbe.«

Dann jedoch wechselte er das Thema und sagte: »Aber, apropos Nostradamus: Wollt ihr jetzt etwa wieder anfangen mit der Diskussion, dass die ganze Welt vorherbestimmt ist und wir nur leblose Figuren in einem Buch sind, dass jemand ganz anderes schon geschrieben hat?«

»Ich will das nicht«, bekräftigte Jeannette, »denn ich habe doch bisher wohl immer ganz klar gesagt, dass ich das nicht glaube. Deswegen glaube ich auch nicht an Nostradamus. Jedenfalls nicht in der Form, wie Al Stewart über ihn singt. Und trotzdem liefert der Refrain schon irgendwie interessante Anregungen:

›Man, man your time is sand, your ways are leaves upon the sea
I am the eyes of Nostradamus, all your ways are known to me‹«

»Wechsle jetzt bloß nicht die Seiten, eiserne Jungfrau«, drohte Brian. »Das ist zwar klasse Musik, das finde ich auch. Aber doch nicht mehr! Oder siehst du darin etwa verschlüsselte Botschaften?«

»Auf jeden Fall«, mischte sich nun auch der Professor wieder in die Diskussion ein, »weiß ich jetzt endlich, warum ihr in der Schule keine Leuchten seid: Denn wer sich alle diese Texte merkt, der hat sicherlich kaum noch Platz in seinem Speicher für andere Dinge. Und nun zu eurem wieder aufgebrachten Thema: Nostradamus muss zugegebenermaßen ein interessanter Mensch gewesen sein. Denn schließlich hat er schon im 16. Jahrhundert Prognosen für die Zeit bis zum Jahr 2200 gemacht. Aber soweit ich mich erinnere, sind diese ähnlich geschrieben wie die Horoskope heute. Das heißt: Der Freiheitsgrad ist so groß, dass man immer etwas Wahres hineininterpretieren kann und die nicht stimmigen Dinge eben einfach verdrängt.

Es ist witzig, ich habe gerade letztlich einmal in einem Buch über Nostradamus geblättert, in dem der Autor dessen Texte analysiert und mit aktuellen Ereignissen in Verbindung gebracht hat. Das Interessante daran ist, dass das Buch schon ein paar Jahre alt war. Denn so konnte man wunderbar sehen, wie der Autor die Ereignisse der Vergangenheit sehr schön mit seinen Versen in Übereinstimmung brachte, die Zukunft jedoch völlig falsch gedeutet hat. Aber ich kriege das jetzt nicht mehr ganz zusammen.«

Der Professor hatte jedoch in beiden Fällen Recht: Denn erstens waren die Verse für die Jahre 1999 und 2000 vollkommen unverständlich und zweitens die Zukunft seit 1994, dem Erscheinungsjahr dieses Buches, tatsächlich völlig falsch prognostiziert worden. Denn hier hatte der Autor für die Zeit von 1994 bis zum Ende des Jahrtausends folgende Ereignisse aus Nostradamus' Texten herausgelesen, die jedoch allesamt nicht eingetroffen sind: großer Krieg in Nahost, Ölverknappung, Streit um Bodenschätze im Meer und ein Atom-GAU bei Lyon. Der Vers für 1999 lautete vollständig:

»Wind für denjenigen, den man zum Verlassen seines Throns gezwungen hat.
Über die Mauern wird geworfen Asche, Kalk, Kohlestaub.
Wegen des Regens danach er ihnen eine geschickte Falle stellt.
Letzte Hilfe indem man sich ihrer Grenze widersetzt.«

Und der für das Jahr 2000:

»Schiffe fahren zum Kampf nicht nachts – Zeit des geldgierigen Irrtums.
Das Feuer der fünfzehn Schiffe den Stützpunkt zerstört.
Rotreiches Neue schwitzt – dort großes Schiff – Matrosen schmücken sich.
Erzürnen bis zur Nutzlosigkeit Sieg indem man zwei zerstört.«

Hätte der Professor diese Texte jetzt gelesen, so hätte er mit Sicherheit angeführt, dass alleine die Terminologie von »Mauern«, »Asche«, »Kalk« und »Schiffen« ganz klar darauf hindeutete, dass Nostradamus den technischen Fortschritt natürlich nicht vorausgesehen hat, denn heute bestimmen weder »Mauern« noch »Schiffe« über unser Schicksal, sondern elektronische Daten und Atomwaffen. Und wer den technischen Fortschritt nicht vorhersagen konnte, würde wohl auch kaum mit dem Rest richtig liegen, wenn denn überhaupt etwas herauszulesen war aus diesen sybillinischen Formulierungen: Rücktritt eines Königs? Ein Krieg mit Chemiewaffen? Ein Konflikt zu Wasser?

Vielleicht wäre der Professor jedoch auf die Idee gekommen, hinter dem Begriff »Rotreiches Neue« die Republik Taiwan zu sehen. Und dann die Schilderung eines Seekrieges als Angriff von China auf Taiwan im Jahr 2000 zu werten. Aber nein, das hätte ihn wohl eher weniger interessiert, denn zu vielfältig waren schließlich die Auslegungsmöglichkeiten.

Viel eher wäre er wohl an der folgenden Zeile hängengeblieben: »Zeit des geldgierigen Irrtums«. Doch glücklicherweise hatte er auch diese Zeile nicht im Kopf behalten. Doch was hieß eigentlich glücklicherweise? Denn hätte dies vielleicht bedeutet, dass er darauf bestanden hätte, doch anders zu handeln, als sie es schließlich tatsächlich getan hatten? Der durch und durch rationale Professor – gefangen im Glauben an die Vorhersagen des Nostradamus? Nein, das war kaum vorstellbar.

Andererseits hätte das jedoch der ganzen Clique einen noch höheren Freiheitsgrad beschert, als sie ihn ohnehin zu besitzen glaubte. Denn wenn es tatsächlich eine »Zeit des geldgierigen Irrtums« geben würde, dann wäre ihren eigenen Entscheidungen natürlich wesentlich weniger Bedeutung beizumessen gewesen. Und auch derjenige, wenn es denn einen gab, der an den Fäden ihres Schicksals zog, hätte sich dann dieser Entwicklung freilich nicht entziehen können.

Sie waren jetzt bereits an der Straßenbahnhaltestelle angekommen und hatten festgestellt, dass sie noch eine Viertelstunde auf die nächste Bahn warten mussten. Im Kopf des Professors flirrte es jedoch dermaßen, dass er diese Unterbrechung als willkommene Pause betrachtete, um den anderen mitzuteilen, was ihn derzeit beschäftigte.

»Die Verbindung von Nostradamus' Prognosen und unserem Thema von neulich über den freien Willen und die freie Entscheidung werde ich einfach nicht los«, sagte er. »Doch gerade eben ist mir etwas ganz anderes dazu eingefallen, was aber bestimmt etwas damit zu tun hat.«

Die anderen wussten, dass jetzt ein Vortrag des Professors bevorstand, setzten sich geduldig auf die Wartebank und spitzten die Ohren:

»Es gibt einen Mathematiker, Kurt Gödel, der hat den Beweis erbracht, dass es innerhalb der Mathematik Sätze gibt, die unentscheidbar sind. Für die Laien von euch noch einmal: Sätze sind so etwas wie Aussagen. Auf einen einfachen Nenner gebracht, wäre ein derartiger Satz beispielsweise der folgende: ›Ich lüge.‹ Denn wenn dieser Satz richtig ist, dann ist er falsch, weil er dann nämlich gelogen ist. Ist er hingegen falsch, dann ist er wiederum richtig.

Verallgemeinert man das, dann kann man durchaus sagen, dass jedes for-

male System, wie es Mathematik und Logik darstellen, von innen heraus niemals als vollständig und widerspruchsfrei bewiesen werden kann. Der Philosoph und Logiker Ludwig Wittgenstein hat diesen Sachverhalt schließlich in seinem ›Tracatatus logico-philosophicus‹ in knappen und präzisen Worten zu Papier gebracht, indem er unter anderem schrieb:

›Wenn sich eine Frage überhaupt stellen lässt, so kann sie auch beantwortet werden.

Und wovon man nicht sprechen kann, darüber muss man schweigen.

Wir fühlen, dass selbst dann, wenn alle möglichen wissenschaftlichen Fragen beantwortet sind, unsere Lebensprobleme noch gar nicht berührt sind. Freilich bleibt dann eben keine Frage mehr; und eben dies ist die Antwort.

Die Lösung des Rätsels des Lebens in Raum und Zeit liegt außerhalb von Raum und Zeit.‹«

»Na, du kannst dir aber auch gut Texte merken«, sprach Jeannette ihm aus tiefstem Herzen Bewunderung aus.

»Kann man die denn nicht auch vertonen?«, versuchte Brian das Gespräch wieder auf eine seichtere Ebene zu bringen, während Hemingway endgültig eingeschlafen war. »Aber Scherz beiseite: Was hat das alles eigentlich mit Nostradamus, der Börse und vor allem mit uns zu tun?«

»Ich denke, eine ganze Menge«, entgegnete der Professor. »Denn erstens lässt sich damit sehr deutlich beweisen, dass es vollkommen unmöglich ist, dass Nostradamus tatsächlich die Zukunft vorausgesehen hat. Wie Wittgenstein gesagt hat: Eine Notwendigkeit gibt es nur in der Logik, niemals aber hinsichtlich des Eintretens von Ereignissen in der Wirklichkeit. Man kann zwar immer prognostizieren, aber dabei sowohl richtig als auch falsch liegen.«

»Jetzt bist du also doch auf unserer Seite mit dem freien Willen«, versuchte Brian den Professor zu locken.

»Aber nein, gerade nicht!«, widersprach dieser heftig. »Das versuche ich euch ja gerade herzuleiten. Aber du hast mich unterbrochen, bevor ich den Schlussakkord setzen konnte. Denn wie mit allen anderen Dingen, so scheint es auch mit dem Willen zu sein. Das heißt: Ob unser Wille und unsere Entscheidungen frei sind oder nicht, das wird nicht innerhalb unserer Welt entschieden, sondern außerhalb! Das ist im Übrigen genau Kants Position hinsichtlich der Existenz von Gott. Denn Kant sagt: Man kann metaphysische Ideen wie Gott nicht beweisen. Man kann nicht beweisen, dass es Gott gibt. Man kann aber auch nicht beweisen, dass es Gott nicht gibt. Deswegen kann man daran eben nur glauben.«

»Siehst du«, entgegnete Brian, »und ich glaube nicht an ihn oder irgendeinen Stellvertreter, sondern daran, dass ich es bin, der für sein Schicksal verantwortlich ist.«

»Ich glaube es ja auch«, stimmte der Professor ihm zu, »aber sicher bin ich mir natürlich nicht. Und manchmal habe ich so ein komisches Gefühl...«

»Wie meinst du denn das?«, schaltete sich Jeannette wieder in das Gespräch ein.

»Na, findest du nicht«, antwortete der Professor, »dass man manchmal zwar glaubt, selbst zu entscheiden, aber irgendwie den Verdacht hat, dass das alles doch nach ganz anderen Gesetzmäßigkeiten abläuft?«

»Ja«, bestätigte Jeannette, die als Mädchen in dieser Hinsicht ein feineres Gespür besaß, als dies bei den Jungen der Fall war. »So ein Gefühl habe ich manchmal auch. Sogar sehr stark. Aber das liegt vielleicht auch nur daran, dass meine Eltern sehr an Gott glauben.«

»Und ich habe weder so ein Gefühl, noch glaube ich an solchen Unsinn«, widersprach Brian. »Das ist ja wirklich bald bei uns auch nicht anders als bei der richtigen Jeanne d'Arc, die ihr ganzes Leben nach ihren göttlichen Stimmen ausgerichtet hat.«

»Und wenn wir Gott einmal aus dem Spiel herauslassen?«, regte Jeannette an und versuchte dieses für sie so unerfreuliche Thema wieder zu verlassen.

»Aber was bleibt dann?«, fragte Brian zurück. »Wer soll denn sonst über uns bestimmen? Kommt jetzt erneut die These, dass wir alle letztlich nur Figuren in einem Buch sind, das seinen Lesern die Börsenspekulation erläutern will? Das ist doch Irrsinn! Ihr seid doch verrückt!«

»Ich glaube es ja auch nicht«, bestätigte Jeannette, »aber, wie der Professor eben gesagt hat, beweisen können wir das nicht. Denn dazu müssten wir aus unserer Welt heraustreten können. Und das können wir eben nicht.«

»Es bleibt also eine Frage des Glaubens und nicht des Wissens«, resümierte der Professor.

»Einverstanden«, entgegnete Brian, »aber wenn dem nun einmal so ist, was ist dann mit dem folgenden Argument: Glaubt ihr im Ernst, dass es auf der ganzen Welt nur einen Buchschreiber gibt, der seinen Protagonisten derart verworrene Diskussionen über Gott und die Logik in den Mund

H

legen würde, nur um sie über die Börse zu belehren? Und dann noch mit englischen Texten von Brian Wilson und Al Stewart? Dann würde sich sein Buch doch bestimmt schlecht verkaufen. Denn heute zählt doch nur noch eins: Nutzwertorientierung und Fakten, Fakten, Fakten.«

Brian steigerte sich jetzt fast in Rage: »Deshalb von meiner Seite ein entschiedenes Nein. Und zwar erstens, weil das völlig meinem eigenen Selbstverständnis zuwider läuft und zweitens, weil wir dann längst hätten handeln müssen. Schließlich zählt heutzutage nur noch das Handeln. Nachdenken und reflektieren sind doch völlig out. Wenn wir wirklich Buchfiguren wären, dann müssten wir jetzt schon mindestens eine Million eingesackt haben. Und später dann damit eine tolle Pleite hinlegen. Sonst wäre die ganze Geschichte doch einfach viel zu uninteressant.«

»Vielleicht kommt das ja noch«, bemerkte Jeannette mit feinem Gespür.

»Was denn?«, fragte Brian zurück. »Das mit den Millionären oder das mit der Pleite?«

»Don't ask me questions«, antwortete sie daraufhin sybillinisch. »Woher soll ich das wissen? Schließlich bin ich weder Gott, noch der allmächtige Lenker unseres Schicksals, noch eine Buchautorin.«

»Du hast es aber heute mit dem Doppel-Gemoppelten«, bemerkte der Professor. »Don't ask me questions. Frage mich keine Fragen. Und wenn ich das doch tue? Was würdest du denn beispielsweise als Lenker unseres Schicksals mit uns machen?«

»Na, uns reich werden lassen, was sonst«, war die Antwort, »und glücklich und gesund natürlich auch.«

»Das erinnert mich an den Witz mit dem Ehepaar, das drei Wünsche frei hat«, warf Brian ein. »Kennt ihr den?«

»Nein«, erwiderte Jeannette stellvertretend für die ganze Gruppe, »aber erzähl ihn doch mal. Drei Wünsche? Na, wie ich euch Kerle einschätze, sind das Wein, Weib und Gesang?«

»Nein, viel schlimmer noch«, entgegnete Brian. »Der Mann prescht sofort vor und wünscht sich eine Blutwurst. Darauf ist die Frau so böse, dass sie sich wünscht, die dämliche Blutwurst würde ihm an der Nase anwachsen. Und als dritter Wunsch bleibt dann nur noch?«

»Dass sie wieder abgeht!«, ergänzte Jeannette. »Und hinterher ist man so reich als wie zuvor.«

»Warum kommst du eigentlich gerade jetzt auf diesen Witz?«, fragte der Professor daraufhin Brian.

»Was heißt warum?«, fragte der zurück. »Weil es mir gerade eingefallen ist, deshalb.«

»Und warum ist es dir gerade eingefallen?«

»Keine Ahnung, Herr Psychologe.«

»Gut, das wäre die eine Möglichkeit«, entgegnete der Professor. »Es gibt aber auch noch eine andere Möglichkeit. Merkst du nichts?«

»Was soll ich denn merken?« Brian war ratlos, was diese Frage wohl zu bedeuten hatte. Langsam wurde die Diskussion nämlich etwas zu viel für ihn. Und Hemingway mussten sie schließlich auch noch wecken, denn aus der Ferne näherte sich bereits die Straßenbahn. So versuchten sie gemeinsam, den in Tiefschlaf versunkenen Hemingway aufzurütteln. Nachdem sie damit jedoch gescheitert waren, schlangen sich Brian und der Professor jeweils einen von Hemingways Armen über die Schulter, um ihn in dieser Position schließlich ohne größeren Unfall in die Straßenbahn hineinzubugsieren.

Über all dem vergaß der Professor allerdings, auf Brians Nachfrage zu antworten. Denn ansonsten hätte er vielleicht gesagt: »Was man an deiner Geschichte mit der Blutwurst merken könnte? Vielleicht war das ja eine ›Freudsche Fehlleistung‹, also ein Ausspruch, in dem etwas gesagt wurde, was eigentlich nicht gesagt werden sollte: Drei Wünsche frei? Und nicht einer gewinnbringend umgesetzt? Das könnte doch auch heißen: Wir werden langsam auf Verluste vorbereitet …«

Kapitel 15

Lauter schwer auszusprechende Namen

Nicht nur Aktien haben einen Wert

Der nächste Tag war ein verregneter Samstag. Deshalb entschlossen sich Hemingway und Brian, ihr am Vorabend verabredetes Treffen sofort durchzuführen. Zudem war jetzt wieder die Zeit, in der sowohl der Professor als auch Jeannette mit ihren Eltern zum Wochenende aufs Land fuhren. Und das hieß: Mit den Börsenentscheidungen würde es zumindest am Wochenende sowieso nicht weitergehen.

Brian hatte bereits am Nachmittag seine Platten- und CD-Sammlung durchforstet und alles Wichtige, was er Hemingway vorspielen wollte, herausgesucht. Pünktlich um 18 Uhr klingelte es an seiner Haustür. Es war Hemingway, der mit einem Stapel Büchern unter dem Arm und dem folgenden Satz auf den Lippen durch die Tür hineinstürzte: »Es ist Zeit!«

»Zeit?«, fragte Brian erst noch einmal nach, allerdings nur, um sich anschließend selbst die Antwort zu geben: »Ach so, na klar, 18 Uhr, Zeit für ein Bier.«

»Exakt!«, bestätigte Hemingway.

Sie gingen gleich in Brians Zimmer, der es kaum noch abwarten konnte, endlich loszulegen.

»Dann fange ich gleich mit dem Opus magnum an«, sagte Brian. »*Pet Sounds*, wie alle wirklich großen Werke zu seiner Zeit völlig missverstanden. Schau dir nur einmal das Cover an. Plötzlich keine Surfbilder mehr, sondern die Beach Boys beim Füttern von Tieren. Das war die erste Irritation. Und dann die Musik. Auch aus heutiger Sicht noch einfach genial. Aber damals muss das die Leute schon etwas verstört haben. Dabei war es genau das, was Brian Wilson im Kopf herumjagte. Und was er nun genau so auf die Platte gebracht hatte. Hör dir doch nur diese schönen Harmonien an, die zwar sehr eingängig sind, andererseits jedoch völlig gegen den Strich verlaufen.«

»Gegen den Strich«, wiederholte Hemingway. »Da muss ich an das Buch von Huysmans denken. Das heißt auch *Gegen den Strich* und handelt von einem Adeligen, der sich völlig aus der realen Welt flüchtet und sich in seine Gedankenwelt zurückzieht. Dann will er eines Tages nach England, lässt die Koffer packen, merkt jedoch sehr schnell, dass es viel schöner ist, die Reise mit allen ihren Unannehmlichkeiten nicht wirklich, sondern ausschließlich im Kopf zu unternehmen.«

»Viel anders war das ja bei Brian Wilson auch nicht«, stimmte Brian zu. »Denn nach *Pet Sounds* hat er versucht, noch eins drauf zu legen und ein wirklich bahnbrechendes Album zu schreiben, ist damit jedoch gescheitert, weil die Beach Boys das nicht singen wollten.«

»Na und?«, entgegnete Hemingway. »Warum hat er es dann nicht als Soloalbum herausgebracht?«

»Das ist eine schwierige Frage«, antwortete Brian, »die sich wie viele andere auch nur sehr schwer beantworten lässt. Einerseits brauchte er ganz sicher die Stimmen der Beach Boys, da die Technik damals noch nicht so weit war wie heute und er so etwas folglich noch nicht vollkommen synthetisieren konnte. Und andererseits: Wenn du in eine Gemeinschaft wie eine Band eingebunden wärest, würdest du die dann platzen lassen, nur um deinen Kopf durchzusetzen?«

»Ob ich das tun würde,« meinte Hemingway, »das weiß ich natürlich nicht. Aber wirkliche Genies mussten sich doch schon immer mit brachialen Mitteln gegen die breite Masse durchsetzen.«

»Gut, gut«, stimmte ihm Brian zu, »du hast durchaus Recht, aber was ist, wenn das Genie nicht vollkommen von sich überzeugt ist, sondern von Selbstzweifeln gequält, und somit auch nicht den Mumm und das breite Kreuz hat, sich mit allen Plänen durchzusetzen? Und genauso war es wohl bei Brian Wilson. Er hat sich um der Harmonie willen zurückgenommen, ist dabei jedoch persönlich völlig eingeknickt. Er ist extrem fett und hochgradig drogenabhängig geworden und hat die nächsten Jahre nur noch im Bett verbracht.

Doch jetzt kommt das eigentlich Interessante: Denn kurz vor dem völligen Ende hat er sich mit Hilfe eines Psychiaters wieder von ganz unten nach ganz oben hochgewurstelt und dann 1988 ein, wie ich finde, sensationelles Soloalbum vorgelegt. Mit seinem Psychiater Dr. Eugene E. Landy als Koautor und Executive Producer.«

Dann legte Brian die CD ein. »Das musst du dir einfach mal überlegen, Hem« seufzte er. »Ein Mann, ein Genie, aber innerlich völlig am Ende. Und dann so eine Musik. Wie von Engelsgesängen.«

Er drehte die Musik lauter.

»Hör doch nur mal:

›I was standin' in a bar and watchin' all the people there
Oh the loneliness in this world well it's just not fair
Love and mercy that's what you need tonight
so, love and mercy to you and your friends tonight.‹

Was für ein Wandel im Vergleich zu dem, was er einige Jahre vorher noch geschrieben und mit einer entsprechend düsteren Musik unterlegt hatte:

›I'm a cork on the ocean
Floating over the raging sea
How deep is the ocean
I Lost My Way.‹

Es gibt es aber auch noch Erstaunlicheres: Eigentlich sollte man denken, dass dann, wenn so ein Genie wieder auf Deck ist, nicht nur die Schallplattenindustrie betend auf die Knie fallen müsste. Aber dem war wohl nicht so in dieser beschissen ungerechten Welt. Denn nicht nur, dass seine Familie ihn jetzt aufgrund der engen Kontakte zu seinem Psychiater, der ihn doch erst wieder ins Leben zurückgeholt hatte, unter Vormundschaft zu stellen versuchte, nein, auch seine Folgeplatte konnte er nicht veröffentlichen.«

Brian holte eine CD-Hülle aus dem Regal, die derart blitzte und glänzte, dass sie sich unmöglich schon einmal in der Auslage eines CD-Ladens befunden haben konnte – und überdies in einem mit billigen Mitteln gestalteten Cover steckte. Triumphierend hielt Brian sie in die Höhe.

»Aber ich habe sie! *Sweet Insanity*, nie veröffentlicht, aber als Bootleg erhältlich. Die Qualität ist zwar miserabel, aber musikalisch viel besser als der ganze Mist, der heute in den Charts steht.«

»Aber hör auf, jetzt wieder mit Puff Daddy anzufangen«, versuchte Hemingway Brian schon im Vorhinein abzublocken.

»Nein, keine Angst«, entgegnete dieser, »ich mache doch keine Radioshow für Minderbemittelte.«

die
beach
boys
und
brian
wilson

Dann legte er die CD ein. Zuerst hörte Hemingway überhaupt nichts, dann rauschte es ein paar Sekunden gewaltig, schließlich jedoch setzte die Musik ein. Alles klang ein wenig wie aus einem Mono-Cassettenrecorder aus den sechziger Jahren. Aber die Musik war wirklich umwerfend, das musste auch Hemingway zugeben.

Und Brian schwärmte: »Ein Lied wie *Don't let her know she's an angel* ist immer noch unveröffentlicht. Das musst du dir einmal reinziehen. So viel Mist, der tagtäglich auf uns abgeladen wird. Und dann solch eine Perle … Aber fast bin ich froh darüber. Wenn mir nur Brian Wilson dabei nicht leidtun würde. Denn so besitze ich eine wirkliche Kostbarkeit. Schließlich gibt es von dieser CD sicherlich weltweit nur ein paar Tausend Stück. Aber eben nicht Hunderttausende oder Millionen, wie bei üblichen CDs. Und vor allem: Das ist kein glattes Konsumprodukt, das sich jeder Idiot kaufen kann. Denn was meinst du, was ich herumgelaufen bin, bis ich dieses Ding tatsächlich bekommen habe.«

»Fast wie eine blaue Mauritius, oder?«, scherzte Hemingway.

»Na vielleicht nicht ganz«, antwortete Brian, »aber zumindest fast. Auf jeden Fall jedoch nicht ganz so teuer.«

»Wie viele blaue Mauritius gab es eigentlich?«, fragte Hemingway jetzt zurück.

»Keine Ahnung«, antwortete Brian. »Wahrscheinlich nur eine Handvoll. Sonst wären sie sicherlich nicht so teuer geworden. Und trotzdem: Lieber so einen lebendigen Song in den Ohren als eine tote Briefmarke im Panzerschrank.«

»Aber die Briefmarke kann man immerhin teuer verkaufen«, entgegnete Hemingway.

»Logo, klar«, bestätigte Brian, »um dann mit dem ganzen Haufen Geld Platten zu kaufen.«

»Damit könntest du dann ja eine ganze Jahresproduktion aufkaufen«, merkte Hemingway an. »Doch wie viele Jahre würdest du brauchen, bis du die dann alle durchgehört hast. Und, meinst du, dass du dann noch Spaß daran hättest?«

»Wahrscheinlich nicht«, fand Brian.

»Ist ja bei Hemingway eigentlich auch nicht anders gewesen«, stimmte dessen Bewunderer zu. »Denn Hemingway hatte ja – nach einigen Schwierigkeiten beim Start – nachher Geld bis zum Abwinken, weil sich seine Bücher sehr gut verkauften. Und trotzdem konnte er das alles nur bedingt genießen, weil er eigentlich ein ganz anderes Thema hatte, nämlich wie der Mensch es bewerkstelligen kann, einerseits den Tod nicht zu verdrängen, andererseits sich durch ihn auch nicht zu einer lächerlichen Marionette degradieren zu lassen.

Wie der Fischer Santiago aus *Der alte Mann und das Meer*, der einen Riesenfisch fängt. Da der Fisch jedoch so groß war, dass er ihn nicht aus dem Wasser ziehen konnte, musste er ihn an der Seite seines Bootes festbinden und so nach Hause schleppen. Doch was er schließlich mitbringt, ist nur noch ein riesiges Skelett, da der Rest mittlerweile vollkommen von den Raubfischen abgenagt worden ist.

Aber Santiago ist nur auf den ersten Blick ein Verlierer. Auf den zweiten wird nämlich sofort klar, dass er damit nichts Geringeres geschafft hat, als seine eigene Existenz vor sich selbst zu rechtfertigen. Ja, dadurch hat er sich gewissermaßen mit seinem eigenen Schicksal versöhnt. Denn er weiß jetzt ganz genau, was er alles packen kann und wo die Grenze liegt. Wie es auch die Schlusspassage dieses Werkes verdeutlicht.«

Hemingway kramte aus seinem Bücherstapel das schmalste und kleinste von allen heraus und fing an zu lesen:

»Er träumte nicht mehr von Stürmen oder von Frauen, noch von großen Ereignissen, noch von großen Fischen, noch von Kämpfen und Kraftproben, noch von seiner Frau. Er träumte jetzt nur noch von Orten und Gegenden und von den Löwen am Ufer. Sie spielten wie junge Katzen in der Dämmerung, und er liebte sie, wie er den Jungen liebte.
Der alte Mann in seiner Hütte oben an der Straße schlief wieder. Er schlief immer noch mit dem Gesicht nach unten, und der Junge saß neben ihm und gab auf ihn acht. Der alte Mann schlief und träumte von den Löwen.«

Jetzt liefen Hemingway ein paar verstohlene Tränen die Wange hinunter. Aber Brian bemerkte sie nicht, sondern fragte: »Und die Exzesse von Papa Hemingway?«

Hemingway nahm sich auf der Stelle wieder zusammen und antwortete: »Gegenpole. Kleine und große Fluchten, um wenigstens manchmal dem Druck des Lebens ausweichen zu können.«

Das leuchtete Brian ein, weshalb er Hemingway auch lebhaft zustimmte: »Eigentlich sind mir solche Menschen auch viel lieber als die ganzen glatten Erfolgstypen.«

»Da hast du völlig Recht!«, entgegnete Hemingway. »Ich finde, zwischen uns existiert wirklich so etwas wie eine Seelenverwandtschaft.«

»Mit dieser Vorliebe für schwierige Existenzen sind wir aber sicherlich nicht gerade prädestiniert für große Börsengewinne«, wandte Brian jetzt ein.

»Warum eigentlich nicht?«, fragte Hemingway zurück.

»Na, das hast du doch sicherlich in den ganzen Börsenbüchern gelesen«, antwortete Brian. »Nur wer das Geld wahnsinnig begehrt, der zieht es auch magisch an sich. Wem jedoch andere Dinge viel wichtiger sind, der wird beim Geld wohl kaum große Erfolge haben.«

»Da hast du zwar Recht«, unterstützte ihn Hemingway, »andererseits aber sind doch gerade diejenigen an der Börse die Erfolgreichsten, die gegen den Strom schwimmen.«

»Das hast du doch vorhin in einem anderen Zusammenhang schon einmal gesagt«, erinnerte sich Brian: »Das war doch ein Buch. *Gegen den Strom* oder so. Von, wie hieß der Autor doch noch einmal?«

»Huysmans. H-u-y-s-m-a-n-s«, buchstabierte Hemingway.

»Moment mal, das kommt mir irgendwie bekannt vor«, hielt Brian inne.

»Gainsbourg«, gab ihm Hemingway jetzt zum Stichwort.

»Bitte?«, fragte Brian zurück.

»G-a-i-n-s-b-o-u-r-g«, antwortete Hemingway.

»Sea, Sex and Sun?«

»Na fast, aber viel tragischer. 1990, nachdem sie Serge Gainsbourg bereits mehr als die Hälfte der Leber herausgenommen hatten, hat er noch einmal eine Platte für seine Ex-Frau, Jane Birkin, gemacht, *Amour des Feintes*. Und da gibt es ein Lied, in dem auch des Esseintes, der Held aus Huysmans Buch vorkommt. Seitdem weiß ich übrigens erst, wie man diesen Namen richtig ausspricht.«

»Ist ja fast wie bei Houellebecq, wenn du bei diesem Kauderwelsch heraushören kannst, wen ich meine, Hem?« bemerkte Brian.

»Exakt«, bestätigte Hemingway, »auch bei dem weiß man nicht, wie er ausgesprochen wird. Aber egal, wie er sich ausspricht, er ist ein Arschloch. Das kann ich wenigstens aussprechen. Das hat er nämlich selbst gesagt.«

»Was?«, fragte Brian ungläubig zurück. »Das hat er selbst gesagt?«

»Doch«, antwortete Hemingway. »Es gibt von ihm einen Essay, der heißt *Jaques Prévert ist ein Arschloch*. Prévert ist ein französischer Dichter, aber das tut ja hier nichts zur Sache. Viel wichtiger ist: Da moderne Literatur stets selbstreflexiv ist, folgt, dass Houellebecq selbst ein Arschloch ist.

Dabei hat mich sein erster Roman wirklich begeistert. Er heißt *Ausweitung der Kampfzone*. Darin hat er eine ganz witzige Theorie entwickelt, nämlich dass unsere Gesellschaft von zwei Regulativen gesteuert wird: vom Geld und vom Sex. Und beides ist gleich ungerecht verteilt: Die meisten haben davon zu wenig, und einige leben in absurdem Überschuss. Im wahrsten Sinne des Wortes.«

»Recht hat er damit bestimmt«, erwiderte Brian. »Denn irgendwie dreht sich doch wirklich alles um die Frauen oder ums Geld.«

»Richtig«, bestätigte ihn Hemingway, »meistens jedoch, weil man beides nicht hat.«

»Wir sind eben wirklich arme Schlucker«, ergänzte Brian.

»Und trotzdem vielleicht viel glücklicher als die meisten reichen Säcke«, meinte Hemingway.

»Mal sehen, wie das ist«, überlegte daraufhin Brian, »wenn wir selbst mehr Kohle haben.«

»Tja, mal sehen, wie das ist«, erwiderte Hemingway.

Kapitel 16

Klick bloß weg den Mist!

Die Euridium AG

Brian setzte sich an den Computer, startete ihn, wählte seinen Provider an und schaute, ob er Post hatte. Er hatte.

»Meine Güte ist das eine lange Ladezeit«, bemerkte Hemingway, der sich schräg hinter ihn gesetzt hatte, um selbst auch auf den Bildschirm blicken zu können.

»Da muss mir jemand aber eine große Datei geschickt haben«, antwortete Brian. »Bin gespannt, was das ist.«

Endlich machte es »klick«, und als Adresse erschien: guido@artlover.com.

»Ah«, frohlockte er. »Soros der Zweite hat uns wieder etwas geschickt. Mal sehen, was das ist.«

Er doppelklickte auf die Mail, und es erschien folgender Text sowie eine beigefügte ziemlich große Datei.

E-Mail

Hallo Jeannette, hallo Jungs,
in Ergänzung zu unserem Treffen am gestrigen Abend habe ich hier noch eine aktuelle Sache, die ihr durchaus in eure Überlegungen einbeziehen solltet. Deswegen schicke ich euch in der Anlage den Verkaufsprospekt der Euridium AG. Vergleicht ihn doch einmal in Ruhe mit denen über diejenigen Unternehmen, die bereits an der Börse sind, und die ich euch gestern Abend mitgebracht habe. Denn Euridium ist meiner Ansicht nach mindestens (!) so chancenreich wie die anderen Unternehmen, weist diesen gegenüber jedoch eine große Besonderheit auf:

Euridium geht noch nicht sofort an die Börse, sondern gibt seine Aktien zunächst in Form eines ›Private Placement‹ heraus. Das bedeutet, dass die Aktien noch nicht öffentlich über die Börse verkauft, sondern zunächst einmal außerbörslich den Privatinvestoren angeboten werden. Dies hat zwei große und nicht zu unterschätzende Vorteile:

(1) Man kommt viel billiger an die Aktien heran.

(2) Die Aktien können in den zu erwartenden Kursturbulenzen nicht unter die Räder kommen.

But: Judge for yourself. Ihr müsst entscheiden. Für Rückfragen stehe ich jedoch jederzeit zur Verfügung.

»Die anderen Verkaufsprospekte von gestern Abend hat doch der Professor an sich genommen, oder?«, wollte Brian von Hemingway wissen. Beide schauten sich an, denn weder der eine noch der andere konnte sich daran erinnern, gestern beim Nachhausegehen einen oder mehrere Prospekte mitgenommen zu haben.

»Ich bin nun mit Sicherheit die schlechteste Quelle für derartige Informationen«, gab Hemingway zurück. »Aber klar, der Professor, wer sonst.«

»Ich schlage vor«, sagte Brian darauf, »dass ich erst einmal die Datei kopiere und dann an die anderen schicke. Wir können sie uns ja dann schon einmal anschauen. Und wenn die anderen am Montag wieder da sind, dann entscheiden wir endlich, was wir nun wirklich machen wollen.«

»Okay«, stimmte Hemingway zu.

Brian speicherte daraufhin die Datei »Euridium« zunächst in seinem Ordner »Börse«, kopierte anschließend den Text aus der Mail von Soros dem Zweiten und verschickte sodann an die anderen jeweils eine kurze Mail, in die er den Text von Soros dem Zweiten eingefügt und der er die Datei beigelegt hatte.

»Soll ich das auch an Hemingway schicken?«, fragte Brian.

»Ist wohl nicht nötig«, antwortete dieser. »Denn ich hab es dann ja schon bei dir gelesen. Und in meinem Computer ist genauso wenig Ordnung wie bei mir sonst zu Hause auch.«

Dann doppelklickte Brian auf die Datei »Euridium«, und dann war es da, das Bild:

E-Mail

EURIDIUM Aktiengesellschaft

Unvollständiger Verkaufsprospekt für:

bis zu Stück 200 000 auf den Inhaber lautende Stammaktien ohne Nennbetrag (Stückaktien) aus der am 14. Juli 2000 beschlossenen und baldmöglichst in das Handelsregister einzutragenden Kapitalerhöhung um 200 000 Euro,

Stück 90 000 auf den Inhaber lautende Stammaktien ohne Nennbetrag (Stückaktien) aus dem Eigentum der abgebenden Aktionäre,

jeweils mit einem derzeitigen rechnerischen Nennwert (auf eine Stückaktie anteilig entfallender Betrag am Grundkapital) von einem Euro und jeweils mit voller Gewinnanteilberechtigung für das Geschäftsjahr beginnend ab dem 1. Mai 2000

der EURIDIUM AG

Die Zeichnungsfrist läuft bis zum 30.08.2000. Der Vorstand ist berechtigt, die Zeichnungsfrist vorzeitig zu beenden. Mindestzeichnung sind 500 Stück.

Die Aktien werden nach Durchführung der Kapitalerhöhung verbrieft in einer Globalurkunde über 200 000 Stück (Nr. 400 001 – 600 000), und die Einbeziehung in den Handel an einer Wertpapierbörse wird beantragt.

Zusammenfassung des Prospekts

Die Firmenbezeichnung EURIDIUM steht als Synonym für die Synthese des Kontinents »Europa« mit dem chemischen Element »Iridium« aus der Gruppe der Platinmetalle, welches aufgrund seiner Härte und Widerstandsfähigkeit einen zentralen Platz in der gesamten Elektrotechnik einnimmt. In ihrem Hauptgeschäftsbereich befasst sich die Gesellschaft mit der Entwicklung von Kommunikationsplattformen, Marktplätzen, interaktiven Informations- und Unterhaltungsangeboten sowie Telekommunikations-Mehrwertdiensten innerhalb der neuen Medien, das heißt im Internet sowie zukünftig auch im interaktiven Fernsehen.

Aus den technologischen Entwicklungen innerhalb dieser multimedialen Projekte entwickelte das Unternehmen neben breit gefächertem Know-how auch zahlreiche Software-Lösungen, aus denen Produkte herausgelöst und getrennt vermarktet werden. Aufgrund der dynamischen Entwicklung der neuen Medien wird die Gesellschaft auch weiterhin innovative Produkte entwickeln und ihren Kunden anbieten.

EURIDIUM bedient heute von Deutschland aus über das Internet den gesamten Weltmarkt. EURIDIUM hat innerhalb kürzester Zeit zahlreiche Innovationen entwickelt. Im Unterschied zu überwiegend technologiegetriebenen Wettbewerbern kann EURIDIUM auf sein jahrelang aufgebautes Marketing- und Brandbuilding-Know-how zurückgreifen. Die Gesellschaft glaubt, dass ihr dies einen Wettbewerbsvorteil gegenüber technologieorientierten Konkurrenzanbietern eröffnet.

Die Entwicklungen von intelligenten und innovativen inhaltlichen und technischen Lösungen wird dabei vor allem von den Erfahrungen getrieben, die EURIDIUM aus dem Einsatz von neuen Medien in Marketing-Strategien für Weltunternehmen gewinnen konnte. Im zurückliegenden Geschäftsjahr 1999 belief sich der Umsatz der Gesellschaft auf 516 000 Mark. In dem Zeitraum vom 1. Januar bis zum 30. April 2000 belief sich der Umsatz der Gesellschaft bereits auf 310 000 Mark.

Das Ziel von EURIDIUM ist, die starke Marktposition als innovativer Anbieter von Kommunikations- und Handelsplattformen in den neuen Medien weiter auszubauen und an den prognostizierten Wachstumsraten des Internet- und des E-Commerce-Marktes zu partizipieren. Die Strategie zur Erreichung dieses Ziels umfasst folgende Komponenten:

- Ausbau der Marktposition und internationale Vermarktung unserer neuartigen Community-Plattform,
- interaktive Vernetzung der Plattform-Nutzer,
- zielgruppengenaues Marketing,
- nutzerorientierte Werbemaßnahmen, die eine Maximierung der Wirkung erlauben.

Damit wird beabsichtigt, die Marktposition dieses Online-Dienstes in Deutschland und anderen Ländern signifikant auszubauen. Hierzu strebt die Gesellschaft weltweit strategische Kooperationen mit Telekommunikationsunternehmen an, die sich zur Zeit noch nicht konkretisiert haben. Durch den Aufbau eines internationalen Partner-/Lizenznehmer-Netzwerks will die Gesellschaft mittelfristig ihre Community-Plattform in bestimmten Ländern lokal vermarkten bzw. von Lizenznehmern vermarkten lassen. Die Gesellschaft erwartet, dass sich durch diese aktive Vermarktung Synergien mit den anderen Geschäftsbereichen realisieren lassen.

Zusätzlich zu den bestehenden Kommunikationseinrichtungen der Community- Plattform wie E-Mail, Chat und Short Message Service auf Handys und Pagern strebt die Gesellschaft den konsequenten Ausbau mit weiteren Mehrwertdiensten an. Gegenwärtig betreut die Gesellschaft ihre internationalen Projekte, Produkte und Entwicklungen überwiegend von Deutschland aus. Nach Ansicht der Gesellschaft wird sich das Marktvolumen in allen Bereichen der neuen Medien in den kommenden fünf Jahren jährlich mehr als verdoppeln.

Um an diesem Wachstum zu partizipieren, ist es das Ziel der Gesellschaft, sich in den nächsten fünf Jahren am Markt als ein renommiertes, international operierendes New Media-Unternehmen weltweit zu etablieren. Hierzu sollen neben den bestehenden Niederlassungen in Deutschland weitere internationale Standorte eröffnet werden. Weiterhin sind Beteiligungen an New Media-Unternehmen weltweit angestrebt, um ein internationales Netzwerk aufzubauen, regionale Märkte besser bedienen zu können, neue internationale Kunden zu gewinnen sowie durch die Betreuung vor Ort bestehende Kundenbindungen langfristig zu vertiefen.

Einer der Erfolgsfaktoren von EURIDIUM besteht in der Entwicklung von kreativen Ideen und deren schneller und marktgerechter Umsetzung. EURIDIUM wird weiterhin Maßnahmen ergreifen, um sich dieses Kreativpotential zu sichern. Dazu gehören die Beibehaltung einer flexiblen Organisationsstruktur und die Bewahrung einer entsprechenden Kreativitätskultur, welche die Individualität der Mitarbeiter respektiert und kreative Freiräume lässt, um die Position als einer der Innovationsführer ausbauen und erhalten zu können. Im Zuge der Internationalisierung und der Eröffnung lokaler Standorte im Ausland sichert sich EURIDIUM den Zugriff auf ein größeres Angebot qualifizierter Mitarbeiter und kann dadurch auch künftig die Entwicklung und Anwendung innovativer Technologien sicherstellen.

Risikofaktoren

Anleger sollten bei der Entscheidung über einen Kauf von Aktien im Rahmen des Angebots die nachfolgenden besonderen Risikofaktoren, verbunden mit den anderen in diesem Prospekt enthaltenen Informationen, sorgfältig berücksichtigen.

(A) Allgemeine Risiken der Branche

(1) Wettbewerb um qualifizierte Mitarbeiter

Unternehmen, die, wie die Gesellschaft, Web-Seiten und Internet-Software sowie Online-Dienste entwickeln, benötigen hochqualifizierte Mitarbeiter (insbesondere Programmierer). Einer sehr hohen Nachfrage steht nur ein begrenztes Angebot an solchen spezialisierten Mitarbeitern gegenüber. Dementsprechend intensiv ist der Wettbewerb um diese Mitarbeiter. Verschärft wird der Wettbewerb auch dadurch, dass die oft kleinen und im Aufbau befindlichen Unternehmen in der Internet-Branche in Konkurrenz zu zahlungskräftigeren Großunternehmen stehen. Für Unternehmen in der Internet-Branche ist das Anwerben und Halten von hochqualifizierten Mitarbeitern aber von sehr großer Bedeutung für die Entwicklung neuer Produkte bzw. die Weiterentwicklung bestehender Produkte und damit für deren Wachstumsfähigkeit.

Sollte ein Unternehmen nicht in der Lage sein, hochqualifizierte Mitarbeiter anzuwerben oder zu halten, könnte dies einen erheblichen Einfluss auf die Geschäfts-, Finanz- und Ertragslage des Unternehmens haben und dessen Wachstum gefährden.

(2) Weiteres Wachstum des Internets

Der zukünftige Erfolg von Unternehmen, die, wie EURIDIUM, im Internet-Bereich tätig sind, hängt im Wesentlichen von dem weiteren Anstieg der Nutzung des Internets und des Webs ab. Zur Ausweitung des E-Commerce und der Gebühreneinnahmen für Online-Dienste sowie der Werbeumsätze im Internet ist es erforderlich, dass die hohen Wachstumsraten bei der Nutzung des Internets weiter anhalten. Dabei ist es auch wichtig, dass die Akzeptanz und Nachfrage bei E-Commerce und anderen Internet-Dienstleistungen weiter ansteigen.

Eine solche Entwicklung ist jedoch nicht sicher vorherzusagen. Aufgrund verschiedener mit dem Internet verbundener Risiken, wie z.B. mangelnde akzeptable Sicherheitstechnologien, mangelnde Benutzerfreundlichkeit, Überlastung des Netzes, unterschiedliche Service-Qualität, mangelnde Verfügbarkeit kostengünstiger Hochgeschwindigkeits-Dienste, unzureichender Aufbau der notwendigen Infrastruktur, umfassende Regulierung, Unsicherheiten in Bezug auf den Schutz des geistigen Eigentums bzw. der angemeldeten Domains und andere rechtliche Fragen sowie die rechtzeitige Entwicklung und Kommerzialisierung verbesserter Leistungen, könnte sich die allgemeine Akzeptanz des Internets verzögern. Ein Rückgang in der Wachstumsrate bei der Internetnutzung könnte nicht unerhebliche negative Auswirkungen auf die Geschäfts-, Finanz- und Ertragslage der Gesellschaft haben.

Nutzung des Internet
Viel Billger
Überlastung des Netzes
Kreative Ideen
Innovativ
Zukunftsweisend

(3) Rascher technologischer Wandel

Der Markt für die Produkte und Dienstleistungen der Gesellschaft ist gekennzeichnet von einem raschen Technologiewandel insbesondere bei Soft- und Hardware-Produkten, neuen Industriestandards, häufigen Ankündigungen neuer Produkte und Dienstleistungen sowie wechselnden Kundenanforderungen. Dementsprechend ist die Gesellschaft darauf angewiesen, die rasch wechselnden Technologien und Industriestandards zu adaptieren und ihre Produkte und Dienstleistungen den wechselnden Bedürfnissen der Kunden anzupassen. Die Integration neuer Technologien sowie die Weiterentwicklung der Produkte und Dienstleistungen entsprechend den Anforderungen der Kunden und der Industrie erfordert von der Gesellschaft erheblichen Kapitalbedarf und Personalaufwand.

Weiterhin birgt der rasche technologische Wandel das Risiko, dass die Folgen und Wirkungen der neuen Technologien nicht konkret abschätzbar sind. Es ist nicht sicher, dass die Gesellschaft in der Lage sein wird, ihre Produkte und Dienstleistungen rechtzeitig den sich wandelnden Anforderungen anzupassen. Eine Fehleinschätzung der Gesellschaft bei der Weiterentwicklung ihrer Produkte und Dienstleistungen im Hinblick auf neue Technologien und Kundenanforderungen könnte erhebliche negative Auswirkungen auf die Geschäfts-, Finanz- und Ertragslage der Gesellschaft haben.

(4) Staatliche Regulierung und rechtliche Unsicherheiten

Zunehmend werden Gesetze, Vorschriften und Richtlinien erlassen, die das Internet betreffen. Darüber hinaus erwägen eine Reihe von Regierungen und Behörden auf der ganzen Welt die Einführung weiterer gesetzlicher Regelungen. Gesetze, Vorschriften und Richtlinien im Hinblick auf das Internet wurden in bestimmten Ländern eingeführt, die sich auf die Verantwortlichkeit für dem Internet entnommene oder über das Internet übertragene Informationen, die Regulierung von Informationsgehalt, die Privatsphäre der Anwender und die Besteuerung beziehen, und weitere gesetzliche und regulative Initiativen werden in diesen Bereichen in anderen Ländern erwartet. Darüber hinaus wird wahrscheinlich die Qualität der im Internet angebotenen Produkte und Dienstleistungen in vielen Ländern der Regulierung unterliegen. Zudem ist die Anwendbarkeit bestehender Gesetze auf das Internet in Bezug auf Fragen wie geistiges Eigentum und Patentverletzung, Urheberrecht, Markenzeichen, Geschäftsgeheimnisse, Sittenwidrigkeit, Verleumdung, Verbraucherschutz, Arbeits- und Vertragsrecht und persönliche Privatsphäre unsicher und befindet sich im Fluss.

(B) EURIDIUM betreffende Risiken

(1) Abhängigkeit von Mitarbeitern in Schlüsselpositionen

Der wirtschaftliche Erfolg von EURIDIUM ist insbesondere auf die Marktkenntnis des Gründers und derzeitigen Vorstandsvorsitzenden der Gesellschaft sowie auf die Leistungen der Führungskräfte und der Mitarbeiter in Schlüsselpositionen zurückzuführen. Für den Fall des Ausscheidens einer oder mehrerer dieser Personen aus dem Unternehmen ist es nicht sicher, dass es EURIDIUM in einem angemessenen Zeitraum und zu marktgerechten Konditionen gelingen wird, für die sich stellenden Herausforderungen eine gleich qualifizierte Führungskraft anzuwerben. Aufgrund der Markeinführung neuer Produkte und der Weiterentwicklung dieser Produkte ist EURIDIUM davon abhängig, auch das übrige hochqualifizierte Personal halten und motivieren zu können. Der Verlust von Führungskräften oder von Mitarbeitern in Schlüsselpositionen könnte die Geschäfts-, Finanz- und Ertragslage von EURIDIUM wesentlich nachteilig beeinflussen. Der wirtschaftliche Erfolg von EURIDIUM ist insbesondere auf die Marktkenntnis des Gründers und derzeitigen Vorstandsvorsitzenden der Gesellschaft sowie auf die Leistungen der Führungskräfte und der Mitarbeiter in Schlüsselpositionen zurückzuführen. Für den Fall

»Komm, klick bloß weg den Mist«, fing Hemingway jetzt an, vehement zu protestieren. »Das ist ja ermüdend. Ich kann schlichtweg nicht mehr hinsehen.«

»Du hast Recht«, pflichtete ihm Brian bei. »Wer das alles liest und ernst nimmt, der kauft bestimmt keine Aktie mehr. Aber sicherlich machen die das nur zur Immunisierung. Denn wenn einmal wirklich etwas schief geht, dann können sie auf den Prospekt verweisen und sagen: ›Hier steht es doch. Also lasst uns gefälligst in Ruhe, denn wir haften für nichts.‹«

»Wahrscheinlich ist das wirklich so«, murmelte Hemingway.

»Ja, wahrscheinlich.«

KAPITEL 17

Die Fata Morgana und der Mühlstein

Wie aussagekräftig sind Verkaufsprospekte eigentlich?

Noch bis vor nicht allzu langer Zeit hatte Brian das Wort »wahrscheinlich« stets falsch geschrieben. Da er nämlich nicht an die Segnungen der Wahrscheinlichkeitsrechnung glaubte, versagte sich für ihn auch das Verständnis, das Wort »wahrscheinlich« als Zusammensetzung der Begriffe »wahr« und »scheinen« zu begreifen. Denn »wahrscheinlich« hieß ja nichts anderes, als dass eine Sache schien, wahr zu sein.

Für Brian hingegen konnte es so etwas eigentlich gar nicht geben. Denn entweder eine Sache war wahr oder sie war falsch. Und was nicht wahr war, musste folglich falsch sein. Aber Prozentsätze darüber anzugeben, wie es die Wahrscheinlichkeitsrechnung tat, ob etwas nun der Fall war, also »wahr« war oder nicht, das hielt er für ausgemachten Unsinn. Doch genau das beabsichtigte doch die Wahrscheinlichkeitslehre, an die er mithin nicht glauben konnte, und weshalb er folglich ganz intuitiv »wahrscheinlich« stets ohne »h« schrieb.

Jetzt jedoch versuchte er, einen Schritt weiter zu denken: Wenn man konsequent blieb und sich der Wahrscheinlichkeitsrechnung widersetzte, was konnte dann das Wort »Warscheinlichkeit« bedeuten? Eine Mischung aus »Erscheinung« und »Vergangenheit« vielleicht? Es war gewesen. Es hatte so ausgesehen, als ob. Es war »scheinlich«, leider jedoch eine Sinnestäuschung, eine Fata Morgana. Denn es gab niemals die Chance auf ein Eintreffen dessen, was hier widergespiegelt wurde. Alles »war« immer nur eine Erscheinung. Und wenn sie nicht so leichtgläubig gewesen wären, dann hätten sie das auch gemerkt.

Oder war alles vielmehr eine Frage der Erfahrung? Schließlich würde ein Wüstenbewohner doch bei der am Horizont erscheinenden Oase sicherlich sofort unterscheiden können, ob es sich bei dem Bild, welches sein Auge sah, um eine echte Wasserstelle oder nur um eine Spiegelung im Sand handelte. Doch das Greenhorn, der Wüstenneuling? Würde er nicht auf jeden Fall selbst im Trugbild die Erlösung vom Durst sehen und sofort losrennen, um möglichst schnell dort zu sein? Allerdings nur, um schließlich noch erschöpfter, noch durstiger und noch verzweifelter von der Täuschung seiner Sinne zurückgelassen zu werden.

Aber »Widerspiegelung«, war das nicht auch so ein Wort, mit dem er immer auf Kriegsfuß gestanden hatte? Denn »wider« hieß doch »entgegen« oder »gegen«. »Widerspiegelung«, korrekt geschrieben, war daher für ihn auch immer etwas Täuschendes. Ja, es erinnerte ihn eher an »widerrechtlich« als an die Spiegelung oder Darstellung eines wahren Sachverhaltes. »Widerrechtlich« aber ist »gegen« das Recht, also Unrecht. »Widerspiegelung« musste also allem Anschein nach auch »gegen« die Spiegelung sein, eine falsche Vorspiegelung der Tatsachen. Doch genau das bezeichnete dieser Begriff eben nicht!

Seine eigenen Assoziationen liefen mithin vollkommen anders, weshalb er eine den Tatsachen entsprechende wahre Darstellung von Fakten eigentlich immer als eine »Wiederspiegelung« verstand. Denn in jeder zutreffenden Beschreibung mussten die Tatsachen korrekt gespiegelt werden, sie mussten also erneut gespiegelt und somit »wiedergespiegelt« werden. Die deutsche Sprache führte einen also anscheinend oft aufs Glatteis. Denn plötzlich konnte anscheinend aus »Widerrecht« »wieder Recht«, vor allem jedoch aus »Widersinn« »wieder Sinn« werden. Wobei man sich natürlich fragen musste, was das wohl für ein Recht und für ein Sinn waren. Doch wenn schon die Sprache »Wahrheit« und »Falschheit«, »Sinn« und »Unsinn« sowie »Recht« und »Unrecht« durcheinander wirbelte, konnte man sich dann überhaupt noch darüber wundern, dass dies in der Wirklichkeit auch so war?

»Die sind ja wirklich wie Mühlsteine«, sagte der Professor am Montag gleich in der ersten Pause. »Diese Verkaufsprospekte sind tatsächlich nahezu vollkommen unverdauliches Zeug. Mein Gott, was da nicht alles drinsteht. Fehlt eigentlich nur die Warnung, dass die Aktien wertlos werden, falls uns der Himmel auf den Kopf fällt.« Der Professor hatte also tatsächlich die Verkaufsprospekte, die ihnen Soros der Zweite am Freitagabend mitgegeben hatte, an sich genommen und am Wochenende im Landhaus seiner Eltern bereits studiert. Jetzt holte er einen davon aus seiner Mappe, blätterte kurz darin und sagte dann: »Hier ist es. Hört mal zu:

> Weiterhin birgt der rasche technologische Wandel das Risiko, dass die Folgen und Wirkungen der neuen Technologien nicht konkret abschätzbar sind. Es ist nicht sicher, dass die Gesellschaft in der Lage sein wird, ihre Produkte und Dienstleistungen rechtzeitig den sich wandelnden Anforderungen anzupassen. Eine Fehleinschätzung der Gesellschaft bei der Weiterentwicklung ihrer Produkte und Dienstleistungen im Hinblick auf neue Technologien und Kundenanforderungen könnte erhebliche negative Auswirkungen auf die Geschäfts-, Finanz- und Ertragslage der Gesellschaft haben.«

»Moment, das kenne ich doch«, unterbrach ihn Brian. »Das klingt ja fast aufs Wort genauso wie das, was wir gestern in unserem Verkaufsprospekt gelesen haben.«

»Der neue Prospekt, den Soros der Zweite noch gemailt hat?«, fragte der Professor nach.

»Genau«, bestätigte Brian.

»Habe ich mir zwar noch nicht angeschaut, da wir gestern Abend erst spät nach Hause gekommen sind«, antwortete der Professor. »Aber das kann durchaus sein. Denn das Gleiche habe ich prinzipiell auch bei meinen drei Prospekten festgestellt: Die der Firma eigenen Risiken sind zwar in allen Prospekten unterschiedlich dargestellt, die allgemeinen Risiken der Branche, wenn es sich um die gleiche Branche handelt, jedoch nahezu identisch.«

»Ist ja wohl auch klar«, ergänzte Hemingway. »Denn wozu sollte man auch teure Juristen das extra noch einmal ausarbeiten lassen, wenn andere die selbe Arbeit bereits geleistet haben. Dann kupfere ich doch lieber ab, formuliere noch ein bisschen um, und fertig ist die Kiste.«

»Völlig richtig«, bestätigte der Professor.

»Und ich bin anscheinend die Einzige, die noch völlig im Mustopf steckt, oder?«, beschwerte sich jetzt Jeannette. Denn anscheinend hatte sie bisher als Einzige keinen Verkaufsprospekt gelesen, da der Professor alle Prospekte von Soros dem Zweiten mit ins Wochenende genommen

und sie außerdem aus Müdigkeit am Sonntagabend ihren Computer überhaupt nicht mehr eingeschaltet hatte.

»Jeannie im Mustopf, dass es so etwas tatsächlich gibt,« scherzte Hemingway, »aber tröste dich: Du bist sowieso immer unser Liebling.«

Doch Jeannette hielt dagegen, gab Hemingway einen Hieb mit ihrem Ellenbogen und antwortete: »Was umgekehrt aber nicht gilt!«

Der Professor ignorierte die Streiterei der beiden und fuhr fort zu dozieren:

» Es gibt in der Bundesrepublik ein Gesetz mit dem schönen Namen ›Wertpapier-Verkaufsprospektgesetz‹. Danach muss jeder, der hierzulande Wertpapiere öffentlich verkaufen will, einen Prospekt herausgeben, der diesem Gesetz Genüge tut. Genaueres wird dazu, glaube ich, in der entsprechenden Verordnung geregelt. Auf jeden Fall ist die Liste umfangreich. Und da diejenigen, die den Prospekt unterschreiben, also das Unternehmen und die begleitende Bank, dafür haften, dass der Prospekt ein wahres Bild der gegenwärtigen Verhältnisse liefert, schreiben sie natürlich alle möglichen Risiken hinein, um dann hinterher nicht dafür haften zu müssen. «

»Und weißt du, wofür sie dann überhaupt noch haftbar gemacht werden könnten?«, wollte Jeannette wissen.

»Na, ich denke für den Fall, dass falsche Zahlen genannt werden oder wichtige Dinge falsch dargestellt oder verschwiegen werden«, spekulierte der Professor.

»Letztlich ist das doch aber sowieso egal«, wandte sich Hemingway der Diskussion zu. »Wenn es erst einmal schief gegangen ist, wer wird es sich dann noch leisten können zu prozessieren? Denn das Unternehmen ist dann doch sowieso pleite – und Banken sind so aalglatt, dass man da sicherlich sowieso keine Chance hat.«

»Ist sicher richtig, was du sagst«, stimmte der Professor ihm zu, »aber dennoch betrachte ich es nicht als vergebene Zeit, das zu lesen. Denn es ist niemals schlecht, auch die Schwachpunkte eines Unternehmens zu kennen. Einfach deshalb, um schließlich nicht überrascht oder ahnungslos zu sein, wenn einer von ihnen zu Problemen führt. Denn wie hat der alte Kostolany immer so schön gesagt: ›Immer Angst haben, aber niemals erschrecken!‹«

»Okay, okay.«, Hemingway wurde jetzt langsam ungeduldig und hatte wenig Lust auf weitere Diskussionen. »Jetzt lasst uns doch endlich entscheiden, was wir nun mit unserem Geld machen wollen. Denn das ewige Warten macht mich noch völlig fertig. Hört ihr: Ich will jetzt endlich anfangen!«

»Können wir doch auch«, antwortete der Professor. »Dann treffen wir uns morgen Abend bei mir und dann tagen wir so lange, bis wir eine Entscheidung gefällt haben.«

»Einverstanden«, sagte Hemingway, »und wer bringt das Bier mit?« Als er sah, dass niemand reagierte, schaute er besorgt in die Runde und ergänzte: »Ich meine, ihr wollt doch nicht etwa ohne?«

»Nur keine Angst, Hem«, beruhigte ihn der Professor, »bisher haben wir das doch noch immer auf die Reihe bekommen. Und dann bringe ich zusätzlich auch gleich noch ein paar Börsenzeitschriften mit. Denn jetzt, wo wir genug Startkapital zusammen haben, können wir ja ruhig einmal ein paar Kosten machen.«

»Aber nicht, dass Hem dann plötzlich einen Freifahrtschein bekommt, unseren Einsatz durchzubringen«, warnte Jeannette halb im Scherz und halb aus echter Besorgnis. »Denn alles, was jetzt verprasst wird, das müssen wir hinterher doppelt mühsam zurückgewinnen.«

»Völlig richtig«, pflichtete ihr der Professor bei, »aber vor der Freude liegt immer der Schweiß – und ohne Investition keinen Preis.«

KAPITEL 18

Die Entscheidung fällt

Der Professor saß am Schreibtisch und hatte alle Börsenzeitschriften und Verkaufsprospekte vor sich ausgebreitet. Er schaute auf die Uhr. Es war erst kurz nach drei. Noch genug Zeit, sagte er sich, bis die anderen kommen. Denn er wollte noch einige konkrete Vorschläge ausarbeiten, die man dann diskutieren und anschließend zur Abstimmung bringen konnte. Er hatte nämlich wenig Lust darauf, das heutige Treffen zu einem Chaos ausufern zu lassen, indem wieder nur diskutiert wurde, ohne zu einem Ergebnis zu kommen.

Aber es war wirklich nicht leicht. Die Branchen der in Frage kommenden Unternehmen waren so schwer vergleichbar und die Bewertungen so uneinheitlich, dass man kaum ein klares Urteil abgeben konnte. Was hatte doch noch Soros der Zweite am letzten Freitag gesagt:

»Die größte Gefahr der gegenwärtigen Börsensituation ist die Tatsache, dass in den vergangenen Jahren eigentlich diejenigen am meisten Geld verdient haben, die am wenigsten nachgedacht haben. Denn wer sich mit traditionellen Bewertungsmethoden an den Neuen Markt herangemacht hat, der wird niemals auch nur eine Aktie dort gekauft haben. Oder sagen wir es anders: Von den richtigen Überfliegern wird er keinen gekauft und daher die dortigen Riesengewinne absolut verpasst haben. Natürlich gab es auch Einbrüche zu überstehen, wie beispielsweise im Herbst 1998 und auch im Herbst 1999. Aber dennoch: In den letzten Jahren haben diejenigen am besten abgeschnitten, die am naivsten und damit auch am dümmsten gewesen sind.

Und so etwas schreit nun fast nach einer Korrektur. Das heißt: Wenn man es aus der langfristigen historischen Perspektive betrachtet, dann ist der Markt erst dann wieder richtig bereinigt, wenn ein merklicher Anteil der Gewinner der letzten Jahre, wie beispielsweise die vielen neuen ›Gurus‹, tatsächlich Pleite gegangen ist. Noch konkreter: Erst dann, wenn die ganze ›Pusherei‹ immer wieder neuer Werte sowie die damit verbundene – sich wie eine Seuche ausbreitende – ›Börsenspielmanie‹ sich wieder gelegt hat, dann ist der Markt nach oben frei.

Das heißt: Es muss sich endlich wieder die Erkenntnis durchsetzen, dass die Bäume tatsächlich nicht in den Himmel wachsen können. Denn das ganze Gerede von der ›neuen Zeit‹ und den ›neuen Bewertungsregeln‹ ist bei näherem Hinsehen doch nichts als völliger Blödsinn: verbreitet von historisch Unbeleckten und aufgenommen von aktienmäßigen Analphabeten. Deswegen gleicht die gegenwärtige Situation auch sehr einem ›Tanz auf dem Vulkan‹. Und wer die Chance hat, sich vom Krater des Vulkans fernzuhalten, der sollte diese unbedingt nutzen!«

Der Professor blätterte in der Tabelle der Unternehmensbewertungen. Natürlich, so ganz von der Hand zu weisen war das natürlich nicht, was Soros der Zweite da gesagt hatte, dachte er. Denn die großen, weltweit orientierten Industrieunternehmen pendelten in ihrer Kurs-Gewinn-Bewertung historisch eigentlich immer zwischen zehn und 20, wobei sie jedoch stets ein Kurs-Umsatz-Verhältnis von kleiner als eins auswiesen. Und selbst wenn man für tolle Wachstumsunternehmen hierbei den doppelten oder dreifachen Wert erlaubte, dann kam man damit jedoch heutzutage schon längst nicht mehr hin.

So wiesen nämlich die Internetwerte derzeit im Durchschnitt ein KGV von deutlich über 100 und eine Umsatzbewertung über 20 aus, die Medienaktien ein KGV von knapp 100, die Telekommunikation, Software und Biotechnik von über 50 und nur die Halbleiter-, Informationstechnologiefirmen und Hardwareunternehmen waren mit 20 bis 30 noch einigermaßen moderat bewertet.

Schaute man sich dann jedoch die einzelnen Unternehmen der jeweiligen Sektoren einmal genauer an, dann wurde es, wie er fand, total verrückt. Denn bei der wilden Streuung von KGVs und KUVs musste er in der Tat eher an das Bleigießen zu Silvester denn an eine rationale Aktienbewertung durch den Markt denken. Kopfschüttelnd studierte er daher eine Tabelle, die ihm bei der Lektüre einer Börsenzeitschrift ins Auge gefallen war und die Kennzahlen für eine Reihe von Aktien enthielt:

Aktie	KGV (2000)	KGV (2001)	KUV (2000)	KUV (2001)
Alpha	77,26	30,91	7,88	4.61
Beta	239,33	115,81	15,08	7,77
Gamma	- 243,42	44,94	33,97	19,11
Delta	131,43	55,76	8,47	5,75
Epsilon	18,31	17,63	2,91	2,63
Zeta	52,00	20,00	1,26	0,96
Eta	- 840,00	168,00	16,11	8,59
Theta	- 2080,00	27,73	4,44	2,23
Jota	- 49,20	- 41,00	6,69	4,61
Kappa	122,41	64,55	4,02	2,87

Das Einzige, was aus allen diesen Zahlen wirklich herauszulesen war, war die universelle Annahme der Investoren, dass es allen Unternehmen in Zukunft wesentlich besser gehen würde, als dies gegenwärtig der Fall war. Denn nicht ein einziges Unternehmen wies ein im Zeitablauf steigendes KGV oder ein anwachsendes KUV auf.

Das bedeutete: Man war durchgängig der Meinung, dass bei allen Unternehmen sowohl die Gewinne als auch die Umsätze deutlich ansteigen – und so die am Kurs-Gewinn-Verhältnis (KGV) und Kurs-Umsatz-Verhältnis (KUV) gemessene Bewertung der Aktien immer günstiger werden würde. Oder andersherum ausgedrückt: Alle Kurse sollten für den Fall, dass sich die grundsätzlichen Bewertungsrelationen nicht deutlich verschieben würden, eigentlich nur noch nach oben laufen dürfen.

Der Professor stütze seinen Kopf auf den rechten Arm, dessen Ellenbogen er fest auf die Tischplatte gestellt hatte, und seufzte: Waren sie nicht eigentlich Idioten? Dass sie sich derart den Kopf darüber zerbrachen, welche Aktie oder welche Aktien sie kaufen wollten? Und nicht einfach blind drauflos gingen, wie es die Leute im Internet machten, deren Gerede er des öfteren in den verschiedenen »Boards« des Internets verfolgte. Aber nein, dachte er. Das geht zwar sicherlich so lange gut, wie die Börsentendenz steil nach oben gerichtet ist. Doch in schwierigen Börsenzeiten sind diese Aktienkäufer die ersten, die aus dem Markt gefegt werden.

Er schaltete den Computer ein, klickte sich ins Internet und begab sich sofort auf die Seite seines favorisierten Boards. Heute war wieder eine Aktie um über 10 Prozent gestiegen – und die Stimmen überschlugen sich förmlich, soweit dies in Schriftform allerdings überhaupt möglich war: So schrieb einer nämlich »Geeeeeeeeeeiiiiiiiiiiiiiiiiilllll«, der nächste »GoGoGoGoGoGoGoGo«, und wieder ein anderer »VVVVrrooooooooommmmmm«. Ein vierter hingegen fragte: »Warum geht es denn aufwärts, es gibt doch gar keine neuen Nachrichten?« und bekam als Antwort das, was man in diesen Fällen immer hörte: »Pläne nach oben korrigiert«, »Übernahme erwartet« oder sonst irgend etwas anderes, was der einzelne Investor sowieso nicht hinterfragen konnte, was aber jederzeit in der Lage war, eine Kaufeuphorie auszulösen.

Irgendwie erinnerte ihn das alles an die Werbung für die Ansagedienste mit den 0190-Telefonnummern, welche ihm stets ins Auge sprang, wenn er im Videotext des Fernsehens die Aktienkurse verfolgen wollte. Denn was stand da nicht alles für ein Zeugs: Ganz seriöse Werbung, die auf wirkliche Informationen hingewiesen hätte, gab es überhaupt nicht. Und auch halbseriöse Mitteilungen wie »Kursziel Amazon 140 $« waren ganz deutlich in der Minderzahl. Dafür überschlugen sich dann die Headlines in Superlativen wie »100 % Chance«, »Sensationelle Mitteilung« oder »Unfassbare Wahrheit«.

Und überall dazwischen blinkten die Worte »Eilmeldung«, ganz so, als ob es tatsächlich möglich wäre, durch – von anderen bereits weichgekochte – Informationen noch einen entscheidenden Vorsprung erlangen zu können. Und überhaupt: Wenn Wahrheiten tatsächlich »unfassbar« waren, dann konnte man sie weder aussprechen noch verstehen, dachte er. Wer es also tatsächlich schaffte, bereits in einer Überschrift, die nur aus zwei Worten bestand, einen logischen Widerspruch zu produzieren, dem konnte man doch in der Tat nun wirklich überhaupt nichts mehr glauben.

Unabhängig davon, dass die 0190-Nummern den Professor natürlich an ganz andere Dienste erinnerten, hätte er so einen Telefondienst niemals in Anspruch genommen. Denn 2,42 Mark pro Minute oder manchmal sogar 3,63 Mark schlugen ja wohl, wie er fand, dem Fass den Boden aus. Dabei hatte er einmal doch tatsächlich einen dieser, wie er immer sagte, »Telefonheinis« persönlich kennen gelernt. Das war bei einem Aktionstag an einer Börse gewesen, bei dem es dem Telefonheini, der eigentlich gar keinen Auftritt dort hatte, mit extrem lauter Stimme dennoch gelungen war, die Aufmerksamkeit vieler Zuhörer auf sich zu konzentrieren.

Dem Professor war es schon damals kalt den Rücken hinuntergelaufen ob des fanatischen Blickes dieses jungen Mannes, der im Hauptberuf Bäcker war. Und obwohl die Statur dieses Mannes nicht die geringste Ähnlichkeit aufwies, konnte er sich dennoch die ganze Zeit über nicht frei davon machen, dass ihm ständig Assoziationen zu dem weltbekannt gewordenen Anstreicher aus Braunau im Hirn herumjagten, der mit seinem Fanatismus, seinem Starrsinn und seiner Unbelehrbarkeit ein ganzes Land in den Ruin gestürzt hatte.

Eigentlich war der Vergleich abwegig, doch wenn Soros der Zweite tatsächlich Recht hatte, dann war es wirklich mehr als fahrlässig, jetzt mit reißerischen Sprüchen ahnungslose Leute, die jedoch die Schwäche besaßen, sich plakativen Schlagzeilen nicht entziehen zu können, in den Abgrund zu jagen – und dafür dann auch noch ein dickes »Fahrgeld« zu kassieren.

Wie wunderbar unterschied sich davon doch der schöne Humor der Lieblingsfigur des Professors im Internet, nämlich DonL, dessen Ausführungen er seit einiger Zeit regelmäßig von dessen Internetseite »www.geldmachtspass.de« abrief. Und da er gerne wieder einmal richtig lachen wollte, klickte er schnell noch auf dessen letzte Kolumne. Sie hieß »Mutti, Mutti, ich will aber nicht an den Neuen Markt!« und handelte von der augenblicklichen Situation im Neuemissionsgeschäft am Neuen Markt.

DonL zog in dieser Kolumne darüber her, dass die meisten Unternehmen zwar gar nicht wüssten, was sie mit dem beim Börsengang eingespielten Geld unternehmerisch überhaupt anfangen sollten, trotzdem jedoch täglich mit einer neuen Ad-hoc-Meldung herauskamen, um die Kursentwicklung ihrer eigenen Aktien zu befördern. Doch jetzt, wo alles plötzlich nicht mehr so lief, bekamen sie die Hosen voll und riefen: »Mutti, Mutti, ich will aber nicht an den Neuen Markt!«

Das war schon eine merkwürdige Übereinstimmung mit dem, was ihnen Soros der Zweite gesagt hatte, fand der Professor. Und je länger er an diesem Tag durch das Internet surfte, umso mehr Bestätigung fand er für diese eher pessimistische Sichtweise. Derart reifte dann auch sein Entschluss weiter, den er zwar noch nicht endgültig gefasst, jedoch bereits seit einiger Zeit schon sehr fest in seinem Hinterkopf verankert hatte.

Es war jetzt kurz nach halb sechs Uhr. Er hatte also noch eine knappe halbe Stunde Zeit, bis die anderen kommen würden. Und dann wollte er ihnen seinen Vorschlag präsentieren. Ja, so würde er sich entscheiden. Die anderen würden zwar erstaunt sein, aber er hielt es dennoch für den besten Vorschlag. Doch zunächst musste er seine Argumente noch ein wenig stärker untermauern.

Internet

Wall Street-Schlussbericht vom 07.08.2000, 22:30 Uhr:
Der amerikanische Aktienmarkt zeigte sich heute nach Bekanntgabe der neuesten Wirtschaftszahlen erneut sehr beunruhigt. Im Vorfeld der Offenmarktsitzung am kommenden Dienstag stand ganz besonders die Zinsfrage wieder im Zentrum der Aufmerksamkeit. Nach Händleraussagen ist es derzeit ungewiss, ob die US-Notenbank in nächster Zeit ihre zinspolitischen Maßnahmen weiterhin nach dem Fortgang der Wirtschaftsentwicklung ausrichten oder sich eher auf den Aktienmarkt fokussieren wird.
Der Dow Jones Index verlor ein knappes Prozent und notiert damit bereits deutlicher unter seinem absoluten Höchststand, als dies noch vor einem Monat erwartet wurde. Der Index der US-Technologiebörse Nasdaq hielt sich hingegen wesentlich besser. Wie Händler berichteten, sind hier weiterhin Umschichtungen von den Verlierern der letzten Wochen hin zu den Gewinnern im Gange.
Wie lange dieser Prozess jedoch noch anhalten könnte, darauf wolle sich zu diesem Zeitpunkt niemand festlegen, hörte man nicht nur aus Bankenkreisen. Denn auch andere Marktteilnehmer meinten: »Es ist derzeit äußerst schwer, eine Prognose abzugeben.«
Die Wall Street erwies sich überdies in der gesamten vergangenen Woche als gefangen von den internationalen Währungsturbulenzen. Denn der Präsident der japanischen Notenbank und sein US-Pendant bereiteten den Investoren Sorgen. Anlass hierfür waren zum einen das Verhältnis des Yen zum Dollar und zum anderen die Ängste der Marktteilnehmer vor einem Abzug der japanischen Guthaben von den amerikanischen Märkten.
Die Internet-Werte konnten jedoch trotz dieses negativ gestimmten Umfeldes ein Eigenleben entwickeln. Ursache hierfür ist unter anderem eine große Technologiekonferenz führender amerikanischer Brokerhäuser, welche am kommenden Donnerstag eröffnet wird. Bereits in den vergangenen Jahren bewegten sich die Werte im Vorfeld derartiger Ereignisse meist im positiven Terrain. So auch in der vergangenen Woche, als die Titel im Durchschnitt 3 Prozent zulegten.
Abendbericht der europäischen Märkte vom 08.08.2000, 17:30 Uhr:
Die europäischen Börsen schließen heute überwiegend im negativen Bereich. Lediglich die skandinavischen Märkte konnten sich etwas von

der nach unten gerichteten Tendenz abkoppeln. Der Grund für die gegenwärtige Abwärtsbewegung ist nach Aussagen von Marktteilnehmern in der erneut schwachen Eröffnung der US-Aktien und Kreditmärkte zu finden.

Neben der generellen Zinsunsicherheit schwebt auch noch der »Herbst-Mythos« über den Märkten. Rational sind die Sorgen um den vielzitierten Crash im Herbst sicherlich nicht zu erfassen, aber als psychologische Barriere sollte der Oktober nicht unterschätzt werden. »In diesem Umfeld«, sagte deshalb auch ein Händler, »will kein Anleger Risiken eingehen.«

Die Märkte dürften sich also auch weiterhin volatil präsentieren. Zudem könnten die anstehenden deutschen Konjunkturdaten die Nerven der Börsianer noch zusätzlich strapazieren. Im Hinblick auf die in dieser Woche anstehenden Daten rechnen Beobachter jedoch nicht damit, dass daraus bereits eine eindeutige Tendenz der weiteren Entwicklung ersichtlich wird.

Das sah also, fand der Professor, alles nicht unbedingt gut aus, und die Ansicht von Soros dem Zweiten wurde dadurch nur noch umso plausibler. Natürlich gab es Chancen, aber die Risiken schienen gegenwärtig wirklich immens zu sein. Andererseits fragte sich der Professor natürlich auch, ob man diesen unsäglichen Marktberichten eigentlich überhaupt irgendwelche Erklärungskraft beimessen sollte. Denn um zu erfahren, dass die Marktteilnehmer der Meinung sind, es sei gegenwärtig äußerst schwer, Prognosen abzugeben, dafür waren im Grunde die Leitungsgebühren viel zu schade.

»Irgendwie sind Prognosen nämlich immer schwer«, sagte der Professor zu sich selbst und dachte an den Erfinder der schönen Phrase, nach der das besonders dann zutrifft, wenn die Prognosen auf die Zukunft gerichtet sind. Zugleich musste er aber auch an die Reiseführer denken, auf die sich seine Eltern im Urlaub stets verließen. Hier wäre er jede Wette eingegangen, dass eine nicht geringe Zahl der Verfasser derartiger Bücher das entsprechende Land niemals wirklich bereist hatten. Schließlich war es doch tatsächlich viel bequemer und überdies billiger, alle bisher erschienenen Reiseführer auf den Schreibtisch zu legen und dann daraus einfach einen neuen zusammenzuschustern.

Und nicht anders schien es ihm auch bei den Schreibern von Finanzmarktberichten zu sein. Denn um zu schreiben, dass derzeit kein Anleger Risiken eingehen wolle und Prognosen deshalb äußerst schwierig waren, musste man wahrlich weder mit einem Händler noch mit einem Marktteilnehmer noch mit sonst jemanden überhaupt sprechen. Denn so etwas konnte man sich wirklich am schnellsten selbst einfallen lassen.

Während der Professor noch weiter über dieses Thema vor sich hin grübelte, klingelte es plötzlich an der Tür. »Ah, da sind sie!«, dachte er, loggte sich aus dem Internet aus und ging zur Tür. Und wie von Geisterhand bestimmt, standen gleich alle drei gemeinsam vor der Tür. »Drei Fliegen mit einer Klappe«, scherzte er denn auch, allerdings ohne diesen Worten auch nur die kleinste Bedeutung beizumessen, denn seine Gedanken waren immer noch bei dem anderen Thema.

Als alle schließlich im Zimmer des Professors versammelt waren, fragte ihn Jeannette: »Sag mal, Professor, habe ich einen Knick in der Optik, oder hängt bei euch tatsächlich ein Hufeisen über der Tür? Das ist doch ein Zeichen des Aberglaubens – und so etwas bei euch Wissenschaftsmenschen?«

»Stimmt«, antwortete der Professor, »das hängt über der Tür.«

»Aber ist das nicht ein Widerspruch?«, hakte Jeannette noch einmal nach.

»Widerspruch?«, fragte der Professor zurück. »Ein Widerspruch wozu und weshalb?«

»Na, ein Widerspruch zum Glauben an Mathematik und Naturwissenschaft, den ja deine Eltern wohl genauso vertreten wie du«, verdeutlichte Jeannette.

»Auf den ersten Blick könntest du Recht haben«, bekannte der Professor, »aber mein Alter sagt immer, er hätte gehört, dass ein Hufeisen auch dann helfen soll, wenn man nicht daran glaubt.«

»Aber keine philosophischen Diskussionen jetzt«, schaltete sich Brian sofort ein, »denn heute wollen wir doch nun wirklich und endlich eine Entscheidung treffen.«

»Keine Angst, es geht gleich los«, pflichtete der Professor ihm bei, denn gerade das lag ja in seinem ureigensten Interesse, weshalb er auch sofort auf den Punkt kam und in die Runde fragte: »Habt ihr euch denn alle wenigstens schon einige konkrete Vorschläge überlegt?«

Als die anderen betreten schwiegen, entschloss er sich, schnell vorzupreschen und die Bombe zu zünden. Dazu richtete er sich so weit auf, dass er mit völlig geradem Rücken auf seinem Stuhl saß, holte tief Luft und sagte im Brustton der Überzeugung:

»Ich plädiere für Euridium!«

Die anderen schauten sich ratlos an. Es herrschte Stille, und aus den Augen von Brian, Jeannette und Hemingway war nichts anderes als eine völlige Verunsicherung abzulesen. Und dann schienen alle beinahe gleichzeitig die selbe Frage zu stellen: Euridium? Wirklich gerade Euridium? Eine nicht oder zumindest noch nicht börsennotierte Gesellschaft. Und dafür sollten sie nun alle ihre Auseinandersetzungen mit der Börse getrieben haben, um dann eine Gesellschaft zu kaufen, die überhaupt nicht an der Börse gehandelt wurde?

Doch der Professor gönnte ihnen keine weitere Überlegungspause, sondern setzte sogleich erneut zu reden an. Was dabei schließlich herauskam, wirkte einerseits wie eine »Moralpredigt« für alle Börsianer des angehenden dritten Milleniums und handelte dabei andererseits trotzdem von den mittlerweile Jahrtausende alten Werten der Logik:

»Erstens: Die Aktien an der Börse sind derzeit sehr stolz bewertet. Das KGV liegt auf Basis des nächsten Jahres bei deutlich über 20 und für die Technologiewerte am Neuen Markt sogar bei über 50. Im historischen Vergleich der letzten 100 Jahre waren hier jedoch eher 10 bis 20 die Regel.

Zweitens: Gerechtfertigt wird dies gemeinhin damit, dass aufgrund der technologischen Entwicklung ab sofort neue Bewertungsregeln gelten. Konzepte wie das ›dynamische KGV‹, welches das normale KGV zu der jährlichen Wachstumsrate der Unternehmen in Beziehung setzt, sind zwar akademisch plausibel, historisch jedoch eine Abnormität. Denn, wie Soros der Zweite bereits gesagt hat, in den letzten 100 Jahren hat keine technologische Entwicklung zu einer generellen Neubewertung des Aktienvermögens geführt.

Nach diesem neuen Konzept des dynamischen KGV wäre also eine Aktie dann nicht zu teuer, wenn das normale KGV die jährliche Wachstumsrate nicht übersteigt. Das heißt: Alle Aktien mit einem dynamischen KGV unter eins wären danach moderat bewertet, weil bei ihnen das Wachstum größer ist als die KGV-Bewertung. Aber: Vergesst es!

Zu diesem Kontext habe ich übrigens gerade noch ein aktuelles Beispiel im Netz gelesen: In den zwanziger Jahren breitete sich in allen Haushalten der westlichen Industrienationen mit der gleichen Heftigkeit das Radio aus, wie es heute mit dem Internet der Fall ist – und hat dabei in ganz ähnlicher Weise das Leben der Menschen in vielen Teilbereichen so grundlegend verändert, wie das zukünftig durch das Internet zu erwarten ist. Folglich waren

die Aktien der Radiounternehmen zu dieser Zeit natürlich auch die absoluten Lieblinge an der Wall Street. Besonders in Mode war die Aktie von RCA, die im Volksmund aufgrund ihrer guten Positionierung in diesem Bereich nur noch ›Radio‹ genannt wurde. Doch dann kam der Crash – und der Kurs von RCA fiel in den Folgejahren um sage und schreibe 98 Prozent zurück.

Und wie ist es heute? Priceline.com, die unter anderem Flugtickets über das Internet verkaufen, sind derzeit mehr wert als die Fluglinien Delta Airline, United Airline, USAir, Alaska Air und Continental Airlines zusammen. Das heißt also: Der Schwanz, der eigentlich nur für das Gleichgewichtsgefühl des Hundes wichtig ist, wiegt derzeit mehr als der gesamte Hund.

Drittens: Es muss daher durchaus damit gerechnet werden, dass sich das Bewertungsniveau aller aufgeblasenen High-Tech- oder Internet-Aktien demnächst erheblich ändern wird. Und zwar in Richtung Süden. Aber nicht dahin, wo es warm ist, sondern dahin, wo die Preise im Keller sind.

Viertens: Und dennoch liegt die Zukunft in diesem Medium! Das ist der große Widerspruch!

Fünftens: Es gibt prinzipiell zwei Wege, diesen Widerspruch zu lösen und diesen gordischen Knoten zu durchschlagen: Man könnte abwarten, bis ein Crash die Bewertungen wieder auf ein Normalmaß heruntergestutzt hat. Dabei jedoch geht man das Risiko ein, dass man sich geirrt hat, der Höhenflug gerade der Technologieaktien noch 10 bis 20 Jahre weitergeht und man derart günstig nie mehr in den Markt hineinkommt.

Sechstens: Viel besser wäre es daher, eine Aktie zu besitzen, welche die folgenden drei Kriterien erfüllt: Erstens muss das Unternehmen in einem extrem zukunftsweisenden Wirtschaftsbereich tätig sein. Zweitens darf sie nicht zu hoch bewertet sein, und drittens muss sie sich als vergleichsweise resistent gegenüber einem möglichen Zusammenbruch der Kurse erweisen.

Siebtens: Genau diese Firma habe ich gefunden. Es ist Euridium. Denn Euridium besitzt erstens eine vollkommen neuartige Community-Plattform, ist zweitens mit einem KGV von 6,8 fürs nächste und nur noch von 3,3 fürs übernächste Jahr sehr moderat bewertet und hat drittens überdies noch den folgenden Vorteil: Wer keinen Schwanz hat, dem kann man diesen auch weder abschneiden noch kupieren. «

Das waren nun in der Tat so ungewöhnliche Worte, welche der Professor gerade zum Schluss von sich gegeben hatte, dass die anderen zunächst verblüfft schwiegen. Dann jedoch brach Hemingway die Stille und fragte den Professor:

»Die letzte Bemerkung bezog sich wohl darauf, dass dann, wenn von einer Aktie der Kurs nicht notiert wird, er zwangsläufig auch nicht fallen kann, oder?«

»Genau das meine ich«, bestätigte der Professor, »aber manchmal gehen eben auch mit mir die Pferde durch. Und das ist wohl immer dann der Fall, wenn sich so etwas Geniales ergibt wie eben.«

»Was meinst du mit ›genial‹?«, fragte Hemingway zurück.

»Na, die Entscheidung für Euridium. Hier passt doch wirklich alles. Das ist wie ein Ritt mit dem Snowboard im Tiefschnee, wenn noch keine Spur gezogen ist und man selbst die ideale Linie findet. Dann fühlt man sich plötzlich in völliger Harmonie mit der Welt und mit dem Leben.«

»Und so fühlst du dich jetzt?«, Hemingway war immer noch etwas unsicher ob des Professors Statement.

»Ein bisschen übertrieben habe ich mit dem Gefühl jetzt eben schon, zugegeben. Aber andererseits fände ich diese Entscheidung tatsächlich optimal.«

Jetzt mischte sich Brian in die Diskussion ein und sagte: »Bei aller Begeisterung, Professore. Haben wir neulich nicht erst herausgearbeitet, dass es die Aufgabe der Börse ist, illiquide Investitionen für den Einzelnen wieder liquide zu machen? Soll heißen: Nicht an der Börse notierte Aktien sind illiquide. Wenn wir also eine Aktie außerbörslich kaufen, dann können wir sie später auch nur außerbörslich wieder verkaufen.«

»Genau«, pflichtete ihm Hemingway bei, »bei Euridium sitzen wir doch wie die Maus in der Falle. Denn wenn wir dann einmal wieder verkaufen wollen und niemanden finden, was machen wir dann?«

»Dann können wir nur eines machen, nämlich ein dummes Gesicht«, antwortete Jeannette schlagfertig.

»In gewisser Weise ist das ja richtig, was ihr sagt«, stimmte der Professor seinen Kritikern zu. »Allerdings gilt das nur für den Anfang. Denn wenn ihr den Prospekt aufmerksam gelesen hättet, dann wüsstet ihr, dass recht bald der Antrag zur Einbeziehung in den Börsenhandel gestellt werden soll.«

»Und wie lange kann das dauern?«, fragte Hemingway zurück.

»Keine Ahnung«, entgegnete der Professor, »aber Jahre wird es sicherlich nicht dauern.«

»Aber sicher ist das nicht, oder?«

»Was ist schon sicher an der Börse?«

»Okay, an der Börse ist nichts sicher. Aber wenn schon dort nichts sicher ist, dann ist es doch außerhalb der Börse noch viel unsicherer?«

»Was kann denn noch unsicherer als unsicher sein?«, antwortete der Professor mit einer Gegenfrage.

»Aber macht euch das nicht stutzig«, fragte Brian dazwischen und unterbrach diesen kleinen Disput, »dass in dem Verkaufsprospekt von Euridium selbst keine Zahlen über die zukünftige Unternehmensentwicklung stehen, sondern diese erst der angehängten ›Studie‹ zu entnehmen sind? Ist da nicht etwas faul?«

»Nein keineswegs«, berichtigte ihn der Professor. »Das ist bei jedem Unternehmen so und liegt daran, dass die Emittenten, also die Herausgeber der Aktien, zwar für die Angaben im Prospekt haften, nicht jedoch für die in der Emissionsstudie. Deswegen erscheinen auch sämtliche Prognosezahlen ausschließlich nur in der Studie, da anderenfalls die Aktionäre die Emittenten in Regress nehmen könnten, wenn die Zahlen nicht eingehalten werden würden. Aber das, da kannst du wirklich ganz sicher sein, ist tatsächlich bei allen Unternehmen und Prospekten gleich.«

»Und sind die Zahlen in der Emissionsstudie denn wirklich so toll?«, fragte Jeannette nach. »Ich habe sie ja bisher noch nicht gesehen.«

»Na, seht sie euch selbst an«, sagte der Professor, ging zu seinem Schreibtisch und holte den Computerausdruck, den er von der Mail gemacht hatte, die Brian an ihn weitergeleitet hatte. »Hier.« Er deutete mit dem Finger auf eine kleine Tabelle.

	2000	2001	2002
Umsatz (Tsd. Euro)	965	2650	5035
Ergebnis der gewöhnlichen Geschäftstätigkeit	23	900	1912
Jahresüberschuss	– 135	432	876
Gewinn je Aktie (Euro)	neg.	0,72	1,46
KGV bei Emissionskurs 4,90 Euro	neg.	6,8	3,3

Diese Tabelle gab der Begeisterung des Professors einen weiteren Schub. »Überlegt euch doch einmal«, sagte er daher, »wo ihr heutzutage einen Internet-Wert herbekommt, der auf Basis des nächsten Jahres ein KGV von nur 6,8 hat? Könnt ihr euch noch erinnern an die Aufstellung, die wir neulich gelesen haben? Sie hat gezeigt, dass die durchschnittliche Bewertung der börsennotierten Internet-Werte gegenwärtig deutlich über dem Hundertfachen der zukünftigen Gewinne liegt. Nehmen wir hier der Einfachheit halber nur einmal ein durchschnittliches KGV von 120 an. Und nehmen wir zusätzlich an, was allerdings sehr unwahrscheinlich ist, dass die Wirklichkeit noch einmal doppelt so toll wird wie die Prognosen. Dann würde sich das KGV für das Jahr 2001 also bei 60 darstellen. Die durchschnittliche Internet-Aktie ist aber selbst dann noch zehnmal so teuer wie unsere Euridium.«

»Das hieße dann doch aber«, folgerte Hemingway, »dass Euridium nach seiner Börseneinführung auf fast 50 Euro steigen könnte, ja eigentlich sogar müsste. Denn schließlich verlangt ein effizienter Markt, dass alle gleichartigen Unternehmen auch irgendwie gleichartig bewertet werden. Dann hätten wir also aus knappen 20000 Mark exakt 200000 Mark gemacht.«

»50000 Mark für jeden also«, frohlockte jetzt auch Brian. »Davon können wir dann wirklich jederzeit locker die 5000 Mark inklusive Zinsen an unsere Eltern zurückzahlen, und es verbleibt ein Reingewinn von schlappen 45000 Mark!«

»Genau«, bestätigte Hemingway, »das ist dann ein neunfacher Hebel. Es lebe der Leverage-Effekt!«

»Vielleicht nicht ganz«, bremste jetzt der Professor, »denn wenn die Internet-Aktien, wie von mir erwartet, demnächst in einen heftigen Kursstrudel hineingeraten, dann könnte sich die Bewertung natürlich durchaus halbieren. Aber auch ein KGV-Niveau von etwa 30 würde auf Basis des jetzigen Einstandes immer noch fast eine Verfünffachung der Aktie bedeuten.«

Brian und Hemingway nickten zustimmend. Nur Jeannette wollte sich der Euphorie noch nicht so recht anschließen und sagte: »Was meint ihr, warum die ihre Aktien so billig weggeben, wenn sie sie eigentlich viel teurer verkaufen könnten?«

»Können sie eben nicht«, antwortete der Professor, »weil sie nämlich noch nicht börsennotiert sind. Und wer nicht börsennotiert ist, der kann auch keine Börsenpreise nehmen, sondern muss sich mit weniger zufrieden geben. Ja, der muss sich für weniger verkaufen. Schau dir doch nur einmal an, mit welcher Aggressivität die Unternehmen, die schon am Neuen Markt notieren, jetzt andere Firmen für wenig Geld aufkaufen. Die haben ihr Geld für das vielleicht Dreißig- bis Fünfzigfache ihres Jahresgewinns an der Börse eingeworben und kaufen damit die anderen für höchstens das Sechs- bis Zehnfache des Gewinns ein. Ist doch auch völlig easy: Wenn ich für jede Mark Gewinn von morgen schon heute einen Fünfzigmarkschein bekomme, warum soll ich dann nicht davon die eine oder andere Mark dazu verwenden, mir andere Firmen zu kaufen? Und nichts anderes machen wir jetzt eben auch!«

»Gut und schön«, sagte Jeannette, die allerdings noch nicht geneigt war, klein beizugeben. »Aber irgendwann wird ja auch einmal abgerechnet. Und wenn man dann zwar billig Firmen gekauft hat, diese sich jedoch nicht als sehr gewinnträchtig erweisen, dann war das ein Schuss in den Ofen. Oder siehst du das anders, Professore?«

»Vorsicht, holde Dame«, entgegnete der Professor, welcher derartige Rechenbeispiele natürlich durchaus als ein Heimspiel empfand. »Wenn ich, um einmal ein Extrembeispiel zu nennen, selbst für das Fünfzigfache meines Gewinns Geld hereinbekomme und dafür eine Firma für das Fünffache des Gewinnes kaufe, dann könnte deren Gewinn sich ruhig zehnteln, also um 90 Prozent zurückgehen, und dennoch wäre diese Firma – bezogen auf meinen Einsatz – immer noch genauso profitabel, wie mein eigenes Geschäft es in Relation zu meinem Aktienkurs ist.«

»Das kann ich jetzt auf die Schnelle nicht nachvollziehen«, entschuldigte sich Jeannette. »Aber meine Bedenken liegen ja auch noch ganz woanders: Warum nämlich, so frage ich, hat dann Euridium bisher nicht selbst seine Börsenzulassung erreicht?«

Das war nun natürlich sowohl eine interessante als auch eine geschickte Frage. Doch auch hierauf hatte der Professor prompt eine passende Antwort: »Der Free-Float von 290000 Aktien wäre zu gering, um einen ordnungsgemäßen Börsenhandel bewerkstelligen zu können«, antwortete er. »So eine kleine AG wird kein Börsenmakler als Handelsobjekt annehmen. 500000 Aktien müssten es mindestens sein, die an der Börse platziert werden und somit umlaufen. Denn ansonsten sind die Kursausschläge zu groß, weil der Markt zu wenig liquide ist.«

»Und warum geben sie dann nicht einfach mehr Aktien heraus?«, blieb Jeannette hartnäckig.

»Na, weil sie dann die Mehrheit in ihrer eigenen AG verlieren würden«, antwortete der Professor.

»Und die sagenumwogenen Gutachten, mit denen die Firmen sich selbst aufblasen, von denen uns Soros der Zweite so viel erzählt hat?«, wollte Jeannette jetzt wissen.

Doch selbst hierauf wusste der Professor eine Antwort: »Es muss ja schließlich nicht jeder falsche Tatsachen vorspiegeln. Außerdem haben sie das ja vielleicht sogar schon gemacht. Viele Gesellschaften nehmen dann im Übrigen auch zusätzlich noch ›Venture-Capital-Gesellschaften‹, also Finanzierungsgesellschaften für junge Unternehmen, herein, um die letzte Durststrecke durchzustehen und die nötige Größe für den Börsengang zu erlangen. Und hier sind nun eben wir, die Privatanleger, die ›Venture-Capital-Gesellschaft‹.«

Es war wirklich erstaunlich, mit welchem Fachwissen ihr Freund hier auftrumpfte. So empfanden es jedenfalls Jeannette, Brian und Hemingway. Sie kannten zwar bereits sein Interesse und seine Begabung für die Mathematik, aber mittlerweile schien er tatsächlich nebenbei auch noch ein echter Aktienspezialist geworden zu sein. Doch woher stammte dieses ganze Wissen eigentlich? Oder gab es hier vielleicht sogar eine Beziehung zu ihrer Dauerdiskussion über das »Für« und das »Wider« der generellen Entscheidungsfreiheit des Menschen, die sie im Zusammenhang mit ihrem Aktienengagement schon so oft gewälzt hatten?

Eines war auf jeden Fall nicht zu bestreiten: Sie alle drei, also Jeannette, Brian und Hemingway, waren an diesem Tag ohne eine definitive Anlageentscheidung zum Professor gekommen. Sie wollten darüber diskutieren und hatten allenfalls einen noch sehr unklaren Gedanken im Hinterkopf, der jedoch lautete, möglicherweise alles zu kaufen, nur nicht diese nicht börsennotierte AG. Nun jedoch registrierten sie zu ihrem eigenen Erstaunen, wie sich ihr Wille im Verlaufe von nur einer halben Stunde nahezu vollständig um die eigene Achse gedreht hatte.

Doch wie war es dazu eigentlich gekommen? Hatte der Professor ihren Willen beeinflusst, oder war es ihre eigene Entscheidung gewesen, das heißt, hatten sie sich freiwillig für seine überzeugenden Argumente entschieden? Sie alle fühlten auf jeden Fall zum Schluss das Gleiche: Sie hatten eine gemeinsame Entscheidung getroffen, zu der sie alle gleichermaßen standen und bei der sie ausnahmslos ein gutes Gefühl hatten.

Doch entsprach diese »Innensicht« eigentlich tatsächlich der Wahrheit? Hatten sie hierbei gleichsam ein »scharfes« Bild von sich selbst? Oder spielten hier vielleicht ganz andere Dinge eine viel entscheidendere

Rolle? Und vor allem: Warum hatte gerade das einzige Mädchen in der Gruppe am längsten ein sehr komisches Gefühl bei dieser Sache gehabt?

Natürlich konnte man sich andererseits stets auch etwas vormachen – und schließlich sogar selbst daran glauben. Ganz so, wie in dem berühmten Beispiel mit dem Fuchs, der versucht, die Trauben vom Rebstock zu ernten, sie jedoch nicht erreichen kann – und sich dann mit dem Ausruf tröstet: »Eigentlich ist es ja auch gar nicht schlimm, denn die Trauben sind sowieso bestimmt viel zu sauer.«

Wobei dann jedoch immer noch die große Frage offen blieb: Wollen Füchse eigentlich wirklich Trauben essen?

Kapitel 19

Euridium trotzt den Stürmen

Brian saß in seinem Lieblingssessel und las in einem der letzten Bücher des verstorbenen Börsenmeisters André Kostolany. Von Zeit zu Zeit schaute er auf und unterbrach für einige Sekunden das Lesen. Denn er liebte es, zu beobachten, wie die dichten Schneeflocken an der Fensterscheibe hinuntertänzelten und sich schließlich wie ein dicker Watteteppich auf die Natur legten. Man solle Aktien kaufen, hatte Kostolany immer wieder geraten, dann in die Apotheke gehen, sich ein Schlafmittel kaufen, es einnehmen und dann schlafen. Und wenn man schließlich nach ein paar Jahren wieder aufwachen würde, dann, so Kostolany, würde eine wunderbare Überraschung auf einen warten.

Der Rat mit den Aktien war ja gut, dachte Brian. Aber das mit den Schlaftabletten hatten sie natürlich nicht gemacht. Denn schließlich wollten sie ja miterleben, was sich gerade tat.

Und dabei ohne Bewusstsein zu sein, dachte Brian, das wäre ja gewesen, als ob man zum schönsten anstehenden Liebesabenteuer seinen besten Freund geschickt und ihn hinterher hätte berichten lassen, wie es denn gewesen war. Nein, nein, selbst dabei zu sein und dabei auch noch stets die Augen offen zu halten, das war allemal das beste Rezept, fand Brian. Denn wie sollte man ansonsten später einmal von seinen Erlebnissen erzählen, wenn man sie eigentlich gar nicht selbst erlebt hatte?

Gleiches galt im Übrigen auch für das eigene Investment der Clique, bei dem die Schlaftabletten bisher nicht nur völlig überflüssig gewesen wären, sondern zudem auch noch gehörig den Spaß verdorben hätten.

Denn vom ersten Tag an lief alles fast genauso, wie der Professor es in seinem Plädoyer dargestellt hatte. Ja, es sah fast so aus, als ob der Professor tatsächlich eine prophetische Gabe besaß. Denn nicht lange, nachdem sie damals ihre endgültige Anlageentscheidung gefällt hatten, passierte genau das, was alle immer befürchtet hatten, aber niemand sich tatsächlich so recht zu denken getraut hatte: Der erste richtige Crash seit langer, langer Zeit spulte sich ab wie das Laufwerk einer Uhr – langsam, aber mit einer unausweichlichen Gewissheit.

Wie ein Rasenmäher war er durch die Börse gerauscht und hatte alle Bewertungen, die über die Masse der Kurse hinausragten, mit der Logik eines Rasiermessers wieder zurückgestutzt. Die weltweiten Vermögensverluste beliefen sich dabei auf mehrere 100 Milliarden Dollar, wenn denn diese Summe überhaupt ausreichte. Und sie? Sie hatten mit fassungslosem Entsetzen zugeschaut, wie die Kurse in nahezu freiem Fall nach unten jagten, und sich dabei stets ausgemalt, wie es gewesen wäre, wenn sie sich damals bei ihrem eigenen Engagement anders entschieden hätten.

Denn gerade die Internet-Werte waren von diesem Donnerwetter am meisten getroffen worden. Hier hatten sie ja schon einkalkuliert, dass deren hohes Bewertungsniveau mindestens halbiert oder geviertelt werden würde. Und dies war dann auch tatsächlich eingetreten, allerdings fanden die meisten Aktien auch auf diesem Niveau keinen Halt und sausten noch deutlich weiter in die Tiefe. Doch Euridium überstand das alles wie weiland Dornröschen den hundertjährigen Schlaf: eingesperrt und überwuchert in einem uneinnehmbaren Schloss. Schließlich notierte die Aktie nicht an der Börse und konnte deshalb auch, ganz wie der Professor es vorausgesehen hatte, im Zuge eines allgemeinen Kurssturzes nicht nachgeben.

Daher fühlten sich die vier Jungaktionäre auch sehr komfortabel mit ihrem Engagement. Kurz vor einem derartigen Gewitter mit allen Mäusen das Haus verlassen zu haben – und dann trotzdem nicht nass geworden zu sein, das sollte ihnen erst einmal jemand nachmachen. Zudem waren sie mittlerweile alle richtige Freaks der Homepage von Euridium, www.euridium.de, geworden. Denn Euridiums neue Internet-Community-Plattform »Eurodome« setzte tatsächlich völlig neue Maßstäbe im Bereich der Internet-Kommunikation. Das fing schon mit dem Layout der Homepage an: Hier erwartete den Besucher nämlich keine altbacken zusammengeschusterte Homepage mehr, sondern ein total durchgestyltes Erscheinungsbild, mit dem sich jeder Nutzer dieser Seite sowie jedes Mitglied der Internet-Community von Eurodome einfach identifizieren musste.

Und darüber hinaus gab es auch noch die Besonderheit, dass jeder Nut-

BASF
Bayer
Deutsche Telekom
Dresdner Bank
Electrabel
Endesa
France Telecom
ING Groep
Kon. PTT Nederland
LVMH Moët Hennessy

zer im Zuge seiner – selbstverständlich kostenlosen – Registrierung, sich innerhalb dieser Community gleichsam selbst neu »erschaffen« konnte. Das heißt: Man konnte sich in dieser virtuellen Welt in Verkörperung einer ebenfalls virtuellen Figur bewegen, die von jedem anderen Nutzer der Community stets in der Form gesehen wurde, wie man sich selbst erschaffen hatte. Diese Figuren hießen »Avatare« und wurden von jedem Nutzer anhand einer Vielzahl vorgegebener »Bauelemente« selbst erstellt. Mit ihnen konnte man im Grunde genommen in der virtuellen Welt der Internet-Community genau das tun, was man auch sonst in der richtigen Welt tat: gesehen werden, Veranstaltungen besuchen, einkaufen – und vor allem auf andere Menschen zugehen und neue Freundschaften schließen.

Oder sagen wir es etwas anders: Man befand sich hier gleichsam in einer Parallelwelt zur richtigen Welt, in der jedoch die Beschränkungen der letzteren nicht mehr existierten. Denn um hier ein nettes Mädchen anzusprechen, so fanden die Jungen – woraufhin Jeannette jedoch weise schwieg – brauchte man keinen Mut und bekam auch weder schweißnasse Hände noch einen roten Kopf. Hier konnte man einfach alles versuchen. Und genau das, da waren sie sich sicher, machte den Reiz dieser Community aus, was letztlich dann auch der entscheidende Garant für den wirtschaftlichen Erfolg sein würde.

»Schaut euch doch nur einmal die normalen Menschen an«, hatte deshalb auch der Professor stets gesagt. »Sie haben alle Pickel und sehen auch sonst nicht so gut aus wie die Filmstars oder die Models in den Zeitungen. Was liegt da also näher, als sich im Internet ein völlig neues Outfit zu geben? Das ist doch die genialste Geschäftsidee unserer Zeit überhaupt. Oder seid ihr etwa anderer Meinung?«

Niemand konnte ihm da prinzipiell widersprechen. Auch Hemingway nicht, der dennoch einschränkte: »Aber trotzdem ist mir eine richtige Frau natürlich viel wichtiger als eine virtuelle. Denn selbst wenn ich im Netz ein Super-Model kennen lerne, was nützt mir das dann, wenn ich mich mit ihr wirklich einmal treffe und eine picklige Göre zum Vorschein kommt oder weit Schlimmeres.«

Hiermit zog er sich natürlich den Spott von Jeannette zu, die daraufhin nur sagte: »Du und wirkliche Frauen? Da lachen ja die Hühner. Und überhaupt. Meint Ihr nicht, dass Pickel bei Jungen viel weiter verbreitet sind als bei Mädchen? Was sollen also wir dann erst sagen?«

Dann jedoch wurde Jeannette wieder versöhnlich und meinte: »Aber, es ist schon richtig, das Internet ist wirklich eine tolle Sache. Für die normalen Leute, aber ganz besonders auch für diejenigen mit geringen Chancen. Denn warum sollen nicht auch die einmal ganz frei von ihren Makeln und mit völliger Chancengleichheit in dieser Welt auftreten?«

»Du hast ja Recht,« stimmte Brian ihr zu. »Das ist natürlich etwas Tolles. Aber andererseits muss man natürlich auch die Begrenzung des Internets für die Normalos sehen. Denn wer kann schon sicher sein, dass dann, wenn er im Eurodome mit einer Frau flirtet, nicht in Wirklichkeit ein Mann dahinter steckt?« »Oder umgekehrt«, präzisierte Jeannette.

Der Professor hingegen dachte bereits wieder an die Zukunft und entwarf das folgende Bild: »Wer weiß, vielleicht werden die im Moment noch sehr künstlich aussehenden Avatare ja in Zukunft bald einem wirklichen Foto nachgebildet. Und vielleicht gibt es dann im Netz so etwas wie eine ›Lizenzierungskommission‹, die dort das machen wird, was heute die Meldestellen beim Ausstellen von Pässen und Personalausweisen tun, nämlich die zweifelsfreie Identität eines Menschen mit seinem fotografischen Abbild zu bestätigen.«

»Du meinst«, fragte Brian nach, »dass dann jeder nur noch mit seinem eigenen Bild im Internet auftreten darf? Also keine Mogeleien mehr möglich sind?«

»Ich denke schon«, antwortete der Professor, »zumindest in bestimmten Communities, also in Teilbereichen des Netzes, die sich nach außen hin abschotten lassen.«

Das klang natürlich alles wieder extrem plausibel. Typisch Professor. Der Eurodome-Community könnte das eigentlich nur noch weiteren Zulauf bringen, dachten alle. Und das wiederum würde doch nur noch weitere Höhenflüge der Euridium-Aktie bedeuten. Denn eine Parallelwelt zur richtigen Welt im Internet, wo jeder Nutzer sich nicht nur kostenfrei vergnügen, sondern überdies auch mit seiner eigenen Person überall herumspazieren konnte, da musste man doch wirklich einfach dabei sein!

Und das Geld? In Zukunft, so plante man wohl, würde die Mitgliedschaft in dieser Kunstwelt natürlich Geld kosten. Genauso, wie es auch nicht umsonst war, einem Tennis- oder Hockey-Verein beizutreten. Und bis dahin würde sich das Projekt sicherlich gut mit Werbeeinnahmen über Wasser halten. Denn je höher die Anzahl der Seitenzugriffe war, oder genauer: die Anzahl der Nutzer sowie deren Verweildauer in dieser Community, umso höher würden schließlich die Werbeeinnahmen pro geschaltetem Werbebanner ausfallen. Es lief also alles Hand in Hand.

Der laufende Unterhalt der Euridium-Internetseiten stellte im Vergleich zu den Anschaffungskosten der Serveranlage und dem Kauf und der Einrichtung der Software nur einen verschwindend geringen Posten dar. Doch die Hard- und die Softwarekosten waren ja bereits erledigt und bezahlt. Überdies müsste Euridium durch den erfolgreichen Verkauf der neuen Aktien fast 2 Millionen Mark eingenommen haben, so hatten sie ausgerechnet. Und das sollte wohl noch eine Weile reichen, zumindest bis zum anstehenden Börsengang.

So freuten sie sich dann natürlich auch riesig, als sie von der Gesellschaft eine Mail bekamen, die besagte, dass tatsächlich alle 200000 Aktien aus der Kapitalerhöhung problemlos bei den Anlegern untergebracht worden waren. Man hätte sogar, so die Geschäftsleitung in dieser Mail weiter, deutlich mehr als diese Anzahl an Aktien unterbringen und zusätzlich auch die 90000 Stück aus dem Eigentum der Altaktionäre verkaufen können. Das hieß also im Klartext, die Emission war deutlich überzeichnet gewesen. Und das sollte doch, so schlossen sie, ein weiteres entscheidendes Erfolgskriterium sein.

Brian erinnerte sich noch genau daran, wie sie sich den Zeichnungsschein von der Gesellschaft hatten schicken lassen und ihn anschließend gemeinsam – allerdings nicht ohne ein etwas mulmiges Gefühl im Bauch – durchgelesen und ausgefüllt hatten:

Vorvertrag zum Erwerb von Stammaktien der EURIDIUM AG
Wertpapierkennnummer 599 783

Durch diesen Vorvertrag erhält der künftige Aktionär das Recht, gemäß dem Kapitalerhöhungsbeschluss vom 14. Juli 2000 der EURIDIUM AG Inhaberstammaktien dieser Gesellschaft zu erwerben. Der Erwerbspreis beträgt EURO 4,90 je Stückaktie.

§ 1

Der Zeichner erklärt hiermit rechtsverbindlich, bei der Kapitalerhöhung der EURIDIUM AG Inhaberstammaktien zu übernehmen und den dafür fälligen Emissionspreis gemäß seines Vorvertrages auf das Kapitalerhöhungs-Sonderkonto zu erbringen.

Das Kapitalerhöhungs-Sonderkonto lautet:
EURIDIUM AG
Konto Nr. 3 017334 732, BLZ: 700 999 38, bei der Münchener Weißbierbank

§ 2

Der Vorvertrag gilt als zustande gekommen, wenn die Zeichnung durch den Vorstand der EURIDIUM AG angenommen ist.

§ 3

Mit der Einreichung des Vorvertrages ist gleichzeitig die Zahlung des Emissionspreises auf das Kapitalerhöhungs-Sonderkonto der EURIDIUM AG fällig.

Bei Überzeichnung der Kapitalhöhe werden die Investoren berücksichtigt, deren Einlagen zum Zeitpunkt der Vollplatzierung auf dem Kapitalerhöhungs-Sonderkonto wertgestellt wurden. Später einzahlende Investoren werden über diesen Umstand informiert und deren Einlagen zurücküberwiesen.

Die berücksichtigten Zeichner erhalten daraufhin von der EURIDIUM AG ein Zertifikat über den Geldeingang. Nach erfolgter Eintragung der Kapitalerhöhung in das Handelsregister erfolgt die Verbriefung sämtlicher Aktien in einer Globalurkunde.

§ 4

Storniert der Investor nach der gesetzlichen Rücktrittsfrist seinen Vorvertrag schriftlich, so schuldet er dem Unternehmen die durch ihn verursachten Kosten wie z.B. Emissions-, Finanzierungs-, Verwaltungs- und sonstige Kosten. Dieser Kostenersatz wird auf 5 Prozent des gezeichneten Emissionswertes festgelegt.

§ 5

Im Falle des Todes des Investors treten die Erben an seine Stelle.

§ 6

Der Zeichner hat das Recht, diesen Vertrag zu kündigen, sofern nach Zeichnung und Zahlung der Einlage innerhalb von fünf Monaten keine Kapitalerhöhung im Handelsregister eingetragen ist. Die EURIDIUM AG wird den Investor in diesem Fall informieren und den Emissionspreis zurückerstatten.

§ 7

Änderungen und Ergänzungen dieses Vertrages bedürfen der Schriftform. Sollten Bestimmungen dieses Vertrages unwirksam sein oder werden, so wird die Gültigkeit des Vertrages im Übrigen davon nicht berührt. Die Beteiligten werden die unwirksamen Klauseln durch wirtschaftlich gleichwertige und wirksame Bestimmungen ersetzen.

Vollmacht

Ich, als umseitig bezeichneter Investor, bevollmächtige die EURIDIUM AG, in meinem Namen und auf meine Rechnung Aktien der EURIDIUM AG aus dem Kapitalerhöhungsbeschluss vom 14. Juli 2000 zu erwerben. Der Vorstand der EURIDIUM AG wird von §181 BGB (Selbstkontrahierung) befreit. Als Grundlage dieser Vollmacht und des zu tätigenden Kaufs gelten der vorstehende Vorvertrag sowie der dazugehörige Verkaufsprospekt. Diese Vollmacht erlischt ipso inne mit der Zuteilung der Aktien oder für den Fall der Kündigung des Vorvertrages.

Brian erinnerte sich auch noch gut daran, wie sie anschließend diesen Vertrag Wort für Wort durchgegangen waren. Sprachlich war er ja eher etwas unbemittelt formuliert, fanden sie. Aber vielleicht war das ja das »Juristendeutsch«, von dem überall immer wieder geredet wurde. Was allerdings »ipso inne« hieß, bekamen sie nie heraus. »Ipso jure« hieß »durch das Gesetz« und »ipso facto« »durch die Tat«. Aber gut, dachten sie dann, so wichtig wird dieser Punkt sicherlich nicht sein. Zumindest in dieser Hinsicht sollten sie Recht behalten.

Was aber bedeutete die Passage mit der »Selbstkontrahierung«? Hier hatten sie sogar im Bürgerlichen Gesetzbuch, § 181 nachgelesen und gefunden, dass es generell ein so genanntes »Selbstkontrahierungsverbot« gab, nach dem ein Vertreter eines Dritten keine Geschäfte mit sich selbst abschließen darf. Eine Befreiung von diesem Verbot hieß demnach, dass es dem Vorstand der Euridium AG erlaubt wurde, in Vertretung der Aktionäre mit sich selbst Geschäfte zu schließen. Was hier eigentlich dahinter steckte, hatte sich Brian schon damals gefragt. Da jedoch keiner von ihnen auch nur die geringste Ahnung von der Juristerei besaß, hatte er schließlich diese Frage wieder in den Hintergrund gedrängt.

Es war dann ja auch alles gut gegangen, zumindest in dieser Hinsicht. Was wieder einmal bewies, dass man ruhig einmal kleinere Lücken lassen durfte. Denn meistens waren es eh die großen Dinge, die einem das

Genick brachen. Die großen, an die man vorher jedoch überhaupt nicht gedacht hatte.

Das Geld hatten sie schließlich rechtzeitig auf das Sonderkonto überwiesen, so dass sie damit nicht unter die Klausel des zweiten Absatzes von § 3 gefallen sein konnten. Die Eltern hatten diesen Deal ebenfalls »abgezeichnet«, wahrscheinlich jedoch, ohne ihn recht verstanden zu haben. Stornieren (§4) wollten sie nicht, gestorben (§5) war von ihnen auch keiner und an eine Kündigung (§6) dachte schon überhaupt niemand von ihnen. Weshalb dann auch alles in Ordnung sein sollte. Und siehe da, 14 Tage später erhielten sie schließlich ein Schreiben der Euridium AG:

Euridium AG
Postfach
80335 München

An alle Neuaktionäre

München, im Jahr 2000

Willkommen in unserer Gesellschaft!

Sehr geehrte neue Aktionäre und Aktionärinnen,

hiermit begrüßen wir Sie offiziell als Aktionäre unseres Unternehmens. Die von Ihnen gezeichneten Aktien sind zu Gunsten Ihres Namens folgendermaßen in unser Aktienbuch eingetragen worden:

Stück 1 900
lfd. Nr. 512338 bis 514237
Bestätigt: Edmund Pfeiffer (Notar)

Wir wünschen Ihnen und uns ein gutes Gelingen in der Durchsetzung unseres Business-Plans. Für alle weiteren Anfragen und Informationen steht Ihnen jederzeit unsere Presse- und Öffentlichkeitsabteilung unter der Durchwahl -4651 zur Verfügung.

Mit freundlichen Grüßen
Euridium AG
gez. Der Vorstand

»Tja«, hatten sie gedacht, als sie den Brief in den Händen hielten, »jetzt sind wir voll dabei.« Denn 18624 Mark hatten ihnen insgesamt zur Verfügung gestanden – und 18208 Mark und 78 Pfennig davon hatten sie nun fest investiert. So besaßen sie jetzt also zusammen 1900 Aktien der Euridium AG. 4,90 Euro pro Aktie bedeuteten knapp 9,60 Mark pro Stück, womit diese Aktienanzahl sowohl ihrem Budget als auch ihrer Anforderung, eine Aktienanzahl zu besitzen, die sich im Notfall ohne eine Aktie zu zerschneiden durch vier teilen ließ, vollkommen entsprach.

Mit dieser Investition hatten sie andererseits jedoch wissentlich eine der allerwichtigsten Anlageregeln gebrochen, die nämlich lautete, dass man niemals alles auf ein Pferd setzen sollte. Aber, wie hatte der Professor darauf so schön geantwortet? »Das ist schon richtig. Da sich jedoch alle diese fundamentalen Regeln stets irgendwo widersprechen, kann man schlichtweg überhaupt nichts anlegen, ohne nicht wenigstens eine dieser Regeln zu brechen. Und besser, diese Regel zu brechen, als zur völlig falschen Zeit oder schlichtweg in lauter verkehrte Aktien zu investieren.«

Und auch damit hatte der Professor ja zunächst durchaus Recht gehabt, wie die Entwicklung der folgenden Monate mit dem »First-New-Millennium-Crash« in überzeugender Weise aufgezeigt hatte.

Die Internetseite von Euridium barg neben der Internet-Community Eurodome noch viele weitere interessante Sachen, insbesondere für die Aktionäre der Gesellschaft. Denn zum ersten Mal überhaupt fanden sich hier konkretere Aussagen über den in der Zukunft geplanten Börsengang. Mit großen Augen hatten sie daher den dort zu findenden Text gleichsam in sich hineingefressen, als sie ihn das erste Mal gesehen hatten:

Internet

Der Börsengang von EURIDIUM:

Wann geht die EURIDIUM AG an die Börse?
Die Gesellschaft befindet sich derzeit bereits im konkreten Planungsstadium in Zusammenarbeit mit dem Wirtschaftsprüfer und potenziell den Börsengang begleitenden Banken. Derzeit ist vorgesehen, spätestens im Frühjahr 2001 den Gang an die Börse realisiert zu haben.

In welchem Marktsegment wird EURIDIUM notiert sein?
Die Gesellschaft strebt ein Listing am Neuen Markt an, dem Segment für Wachstumsunternehmen an der deutschen Börse.

Von wann bis wann kann die Aktie gezeichnet werden?
Details können derzeit noch nicht verlässlich veröffentlicht werden, werden jedoch rechtzeitig bekannt gegeben.

Wie hoch wird die Bookbuilding-Spanne sein?
Die Bookbuilding-Spanne wird sich an der Gewinnsituation des Unternehmens für die Jahre 2002 bis 2005 orientieren und in jedem Falle ein Vielfaches des Kurses des ersten Private-Placements betragen.

Welche Banken begleiten die Emission?
Die Entscheidung hierüber ist noch nicht definitiv gefallen.

Wie viele Aktien werden emittiert?
Im Zuge des Börsengangs an den Neuen Markt werden vermutlich 500 000 Aktien in einem Nennwert von je einem Euro platziert. Das Grundkapital der Gesellschaft vor dem Börsengang beträgt 600 000 Euro (= 600 000 Aktien).

Wo kann ich einen Verkaufsprospekt anfordern?
Bei der EURIDIUM AG, per Post oder per E-Mail. Wenn Sie sich bereits jetzt registrieren lassen, dann wird Ihnen dieser nach Fertigstellung sofort automatisch zugesandt.

Wo kann ich weitere Informationen über EURIDIUM anfordern?
Die Gesellschaft wird in Kürze eine Investor-Relations-Broschüre bereithalten. Diese kann dann per E-Mail oder per Post angefordert werden. Aufgrund der zu erwartenden starken Nachfrage bitten wir Sie, diesen Weg zu wählen und nicht per Telefon zu ordern.

Darauf folgte schließlich auch noch die letzte Ad-hoc-Mitteilung des Unternehmens. Da Euridium noch nicht an der Börse notierte, war es für das Unternehmen zwar nicht verbindlich vorgeschrieben, Neuigkeiten per Ad-hoc-Mitteilung zu veröffentlichen. Anscheinend wollte man sich jedoch bei Zeiten an diese Pflicht gewöhnen und fing deshalb bereits jetzt damit an.

Internet

Ad-hoc-Mitteilung der Euridium AG:
In harmonischer Atmosphäre verlief die außerordentliche Hauptversammlung der EURIDIUM AG am 15. November 2000 in München, auf welcher die Weichen für den Börsengang an den Neuen Markt im Jahr 2001 gestellt wurden. Bei gut 77-prozentiger Präsenz wurden alle Tagesordnungspunkte mit mindestens 99,8 Prozent Mehrheit verabschiedet.
Aus formalen Gründen wurden zudem bereits die Kapitalmaßnahmen verabschiedet, die das Grundkapital der Gesellschaft im Zuge des Börsenganges an den Neuen Markt auf bis zu 1 100 000 Euro, entsprechend 1,1 Millionen Stückaktien, erhöhen werden. Damit sucht die EURIDIUM AG den direkten Vergleich mit ihren börsennotierten Wettbewerbern, die über ein Grundkapital in ähnlicher Höhe verfügen.
Der Vorstand der Gesellschaft nutzte die Hauptversammlung, um den Aktionären Details über den Börsengang am Neuen Markt zu geben, der spätestens im nächsten Jahr stattfinden wird. Gute Nachrichten hatte der Vorstand der EURIDIUM AG über die jüngst angelaufene breit angelegte Werbekampagne. So haben sich sowohl die Zugriffe auf der Internetseite www.euridium.de als auch die Neuanmelderzahl für die Internet-Community »Eurodome« bereits in den ersten Tagen der Werbekampagne schlagartig erhöht. Im Zuge der weiteren Werbemaßnahmen, des Börsenganges und des traditionell die Internetaktivität stärkenden Weihnachtsgeschäfts erwartet die Gesellschaft auch weiterhin eine dynamische Umsatzentwicklung.

Na, wenn das nicht gut klang, hatten sie alle zusammen gedacht, als sie diese Neuigkeiten gelesen hatten. Denn nun schien ja tatsächlich alles auf den Börsengang hinauszulaufen. Bei 99,8 Prozent Zustimmung. Was für ein überzeugendes Votum. Und der Preis für die neuen Aktien, so viel hatte man ja ebenfalls schon gesagt, sollte zudem »... in jedem Falle ein Vielfaches des ersten Private-Placements betragen.« Der große Gewinn schien damit greifbar nahe zu sein.

KAPITEL 20

Geld oder Leben?

Brian loggte sich ins Internet ein und wählte die Seite »www.euridium.de« an. Als diese geladen war, klickte er auf den »Eurodome«-Button. Kurz danach erschien eine Einblendung: »Bitte geben Sie Ihren Namen und Ihr Password ein.« Nachdem Brian dies erledigt hatte, rief er den Avatar auf, der seine eigene Person mit Namen »Brian Wilson« verkörperte, und klickte auf den Joystick. Nun konnte er mit der Maus seines Computers sein eigenes Ich durch die virtuelle Welt des Eurodome bewegen.

Zuerst ging er, wie er es eigentlich meistens machte, in das Börsencafé und schaute sich die neuesten Kurse an. Diese sahen jedoch an diesem Tag ebenso schauderlich aus wie an den Vortagen auch. »Ein Glück nur«, sagte er daher zu sich selbst beziehungsweise zu der Person, die ihn verkörperte, »dass wir auf den Rat des Professors gehört haben.« Denn hätten sie, so wie Jeannette, Brian und Hemingway es ursprünglich eigentlich einmal vorhatten, tatsächlich börsennotierte Technologieaktien mit dem Schwerpunkt »Internet« gekauft, dann wären mit Sicherheit bereits mehr als 50 Prozent ihres Einsatzes verloren gewesen. Und das hätte immerhin insgesamt fast 10000 Mark ausgemacht, beziehungsweise 2500 Mark pro Person.

Er war daher durchaus gut gelaunt, als er das Börsencafé wieder verließ. Anschließend begab er sich zum Meeting-Point, um zu schauen, ob seine Bekanntschaft von gestern, die er dort getroffen und mit der er sich lange und sehr freigebig unterhalten hatte, ebenfalls anwesend war. Sie hieß »Pamela Anderson«, sprach jedoch ebenso deutsch wie er, Brian Wilson, auch. »Wenn ich sie heute erneut treffe«, hatte er sich bereits vorher fest vorgenommen, »dann frage ich, in welcher Stadt sie wohnt und ob wir uns nicht irgendwann einmal wirklich treffen können.«

Doch als Brian voller Vorfreude am Meeting-Point eingetroffen war und nach Pamela Anderson Ausschau halten wollte, passierte etwas Merkwürdiges. Zuerst hatte er wie immer auf den Button »anwesend« geklickt und zu seinem Namen den folgenden Text eingetippt:

»Pamela, bist du da? Hier ist Brian, von gestern Abend. Weißt du noch? Die wilden sechziger Jahre und ich als Beach Boy mitten drin!«

Aschließend hatte er »Enter« gedrückt und gewartet. Als nach einer halben Minute jedoch nichts passiert war, wollte er die Seite noch einmal laden und klickte auf den Button »Reload«. Die Seite baute sich auch erneut auf. Als er jedoch näher hinschaute, traute er seinen Augen kaum. Denn er konnte sich dort zwar selbst am Meeting-Point stehen sehen – oder war es nur die Figur »Brian Wilson«? –, der dazugehörige Text jedoch hatte überhaupt nichts mit dem zu tun, was er selbst noch ein paar Augenblicke zuvor eingetippt hatte.

Denn anstelle seines Rufens nach Pamela Anderson las er dort nur die folgenden, sehr merkwürdigen Worte:

»Wir sind alle nur ein winziges Rädchen in einem großen Spiel, dessen Regeln wir weder verstehen noch beeinflussen können.«

»Was soll denn das, verflucht noch einmal?«, fragte sich Brian. Was machte das für einen Eindruck, wenn er, der große Brian Wilson, den so viele Nutzer dieser Community als »den« Beach Boy kannten, dort am Meeting-Point stand und derart seltsame Dinge von sich gab? Und vor allem: Wie kam es dazu, dass plötzlich dieser fremde Text anstelle seines eigenen erschien? Wollte ihn hier jemand verulken? Trieb jemand seinen Schabernack mit ihm?

Brian klickte wieder auf den Joystick und versuchte, sich zunächst einmal vom Meeting-Point weg zu bewegen, um diesen Unfall wieder ungeschehen zu machen. Doch so sehr er es auch probierte, es gelang ihm einfach nicht. Er schien tatsächlich dort festgewachsen zu sein. Doch wer war jetzt eigentlich »er«? Brian Wilson oder eben er? Der Unterschied verschwamm zunehmend. Und immer noch standen die merkwürdigen Worte im Raum:

»Wir sind alle nur ein winziges Rädchen in einem großen Spiel, dessen Regeln wir weder verstehen noch beeinflussen können.«

Das war wirklich eine äußerst merkwürdige Situation, in der er sich da plötzlich befand. Denn einerseits konnte er sich dort auf dem Bildschirm stehen sehen, andererseits jedoch konnte dieses »Ich« sich überhaupt nicht mehr von der Stelle rühren. Sein virtuelles Selbst hatte sich offenbar von ihm gelöst und machte nun, was es wollte. Es bewegte sich zwar nicht, schien jedoch zumindest gedanklich plötzlich ein Eigenleben zu führen.

Brian dachte sofort an die »Matrix« und fing an zu grübeln, wer hier denn eigentlich der Herrscher des Geschehens war. Natürlich musste er im gleichen Moment ebenfalls an die alten Diskussionen mit dem Professor denken. An sein eigenes Plädoyer für den freien Willen und die grundsätzliche Entscheidungsfreiheit aller Menschen sowie an die Skepsis des Professors als Gegenthese zu dieser Meinung. Und auch wenn er jetzt immer noch nicht bereit war, dem Professor in dieser Hinsicht Zugeständnisse zu machen, so musste er dennoch zugeben, dass zumindest sein »avataristisches« Selbst, also sein in der virtuellen Welt verkörpertes Ich, momentan anscheinend einem ganz anderen Willen unterworfen war als seinem eigenen.

Und, was dem mysteriösen Geschehen noch die Spitze aufsetzte: Dieser Tatbestand stimmte nun auch noch zu 100 Prozent mit dem Text überein, der immer noch auf seinem Bildschirm zu lesen war:

> »Wir sind alle nur ein winziges Rädchen in einem großen Spiel, dessen Regeln wir weder verstehen noch beeinflussen können.«

»Und da sage noch jemand«, beschwerte sich Brian bei sich selbst, »die Welt der Börse sei geheimnisvoll. Denn das hier ist doch noch viel geheimnisvoller. Oder doch das, was der Professor ...?« Aber nein, das waren doch nur die Hirngespinste, um Jeannette, Hemingway und ihn zu provozieren. Der Professor hatte zwar den richtigen Riecher mit Euridium gehabt, aber an dieser fixen Idee, dass sie alle vielleicht tatsächlich nur die Marionetten in einem abgekarteten Spiel waren, da konnte einfach nichts dran sein.

Brian war ziemlich ratlos. Und weil ihm nichts Besseres einfiel, tippte er erneut einen Text ein: »Hier stehe ich, Brian, und kann nicht anders.« Anschließend drückte er »Enter«, aber wie beim ersten Mal so passierte auch diesmal zunächst gar nichts. Doch dann, als er erneut »Reload« drückte, erschien plötzlich eine weiße Seite, auf der stand:

Internet

Der angeforderte URL konnte nicht geholt werden. Während des Versuches, den URL http//www.euridium.de/ zu laden, trat der folgende Fehler auf: Es war unmöglich, eine IP-Adresse für www.euridium.de zu bestimmen. Der DNS-Server gab: »DNS Domain ›www.euridium.de‹ is invalid: Host not found (authoritative)« zurück. Der Cache war nicht in der Lage, den in der URL enthaltenen Hostnamen aufzulösen. Überprüfen Sie, ob die Adresse korrekt ist.

Dies war die klassische Fehlermeldung, wenn man eine falsche Internetadresse (URL) eingab, das wusste Brian. Aber was sollte das nun, wo er doch die richtige eingegeben hatte? Er versuchte es daher noch einmal, diesmal mit ganz besonderer Sorgfalt: Zuerst das »http//www.«, dann die Buchstaben »e-u-r-i-d-i-u-m« und zum Schluss ».de«. Dann drückte er »Enter«, doch es erschien erneut die selbe Fehlermeldung. »Was ist denn jetzt bloß los?«, fragte er sich, »Himmelherrgottnochmal.« Handelte es sich hierbei um einen Fehler in seinem Computer, oder lag die Ursache dieser Störung vielmehr bei Euridium? Vielleicht ein Zusammenbruch des Servers dort?

Mittlerweile war Brian noch ratloser als ratlos. Deshalb entschloss er sich, bei seinen Freunden anzurufen. Doch er erreichte weder den Professor noch Jeannette oder Hemingway. »So ein Mist«, stöhnte er. Hätte nämlich einer von seinen Freunden das gleiche Problem beim Aufrufen der Seite gehabt, dann wäre zweifelsfrei erwiesen gewesen, dass der Fehler nicht bei ihm, sondern bei Euridium lag. Andernfalls war es an ihm, die Verbindung wieder herzustellen.

Es konnte natürlich sein, sagte er sich, dass auch andere Internetbenutzer mittlerweile diesen Fehler bemerkt hatten, beziehungsweise – im anderen Fall – ihm mit ein paar Ratschlägen helfen konnten. Deswegen gab er schnell die Adresse der Seite des »Börsen-Boards« ein und wählte dort die Rubrik »Neuemissionen«. Dann schaute er sich an, was in der letzten Zeit geredet worden war, fand aber nichts zu Euridium. »Vielleicht in einem anderen Board?«, fragte er sich. Er rief eine Suchmaschine auf, die in der Lage war, alle Beiträge der Internetboards nach einzelnen Worten zu durchsuchen, – und trug als Suchbegriff »Euridium« in das entsprechende Kästchen der Board-Suche ein. Doch es erschien nur die folgende Meldung: »Keine Einträge zu diesem Suchbegriff in den letzten vier Stunden gefunden.«

»Also, dann muss ich selbst handeln«, sagte er zu sich, wählte sich wieder in das Börsen-Board bei Neuemissionen hinein und klickte auf »Neue Nachricht einfügen«. Es erschien das entsprechende Formular. Als Überschrift wählte er »Euridium – Seite gestört??? (ot)«. Das »ot« hieß »ohne Text« und bedeutete, dass sich hinter dieser Überschrift kein Text verbarg. Er machte das deshalb, weil er inständig darauf hoffte, dass jemand aus dem Board vielleicht kurz einmal bei Euridium vorbeisurfen würde, um ihm die gewünschte Auskunft zu geben. Und um diese Gefälligkeitsleistung nicht zu gefährden, wollte er seinen potenziellen zukünftigen Helfer nicht dadurch verärgern, dass er ihn für nichts und wieder nichts nach einem nicht vorhandenen Text klicken ließ.

Dennoch erforderte die Eingabemaske als Text mindestens ein Zeichen, weshalb er schließlich »a« dort eingab. Zusätzlich musste er seinen Namen, also »Brian Wilson« und sein Kennwort eingeben. Dann schickte er die Message ab, wartete und drückte alle paar Minuten auf »Reload«. Zunächst passierte recht wenig. Es waren zwar anscheinend sehr viele Leute online, denn andauernd gab es neue Anfragen oder Bemerkungen zu den Standardthemen der Kursbewegungen des heutigen Tages. Auf seine Anfrage hingegen erhielt er keine einzige Antwort. »Na ja«, dachte er sich, »ist ja auch verständlich. Denn bei den herben Kursverlusten haben die Leute sicherlich andere Sorgen, als sich um die Internetseite einer noch nicht börsennotierten Gesellschaft zu scheren.«

Dann jedoch kam endlich die ersehnte Antwort: Der Absender trug den Namen »Odliug« und schrieb: »Kann Euridium derzeit auch nicht erreichen. Vielleicht der Server abgestürzt? Ist aber kein besonders tolles Zeichen für das Unternehmen.«

»Da muss man ihm natürlich durchaus Recht geben«, dachte Brian, der so etwas bisher auch noch nicht erlebt hatte. Lange Zugriffszeiten, ja, das gab es schon einmal. Aber die völlige Unmöglichkeit, auf die Seite zuzugreifen? Und das dann gleich bei der Internetseite eines Unternehmens, an dem man selbst beteiligt war? Doch Schimpfen und Grübeln half nichts. Nein, er musste handeln. Als Aktionär, also als Miteigentümer der Firma, war er sogar regelrecht zum Handeln verpflichtet.

Er kramte hastig die Telefonnummer von Euridium hervor und wählte die Nummer. Doch das andere Ende der Leitung war dauernd besetzt. »Ist ja irgendwie auch klar«, tröstete er sich, »denn bei denen werden jetzt die

Telefone natürlich heißlaufen.« Doch auch nach einer Stunde war es nicht anders. Auch nicht nach zwei und auch nicht nach zweieinhalb. Er schaute deshalb immer wieder in das Börsen-Board, um zu sehen, ob irgendjemand Neuigkeiten zu vermelden hatte.

Ja, da hatte zwischenzeitlich wieder jemand etwas geschrieben. Und zwar: »Euridium – was ist da los???«

Und ein anderer hatte geantwortet: »Tolle Aktie, was ?!!!«

Mit der Zeit meldeten sich jetzt immer mehr Stimmen zu Wort. Keiner wusste jedoch mehr über die Lage bei Euridium als Brian. Es war eine übergreifende Ahnungslosigkeit, die die gesamte Internetgemeinde zu einen schien. Nur eine einzige Wortmeldung hob sich von dem allgemeinen Gemurmel ab und klang durchaus wegweisend. Sie stammte anscheinend von einem Münchner, denn dieser schrieb: »Wohne gar nicht so weit weg, schaue einfach einmal vorbei. Bin nämlich selbst Aktionär.«

Das war nun in der Tat ein Lichtblick, fand Brian. Denn obwohl er diesen Typen nicht kannte und folglich auch dessen Urteil eigentlich nicht trauen konnte, so erhoffte er sich dennoch dadurch zumindest einen kleinen Hinweis. Zunächst hieß das jedoch: bange Minuten, bange viertel oder halbe Stunden des Wartens.

Erneut versuchte Brian, seine Freunde per Telefon zu erreichen, aber sie waren tatsächlich alle noch immer ausgeflogen. Dann versank er in düstere Gedanken. Was konnte da bloß los sein? Und vor allem: Dieser Münchner Typ, vielleicht war der ja überhaupt nicht dorthin aufgebrochen, sondern saß jetzt genau wie er vor dem Bildschirm und wartete, bis die Zeit vergangen war, um dann einfach eine erfundene Mitteilung zu lancieren, die allen einen gehörigen Schreck einjagen würde.

Dann jedoch kam sie endlich, die Nachricht, und sie wirkte kaum erfunden. Der Münchner schrieb Folgendes:

»Licht aus bei Euridium?
Wie ich euch eben angekündigt habe, bin ich gerade einmal bei Euridium vorbeigefahren, weil es einen Absturz der Internetseite gegeben hat und das Telefon dauernd besetzt ist. Und was soll ich sagen? Es ist anscheinend überhaupt niemand da, denn nirgendwo brennt Licht und keiner macht die Tür auf. Ausgeflogen die Vögelchen . . .«

Daraufhin entbrannte augenblicklich eine heiße Diskussion im Board. Einer schrieb:

»Das klingt ja wie Sero, Lösch, Refugium und Turbodyne in einem. Jetzt haben wir also einen neuen Fall: Eurodyne oder Fluchtpunkt Europa . . .«

Ein anderer hingegen schrieb:

»Woran merkt man eigentlich, ob mit einem Handy aus Deutschland oder aus Südamerika telefoniert wird?«

Dann jedoch schlug der Spott vielfach auch in reine Besorgnis um, was sich aus der folgenden Anfrage und der daraufhin einsetzenden Diskussion entnehmen ließ, die Brian sehr ans Herz ging:

»Nehmen wir einmal an, dass es wirklich richtig ist, was hier berichtet worden ist. Was bedeutet das denn nun für die Aktien von Euridium?«
»Futschikato. Nicht einmal den Nennwert mehr wert.«
»Geht doch gar nicht, sind doch Stückaktien.«
»Okay, dann also null Euro pro Stück.«
»Kann es denn tatsächlich passieren, dass eine deutsche Aktiengesellschaft so einfach von einem auf den anderen Tag Pleite geht? Selbst wenn es sich wirklich um kriminelle Machenschaften handeln sollte?«
»Anfrage an Radio Eriwan: Geht es eigentlich, dass sich eine ganze Firma plötzlich aus dem Staube macht? Antwort: Theoretisch nicht, praktisch jedoch – wie man sieht – ja!«
»Hat es so etwas denn vorher schon einmal gegeben?«
»Bei einer börsennotierten AG noch nicht. Aber ansonsten natürlich schon. Denkt doch nur an die ganzen GmbH-Klitschen, die bei der Treuhand Ost-Unternehmen gekauft haben.«
»Da gab es doch einmal die Geschichte von dem Inder, der bei seinen Ex-Treuhand-Firmen wie der Bremer Vulkan ›Cash Management‹ gemacht, dann jedoch alle Kohle aus den gekauften Unternehmen abgezogen hat. Anschließend hat er zuerst seine Familie aus Gründen der Fremdenfeindlichkeit nach Indien geschickt, und als die Situation seiner Unternehmen immer schlechter wurde, kündigte er an, selbst nach Indien fliegen und dort nach weiteren Kapitalgebern Ausschau halten zu wollen. Zuerst war er auch noch über das Handy erreichbar. Doch bald nicht einmal mehr das. Und das Geld aus dem Cash-Management-Pool ist nie mehr aufgetaucht. Jedenfalls nicht in Europa.«

Brians Laune war nun endgültig auf dem Tiefpunkt. Noch wusste man natürlich nichts Konkretes. Aber gut sah das alles wahrlich nicht aus. Und so wurden es dann auch harte Tage für alle vier Kameraden, nachdem Brian den anderen am nächsten Morgen von seinen Erlebnissen berichtet hatte. Der Professor bekam massenhaft Vorwürfe zu hören, Jeannette hatte sowieso schon immer ein komisches Gefühl gehabt, und Hemingway wollte sogar, dass sie alle zusammen sofort nach München fuhren, um selbst einmal nachzuschauen.

Diese Idee verwarfen die vier recht schnell, und an einem der darauf folgenden Abende wurde ganz plötzlich alles klar – und zwar so glasklar, dass tatsächlich kaum noch eine Frage offen blieb. Mit einer Ausnahme, nämlich der alles entscheidenden Frage. Aber auch diese sollte schließlich beantwortet werden.

Und wieder war Brian der einzige, der alles vollständig mitbekommen sollte und zudem erneut keine Chance hatte, sich mit seinen Freunden auszutauschen. Denn auch an diesem Abend saß er, wie so oft in diesen Tagen, alleine an seinem Computer und surfte durch die Informationsquellen des Internets – stets in der Hoffnung, irgendwo Neuigkeiten über die Euridium AG aufspüren zu können.

Um 19 Uhr wurde an diesem Abend, wie an jedem anderen Tag auch, der redaktionelle Teil der Internetseite »www.welt-der-boerse.de« aktualisiert. Die »Welt-der-Börse« war so etwas wie die Standard-Informationsquelle für alle börseninteressierten Internetsurfer. Sie war äußerst beliebt, weil man auf ihr tatsächlich alles fand, was jemand, der an der Börse engagiert war, als tägliches Handwerkszeug benötigte: aktuelle Kurse, Nachrichten, Wirtschaftsdaten und Ad-hoc-Meldungen sowie Hintergrundberichte zu nahezu allen Wirtschaftsereignissen und wichtigen Unternehmensmeldungen.

Gleich nachdem er die Seite an diesem Tag aufgerufen hatte, sah Brian eine Überschrift, die sein gesamtes Interesse auf sich zog. Er verschlang den folgenden Artikel. Selten zuvor in seinem Leben hatte er etwas mit einer derartigen Schnelligkeit und Konzentration gelesen wie diesen Artikel! Ja, kein Liebesbrief, kein Zeugniskopf und auch kein Fußballbericht hatte jemals auch nur den Bruchteil der Aufmerksamkeit auf sich gezogen, die er jetzt diesem Stückchen beschrifteten Bildschirm widmete. Denn hier stand:

Internet

Ein Fall ohne Beispiel: Die Euridium AG
Beitrag des Redaktionsteams von WELT-DER-BÖRSE:

Noch vor einem halben Jahr sah alles so rosig aus. Die Internetaktien hatten weltweit ihre erste größere Krise – trotz teilweise herber Kursverluste – im Großen und Ganzen gut überstanden und setzten erneut zu fulminanten Aufwärtsbewegungen an. Auch die Neuemissionswelle begann plötzlich wieder zu sprudeln und brachte gerade aus dem Internetbereich verstärkt neue Werte an die Börse. Einige Unternehmen jedoch schienen trotz dieser Euphorie keine geeigneten Emissionsbegleiter für den Gang an die Börse zu finden und versuchten folglich, sich auf eigene Faust Kapital von den Anlegern zu beschaffen.
Dieser Versuch lässt sich mit den beiden Buchstaben »PP« beschreiben, welche für die Bezeichnung »Private Placement« stehen. Eine so genannte »Privatplatzierung« bedeutet, dass der Anleger prinzipiell in ganz ähnlicher Weise Aktionär wird, wie das auch bei einem Börsengang der Fall ist. Das heißt: Das Unternehmen macht ein öffentliches Angebot zur Zeichnung seiner Aktien, legt einen dem Verkaufsprospektgesetz entsprechenden Prospekt vor und sammelt das Geld der Aktionäre ein. Einziger Unterschied allerdings: Die Aktien werden anschließend nicht an der Börse notiert und gehandelt.
Konkret bedeutet das: Das Unternehmen unterliegt nicht den Publizitätsvorschriften der Börse und, was vielleicht noch wichtiger ist, ist weder vor dem Börsengang noch danach auch nur in irgendeiner Weise von den Banken durchgecheckt worden, wie das bei Unternehmen, die den direkten Gang an die Börse anstreben, der Fall ist. Nun ist unsere Internetseite sicherlich unverdächtig, hier ein Loblied auf die Banken singen zu wollen, aber eines ist trotzdem unmissverständlich festzustellen: Eine Durchleuchtung durch die Banken beugt Missbrauch und bösen Überraschungen vor.
Was sich jetzt im Fall Euridium andeutet, ist in der Geschichte der Bundesrepublik Deutschland bisher ohne Beispiel. Hier hat nämlich eine noch recht junge Gesellschaft mit Hilfe vielversprechender Prognosen das Geld der Anleger eingesammelt, allerdings nicht, um damit die versprochenen Investitionen durchzuführen, sondern um sich Knall auf Fall mitsamt der ganzen Barschaft ins Ausland abzusetzen.
Dabei werden natürlich sofort gewisse Parallelen zum Fall des Immo-

bilienfürsten Jürgen Schneider deutlich, welcher zwar ansonsten völlig anders gelagert ist, in dem sich jedoch der Beschuldigte – in Begleitung seiner rechtzeitig zurückgelegten Millionen – letztlich ebenfalls ins Ausland abgesetzt hat. Doch angenommen, die Vorstände der Euridium AG würden nun ebenfalls wie Jürgen Schneider in absehbarer Zeit im Ausland gestellt werden, was würde das bedeuten?

Knapp 2 Millionen Mark hat die Gesellschaft einige Monate zuvor von den Anlegern erhalten. Das sind zwar im Vergleich zum Fall Schneider nur Peanuts, doch ist zu befürchten, dass die Ausfälle bei Euridium nicht so potente Geldgeber treffen werden, wie das mit den Großbanken bei Jürgen Schneider der Fall war. Nein, hier scheinen vielmehr sehr viele junge Anleger der dynamisch wachsenden Internet-Gemeinde betroffen zu sein. Zudem ist es äußerst unwahrscheinlich, dass von diesem Geld selbst dann, wenn die Verdächtigen rasch dingfest gemacht werden, noch allzu viel übrig sein wird. Deshalb werden auch alle eventuellen Prozesse der Aktionäre gegen die Vorstände nur wenig Aussicht auf Erfolg haben.

Zwar gibt es hier natürlich eine persönliche Haftung der Vorstände für ihr Fehlverhalten, doch wo nichts ist, wird letztlich auch nichts zu holen sein. Somit bleiben also ausschließlich die folgenden Fragen offen: Wie konnte das geschehen? Und vor allem: Könnte sich ein derartiger Unfall demnächst noch einmal wiederholen?

Ein Wermutstropfen bei der Euridium AG war von Anfang an, dass der Hauptinitiator des Projekts und Vorstandsvorsitzende der Gesellschaft in Finanzkreisen längst kein unbeschriebenes Blatt mehr war. Zwar konnte ihm im Konkursfall des Steuersparmodells um den »Anhaltiner Hof« in Berlin vor vier Jahren keine direkte Mitwirkung nachgewiesen werden, aber sein Ruf blieb zumindest beschädigt.

Ausgleichen wollte man dieses Handicap schließlich dadurch, dass man den bis vor kurzem noch bei einer renommierten US-amerikanischen Investmentbank beschäftigten Guido Rex als zweiten Vorstand anwarb . . .

An dieser Stelle durchzuckte es Brian heftig. Ein Adrenalinstoß schoss in seine Blutbahn und brachte sein Herz wild zum Schlagen. Denn direkt unter dieser Zeile war ein Bild eingefügt, welches tatsächlich keinen Zweifel offen ließ. Der dort abgebildete Guido Rex, das war ihr Guido, das war

Soros der Zweite – und damit die selbe Person, die ihnen doch letztlich erst diese Anlage unter die Nase gerieben hatte. »Was für eine Gemeinheit«, dachte Brian und platzte innerlich fast vor Wut. Hätte er doch nur die Möglichkeit gehabt, sich auf der Stelle an ihm zu rächen, selbst wenn es nur mit einem Fußtritt gewesen wäre.

Oder hätte er sich doch wenigstens jetzt mit seinen Freunden austauschen können. Aber nein, der Artikel ging ja noch weiter:

Internet

An diesem Beispiel kann man wunderbar lernen, welche drei Anlageregeln jeder Investor, der eine außerbörsliche Beteiligung an einem Unternehmen eingeht, unbedingt einzuhalten hat: nämlich Vorsicht, Vorsicht und noch einmal Vorsicht. Im Interesse unserer Leserschaft würden wir sogar so weit gehen, zu sagen: Lassen Sie generell die Finger von außerbörslichen Beteiligungen! Denn Nepper, Schlepper und Bauernfänger haben es gerade hier sehr, sehr viel einfacher, an das Geld unbedarfter Aktionäre heranzukommen, als dies im Rahmen des strengen Börsenzulassungsverfahrens möglich ist.

Was natürlich nicht bedeutet, dass dabei in jedem Fall jeglicher Missbrauch ausgeschlossen werden kann. Jedoch führen sowohl die Prüfungen der Banken als auch die Plausibilitätsüberlegungen der Zulassungsstelle der Börse sowie die Beurteilung der menschlichen Komponente sicherlich zu einem deutlich überlegenen Selektionsmechanismus.

Überdies passieren wirkliche Katastrophen an der Börse in den seltensten Fällen in einem Schritt. Denn obwohl Insidergeschäfte strengstens verboten sind, sickern dennoch vor jeder Veröffentlichung von schlechten Nachrichten zumindest Gerüchte durch, die dann meistens auch in Aktiengeschäfte umgesetzt und folglich an den Kursen ablesbar werden. Es ist also kaum vorstellbar, dass bei einem börsennotierten Unternehmen sich der Vorstand mitsamt der Barschaft absetzt, ohne dass eine hinreichend große Anzahl von Personen das vorher mitbekommen oder zumindest den Verdacht gehegt und deshalb ihre Aktien auf den Markt geworfen hat.

Der daraus resultierende Kursverfall wird in aller Regel einerseits dazu führen, dass die Presse und die Medien sofort bei dem Unternehmen nachfragen werden und dadurch vielleicht sogar den ursprünglichen Plan noch vereiteln können. Andererseits steht dabei jedem Anleger die

Möglichkeit offen, sich dem Votum des Marktes anzuschließen, seine eigenen Aktien aufgrund der eintretenden Kursverluste ebenfalls zu verkaufen und zumindest den Großteil seines Vermögens vor dem völligen Wertverfall zu schützen.

Doch wie geht es nun konkret im Fall Euridium weiter? Die Staatsanwaltschaft München hat die Geschäftsräume der Gesellschaft durchsucht und neben einer mehr oder weniger rudimentären Büroausstattung nur noch die Reste einer Computeranlage gefunden. Gegen die Vorstände der Gesellschaft wurde von der Staatsanwaltschaft München wegen Veruntreuung Haftbefehl erstattet. Überdies wird nach allen beteiligten Personen weltweit über Interpol gefahndet.

Kontoanfragen bei den Banken ergaben keinerlei Guthaben seitens der Gesellschaft, in einem Fall sogar einen nicht unbeträchtlichen Kredit. Wie bisher verlautbart wurde, wird die entsprechende Bank aus diesem Grunde demnächst Konkursantrag stellen. Es ist jedoch mit an Sicherheit grenzender Wahrscheinlichkeit davon auszugehen, dass dieser Konkurs mangels Masse abgelehnt werden wird.

So wird also letztlich nichts übrig bleiben von der Euridium AG. Mit einer Ausnahme allerdings: nämlich der Erkenntnis, dass Papier geduldig ist und trotz enormer Wachstumschancen und hochtrabender Business-Pläne die Bäume nur in den seltensten Fällen in den Himmel wachsen. Ein problemloses Reichwerden hat es nämlich im Gegensatz zu vielfachen Behauptungen in der Geschichte der Börse niemals gegeben – und wird es wohl auch in Zukunft niemals geben.

Schade deshalb nur, dass die Euridium AG ihre Aktionäre nur in ein Aktienbuch eingetragen und an diese keine effektiven Stücke ihrer eigenen Aktien ausgegeben hat. Denn wie wunderbar könnten die Anleger sich diese Aktien jetzt als immerwährende Warnzeichen an die Wand hängen.

Das war es also. Brian schaltete den Computer aus. Er hatte nämlich schlichtweg keine Lust darauf, sich jetzt auch noch die hämischen Kommentare im Börsen-Board anzusehen. Denn wer den Schaden hat, braucht zwar für den Spott nicht zu sorgen, diesen Spruch kannte er. Andererseits, so sagte er sich, war er auch nicht gezwungen, diesen über sich ergehen zu lassen. Brian stützte den Kopf auf die Arme und überlegte: Was schmerzte ihn eigentlich am meisten? Der Verlust des Geldes oder eher die Tatsache, dass sie anscheinend alle gemeinsam wie die Rindviecher an der Nase herumgeführt worden waren?

Zuerst sann er über das Geld nach, und sofort wurde ihm ganz schlecht. Wie sollte er das bloß seinen Eltern beibringen? Und vor allem, was wäre jetzt mit seinem Taschengeld für die nächsten Jahre? Dachte er an seinen gekränkten Stolz, dann wurde er fast ohnmächtig vor Wut. Dass so etwas ausgerechnet ihnen passieren musste, gerade ihnen, die sich doch so intensiv auf das Geschäft mit der Geldanlage vorbereitet hatten, das wollte einfach nicht in seinen Kopf.

Schließlich verhielten sich eine Menge anderer Leute doch viel lockerer in Gelddingen. Dazu musste man nur einmal einen Blick in das Börsen-Board werfen, denn was da gezockt wurde, das ließ nicht nur Brian regelrecht die Haare zu Berge stehen. Aber trotzdem: Von den ganzen Zockern schien niemand Pleite gegangen zu sein, sondern nur sie, die Vorsichtigen, die sich alles so reiflich und genau überlegt hatten. Wie ungerecht war doch die Welt.

Und dieser Soros der Zweite, dieser miese Kerl? Hatte er es denn wirklich nötig gehabt, ihnen, den unbedarften Schülern, mit solchen faulen Tricks das Geld aus der Tasche zu ziehen? Andererseits hatten sie sich natürlich selbst für ihr Engagement entschieden. Aber hätte er sie nicht doch warnen können? Wobei sich dann allerdings die Frage stellte, ob bei ihrem letzten Gespräch der fatale Entschluss schon gefallen war. Doch diese Frage blieb unbeantwortet, denn weder tauchte der Name Guido Rex im Verkaufsprospekt auf, noch konnten sie ihn persönlich zur Rede stellen.

Das Schlimmste an allem war jedoch, dass er jetzt überhaupt nichts unternehmen konnte. Er überlegte. Gab es denn nicht doch noch irgendeine Möglichkeit, ihr Schicksal zu wenden? Wieder griff er zum Telefon, um Jeannette, Hemingway oder den Professor zu erreichen. Aber typisch, dachte er, als er alle ihre Nummern durchgewählt hatte. Die machen sich einen schönen Abend und ich leide. Und ihnen eine Mail schicken? Nein, das wollte er schon lieber selber erzählen.

Wo konnte es jetzt noch einen Ausweg geben? Er hatte doch schon wirklich fast alles versucht. Letztlich hatte er sogar auf der Internetseite von »Yahoo« durch die Eingabe aller Namen, die er im Verkaufsprospekt von Euridium gefunden hatte, nach einer Spur gesucht, die es sich vielleicht noch lohnen würde zu verfolgen.

Doch plötzlich kam ihm eine neue Idee: Es gab eine Datenbank, dass wusste er, in der für jede einzelne Internetseite die Inhaber der Rechte an diesem Seitennamen eingetragen waren. Wenn dort nicht Euridium als Inhaber eingetragen war, so spekulierte er, sondern irgendein anderer Name, dann hatte er zumindest eine Spur, die er weiterverfolgen konnte. Ob damit dann allerdings das Geld zurückkommen würde, war natürlich zweifelhaft. Aber immerhin würde er zunächst nicht nur untätig dasitzen müssen.

Also schaltete er sofort den Computer wieder ein. Doch wo hatte er nur die Internetadresse dieser Datenbank? Sollte er über die Suchmaschinen im Netz gehen, oder fand er bei sich zu Hause den Zettel? Er entschied sich für letzteres und wurde sogar nach wenigen Minuten bereits fündig. Dann klickte er sich ins Netz, lud sein Internet-Programm und gab die Adresse ein: »www.denic.de/servlet/Whois«.

Die Seite, die dann erschien, kam ihm vertraut vor. »Genau«, sagte er zu sich, »so hieß das.« Es war die »Denic-Datenbank«. In die Zeile »Suche nach Domainname« gab er schließlich den Text »euridium.de« ein und klickte auf den Button »Suchen«. Langsam baute sich die neue Seite auf. Und sie barg eine Antwort, die ihn zunächst erfreute, dann irritierte und letztlich fast dazu führte, dass sein gesamtes Weltbild zusammenbrach.

Denn dort stand in der Rubrik »Domaininhaber« keinesfalls der Name »Euridium AG«. Es stand dort auch nicht der Name einer der beiden Vorstände oder von jemandem, den er mit Euridium hätte in Verbindung bringen können. Und trotzdem kam ihm der dort vorgefundene Name irgendwoher bekannt vor. »Woher kenne ich den nur?«, grübelte er. »Woher kenne ich nur diesen Namen, der ist mir doch schon einmal irgendwo begegnet?«

Es hatte jedoch keinen Zweck, es fiel ihm nicht ein, und er beschloss daher, mit Hilfe der Suchmaschinen im Internet diesem Namen auf die Spur zu kommen. Doch kaum hatte er mit der Suche begonnen und die erste Verbindung zu diesem Namen im Netz aufgespürt, da machte es plötzlich »klick« in seinem Gehirn. Und auf einmal wusste er nicht mehr, ob er weinen oder lachen sollte, und er sagte laut zu sich selbst: »Nein, um Gottes Willen, nein. Das kann doch nicht wahr sein! Das ist ja niederschmetternd! Und vor allem: Das wird mir sowieso keiner glauben, wenn er es nicht mit eigenen Augen gesehen hat!«

ϟ Mit dieser Einschätzung hatte Brian auf jeden Fall Recht. Denn bei derartig gravierenden Ereignissen empfiehlt es sich in der Tat, seine Erfahrungen selbst zu machen und sich nicht auf die Schilderungen von anderen zu verlassen. Auch wenn es einen vielleicht nicht selbst betrifft, sondern nur einige Leute, die man in der letzten Zeit bereits sehr gut kennen gelernt hat. Denn wann sonst bietet sich einem schließlich eine derartige Möglichkeit zum Detektivspielen.

Und das heißt konkret: Alles sofort zu unterbrechen und den Computer einzuschalten, und selbst auszuprobieren, was Brian bereits vorgemacht hatte, nämlich die Internetseite »www.denic.de/servlet/Whois« aufzurufen, doch »euridium.de« einzugeben und anschließend einen tiefen Blick in das Schicksal von Brian, Jeannette, Hemingway und dem Professor werfen zu können – und schließlich seine eigenen Schlüsse zu ziehen. ϟ

Brian war jetzt verwirrt wie noch nie zuvor in seinem Leben. »Nein, das kann eigentlich wirklich nicht möglich sein«, sagte er sich immer wieder mit zitternden Händen. »Wenn das wirklich wahr ist, dann ist es ja tatsächlich wie in *Sofies Welt*. Ich kann es immer noch nicht glauben!« Und allmählich schlug seine Verblüffung erneut in Wut um. Doch diesmal war es nicht Soros der Zweite, dem sein Ärger galt, sondern diesmal rief er aus: »So eine lausige Ratte, die Bücher über die Börse schreibt. Angefangen hat er mit *Der Crash der Theorien*. Das ist ja noch wirklich gut. Aber jetzt ...? Jetzt will er uns wohl an den Kragen.«

Als sich die Wut langsam legte, richteten sich seine Gedanken auf die Zukunft. Wie würde es nun weitergehen? War das nun doch ein Triumph des Professors? Aber nein, der Professor selbst würde niemals triumphieren können. Und jede Erkenntnis hatte stets ihre guten und ihre schlechten Seiten. Wenn alles so war, wie er es jetzt glaubte, dann war das Geld ja nicht *wirklich* weg. Und sie waren nicht wirklich schuld an der Misere. Doch der Preis, den sie dafür bezahlen müssten, war sicherlich um einiges höher ...

Eine letzte Möglichkeit sah er noch, um Sicherheit darüber zu erlangen, ob er mit dem, was er jetzt glaubte, tatsächlich richtig lag. Mit zittriger Hand gab er noch einmal die Internetadresse »www.denic.de/servlet/Whois« ein, tippte diesmal in die Zeile »Suche nach Domainname« die Buchstaben »welt-der-boerse.de« ein und klickte anschließend auf den Button »Suchen«.

Doch das Ergebnis war das Gleiche wie bei »euridium.de«. Er hatte also Recht. Wie ein zweites Röntgenbild, so erhärtete auch diese zweite Internetauskunft die bereits vorher gestellte Diagnose. Und dies war nun wirklich alles andere als schön. Nun blieb nur der folgende Schluss übrig: Es war von Anfang an ein abgekartetes Spiel. Aber nicht von Soros dem Zweiten, sondern eine Etage höher.

Jetzt half wirklich nichts mehr, das wusste er. Jetzt musste er tatsächlich die Probe aufs Exempel machen.

»Geld oder Leben?«, rief er daher laut aus – wie ein Bankräuber im entscheidenden Moment – als er die Treppe in den Weinkeller hinunterlief. Unten angekommen, musste er nicht lange suchen und stibitzte sich eine Flasche von Vaters teuerstem Rotwein, der ansonsten nur an hohen Festtagen wie Weihnachten auf den Tisch kam. Denn jetzt, so sagte er sich, kommt es darauf auch nicht mehr an. Und so ging er die Treppe wieder hinauf, holte den Korkenzieher und ein Glas und setzte sich im Wohnzimmer auf die Couch.

Seine Eltern waren nicht da, sie waren direkt von der Arbeit zu Freunden gefahren und würden erst, das wusste er, sehr spät am Abend nach Hause zurückkehren. Er hatte also Ruhe, und das passte ideal, denn nichts brauchte er für das nun anstehende Experiment nötiger. Er entkorkte die Flasche, goss sich ein halbes Glas ein und nahm einen großen Schluck, der wunderbar schmeckte und ihn sogleich an Weihnachten erinnerte. Dann lehnte er sich zurück und genoss das intensive Gefühl, das der Wein auf seinen Geschmacksnerven hinterließ.

»Der Wein schmeckt wirklich«, sagte er laut zu sich selbst, mit dem Ziel, sich noch deutlicher zu spüren: »Der Wein schmeckt wirklich wirklich. Und das müsste doch eigentlich ein positives Zeichen sein.« Er stellte das Glas zurück auf den Tisch, schloss die Augen und legte die Hände auf die Oberschenkel. Jetzt war es nur noch wichtig, ganz zur Ruhe zu kommen. Ja, er brauchte nur Ruhe, Ruhe und noch einmal Ruhe. Denn jetzt würde es tatsächlich um alles gehen. Jetzt würde sich entscheiden, welche Verluste echt waren und welche nur auf dem Papier standen.

Brian räusperte sich und dachte: »Geld ist Geld, doch manche Verluste sind noch weitaus schlimmer. Aber wir werden es gleich sehen.« Denn es könnte nicht mehr lange dauern, und dann würde es sich tatsächlich zeigen müssen. »Wenn nämlich alles, was wir bisher erlebt haben, wirklich nur eine Geschichte ist, die sich jemand ausgedacht hat«, sagte er zu sich, »und ich mich jetzt weder rühre noch irgendetwas denke, dann müsste die Geschichte im selben Moment eigentlich zu Ende sein.«

Literatur

Eine kleine und sehr subjektive Auswahl für Börsenanfänger und fortgeschrittene Leser:

Der unbestrittene Meister der Börsenbuchschreiber ist der im Jahr 1999 im Alter von 93 Jahren verstorbene André Kostolany. Denn niemand anderes schafft es wie er, schwierige Sachverhalte so einfach und lehrreich darzustellen. So schreibt Kostolany beispielsweise, dass der Zusammenhang von Börse und Wirtschaft dem Spaziergang eines Hundes mit seinem Herrchen gleicht, wobei der Hund die Börse und das Herrchen die Wirtschaft verkörpern.

Während der Mann sich langsam und stetig vorwärts bewegt, rennt der Hund manchmal weit voraus, bleibt ein anderes Mal hingegen ebenso weit zurück. Und die Moral von der Geschicht: Letztlich kommen beide doch zum gleichen Zeitpunkt am Ziel an. Wächst also die Wirtschaft, dann steigen auch die Aktienkurse.

So einfach kann die Börse sein. Und ich persönlich glaube, dass es Kostolany nicht nur mit diesem Beispiel tatsächlich gelungen ist, die »Essenz« der Börse, an deren Freilegung seine Kritiker zum großen Teil gänzlich gescheitert sind, mit nur wenigen Strichen unglaublich treffend zu skizzieren.

Kostolany ist also ein »Muss«. Welches Buch man jedoch konkret von ihm auswählt, ist allerdings zweitrangig, da sie sich alle sehr stark ähneln. Mein persönlicher Favorit ist Kostolanys *Wunderland von Geld und Börse*, Stuttgart 1982.

Das älteste Buch über die Börse, *Die Verwirrung der Verwirrungen* von Don Joseph de la Vega, aus dem hier ausführlich zitiert wurde, ist zwar im Jahre 1994 in »Kostolanys Bibliothek« im Börsenbuch-Verlag, Kulmbach, wiedererschienen, eignet sich jedoch nur für die absoluten Spezialisten. Denn das Buch gibt ein Gespräch zwischen einem Kaufmann, einem Aktionär und einem Philosophen wieder und ist alleine dadurch schon sehr gewöhnungsbedürftig.

Ebenfalls sehr philosophisch und nur für sehr Interessierte zu empfehlen ist der Ansatz von George Soros, Soros dem Ersten natürlich, den er in seinem Buch *Die Alchemie der Finanzen*, Kulmbach 1994, entwickelt. Wer sich hier durchfrisst, wird mit einigen durchaus neuen Erkenntnissen belohnt. Eine sehr gute und verblüffend einfach zu lesende Sekundärliratur zum Thema »Soros« findet sich in Robert Slater, *Geldanlage mit Georg Soros*, Wien 1998.

Absolute Einsteigerlektüre stellt dagegen das kleine Büchlein *Börse kinderleicht* von Michael Mross, Hamburg 1999, dar, welches tatsächlich nahezu das gesamte Börsenspektrum in einfacher, aber schlüssiger Darstellung zeigt. Im gleichen Atemzug zu nennen ist ebenso Werner Schwanfelder mit *Aktien für Einsteiger*, Frankfurt, 4. Auflage 1999.

Wer spannende Literatur bevorzugt, kommt bestimmt bei Jim Rogers, *Investmentbiker*, Kulmbach 1998, voll auf seine Kosten, wobei jedoch die Weltumrundung mit dem Motorrad mehr im Vordergrund steht als die Vermittlung von Börsenkenntnissen. Dafür kennt man sich hinterher so ganz nebenbei auch noch sehr gut in der Welt aus.

Sehr lehrreich ist es ebenfalls, einmal einen Blick hinter die Kulissen des amerikanischen Finanz-Business zu werfen. Am besten gefällt mir hierzu der authentische Bericht eines ehemaligen Brokers bei der Firma Salomon, nämlich *Wall Street Poker* von Michael Lewis, Düsseldorf 1992.

Wie es ist, tatsächlich auf eigene Faust zu spekulieren, habe ich selbst anhand von Beobachtungen der Ereignisse während der ersten Jahre des Neuen Marktes in *Die Generation X am Neuen Markt*, Kulmbach 1998, beschrieben. Wer zudem die Mischung von Börse und Humor mag, fühlt sich hierbei hoffentlich gut aufgehoben.

Und wer sich mit dem Gedanken trägt, eventuell Wirtschaft zu studieren, könnte auch einmal einen Blick in den Klassiker von John Maynard Keynes, nämlich die *Allgemeine Theorie der Beschäftigung, des Zinses und des Geldes*, aus dem Jahr 1936 werfen, welcher in jeder volkswirtschaftlichen Bibliothek zu finden ist. Denn Keynes' Ausführungen zur Börse im zwölften Kapitel unter der Überschrift »Der Zustand der langfristigen Erwartung« gehören sicherlich zum Besten, was jemals über dieses Thema geschrieben worden ist. Adam Smiths in *Der Wohlstand der Nationen*, München 1978, aufgezeigte Welt des Naturaltausches und der Arbeitswertlehre kann sich hingegen selbst der fleißigste Student ersparen.

Noch weiter weg von der Börse und hin zur Wirtschaft bewegt man sich schließlich bei den Büchern des aus meiner Sicht besten Wirtschaftsautors in Deutschland, Paul C. Martin. Seine Bücher *Der Kapitalismus*, Frankfurt 1990, und *Aufwärts ohne Ende*, Frankfurt 1991, handeln nicht nur die gesamte Geschichte der Wirtschaftswissenschaften in lockerer Form ab, sondern präsentieren zugleich auch eine Weitsicht, die ihresgleichen sucht. Man darf allerdings nicht den Fehler machen, zu glauben, dass das, was Martins Theorie prognostiziert, bereits morgen eintrifft.

Einen guten Abriss nahezu aller berühmter Spekulationen und Spekulanten in der Geschichte der Börse findet sich in Horst und Stefan Weissenfelds dickem Buch *Im Rausch der Spekulation*, Rosenheim 1999. Denn, wie hat Mark Twain, der berühmte Erfinder von Tom Sawyer und Huckleberry Finn, einmal so schön zu diesem Thema gesagt: »Geschichte wiederholt sich zwar nicht, aber sie reimt sich.«

Wiederum etwas schwieriger und mühsamer zu lesen, dafür aber besonders interessant im Hinblick auf die auch an den Börsen immer bedeutender werdende fernöstliche Kultur, ist der 800-Seiten-Wälzer *Bekenntnisse eines Taoisten an der Wall Street* von David Payne, München 1986, der dem Leser philosophische Kenntnisse vermittelt und zugleich in die »dirty tricks« des Aktiengeschäftes einweiht.

Ansonsten neige ich zur Vertiefung der Themen »Philosophie« und »Psychologie« eher der Sekundärliteratur als den im vorliegenden Buch genannten Autoren zu. Denn Immanuel Kant ist zwar ein bewundernswerter Mann, dessen grundsätzliche Einsicht, dass sich nämlich unsere Erkenntnis nicht nach den Gegenständen, sondern dass sich vielmehr die Gegenstände nach unserer Erkenntnis richten müssen, bis heute fasziniert. Seine Werke sind jedoch im Original nahezu nicht lesbar.

Sehr gut dargestellt ist die Kantsche Theorie von Hans Joachim Störig in *Kleine Weltgeschichte der Philosophie*, Band II, Frankfurt 1985. Dabei kommt das Wesentliche rüber, und alle Kantschen Bandwurmsätze bleiben draußen.

Von hier aus findet sich auch der direkte Weg zu Paul Watzlawick, dessen beide Bücher *Die erfundene Wirklichkeit*, München 1985, und *Vom Schlechten des Guten*, München 1986, einen wirklich unschlagbaren Einblick in die Philosophie der Gegenwart geben. Ich möchte sogar so weit gehen und sagen, dass schon nach den 122 Seiten des letztgenannten kleinen Büchleins über den Sinn des Lebens eigentlich keine Fragen mehr offen bleiben.

Nicht vergessen werden darf in diesem Zusammenhang natürlich *Sofies Welt* von Jostein Gaarder, München 1993, welches in diesem Buch ja auch eine Rolle spielt. Hierbei handelt es sich um ein wunderbares Werk der Philosophie, das in die Form einer spannenden Erzählung gekleidet ist.

Nun zur Psychologie: Sigmund Freud schreibt zwar in den einfachen Worten der Umgangssprache, ist jedoch für den Nicht-Psychologen nur schwer verständlich. Ich halte mich hierbei deshalb ebenso wie bei Albert Einstein und Karl Marx an die »Sachkomik«-Reihe des Rowohlt-Verlages, wenn ich etwas nachschlagen möchte. So schafft es beispielsweise das kleine Büchlein *Freud für Anfänger*, Hamburg 1986, die komplizierte Theorie von Freud sehr einfach und – nach meiner Auffassung – auch richtig darzustellen.

Im Hinblick auf die Analyse massenpsychologischer Phänomene am häufigsten genannt wird jedoch stets das Buch *Psychologie der Massen*, Stuttgart 1982, des französischen Arztes und Soziologen Gustave Le Bon.

Michel Houellebecq hat tatsächlich, wie im Buch erwähnt, das A-Wort in einer Überschrift benutzt, ansonsten jedoch mit *Ausweitung der Kampfzone*, Berlin 1998, einen Erstling vorgelegt, der aus meiner Sicht unsere heutige Zeit sehr treffend beschreibt und mittlerweile zu meinem aktuellen Lieblingsbuch geworden ist. Auch wenn es eigentlich wenig mit der Börse zu tun hat.

Die Musik von Brian Wilson finde ich auch in Wirklichkeit so gut, wie im Buch dargestellt. Neben den dort zitierten CDs möchte ich ganz besonders noch auf sein letztes Soloprojekt *Imagination* aus dem Jahr 1998 hinweisen. Allerdings habe ich diese Musik erst richtig lieben gelernt, nachdem ich Wilsons Autobiografie mit dem leider unsäglich dämlichen deutschen Titel *Mein kalifornischer Alptraum*, Köln 1993, gelesen hatte. Denn dieses Buch packt einen wirklich so stark, wie es gemeinhin nicht einmal die Börse schafft.

Ebenfalls interessant ist zu diesem Thema eine Sammlung von Zeitungsberichten und Interviews, die Kingsley Abbott unter dem Titel *Die Beach Boys und Brian Wilson*, St. Andrä-Wödern (Österreich) 1998, herausgegeben hat.

Mit Ernest Hemingway habe ich mich hingegen stets schwer getan. Und dennoch möchte ich die Gedanken an *Über den Fluss und in die Wälder*, Reinbek 1961, nicht missen, wenn ich einmal in Venedig bin. Ein wunderschönes, reich bebildertes Buch ist auch *Hemingways Reisen* von Michael Palin, Zürich 1999. Palin, einst Mitglied der Monty-Python-Truppe, bereiste auf der Suche nach Hemingways Spuren sämtliche Orte aus dessen Leben.

Über *Jeanne d'Arc* gibt es schließlich eine von Herbert Nette verfasste interessante *Monografie*, Reinbek 1977, bei der ich gerade die Passage »Die Anti-Legende« am spannendsten finde, da sie so wunderbar klar aufzeigt, wie wenig man im historischen Kontext von »Wahrheit« sprechen kann – und wie oft man diesen Begriff durch »Konstruktion« oder »Konvention« zu ersetzen hat.

Und zu guter Letzt: Das Buch *Der Crash der Theorien* spielt im vorliegenden Buch selbst eine tragende Rolle, weshalb hierzu eigentlich nichts mehr gesagt werden muss. Eigentlich. Wer allerdings *Die Welt der Börse* von hinten nach vorne lesen, also mit dem Literaturverzeichnis beginnen sollte, der möge doch jetzt bitte die Augen schließen: Der Autor von *Der Crash der Theorien* bin natürlich ich selbst.

Bernd Niquet,
Berlin im Januar 2000

André Fourçans

Die Welt der Wirtschaft enträtselt von André Fourçans

4. Auflage, 1999. 188 Seiten, gb.
ISBN 3-593-35925-1

Das Tamagotchi-Phänomen: Ein lebloses Technikding, das hungert, weint und schläft, erobert den Markt. Es wird angeboten, nachgefragt, hat seinen Preis. Die Aktienwerte des Konzerns steigen. Die Finanz- und Währungsmärkte folgen ihren eigenen Gesetzen. Schließlich ist das elektronische Kuscheltier out, der Markt übersättigt. Fabriken müssen schließen. Arbeitslosigkeit ist die Folge. Dann wird auch noch das Geld knapp.

Wie funktionieren diese ökonomischen Zusammenhänge? Was beeinflusst den Markt? Die Ökonomie ist kein Buch mit sieben Siegeln. Dass sie zu entziffern ist, zeigt André Fourçans in seinem vergnüglich zu lesenden Buch. Seine Tochter ist die kritische Zuhörerin. Er weiß um ihre Skepsis und um die Gefahr, sie mit diesem trockenen Thema zu langweilen. Genau das weckt aber den Ehrgeiz des Erzählers, und so verdeutlicht er schon mal den »Grenznutzen« mit dem übermäßigen Verzehr von Schokolade. Aber damit begnügt er sich nicht. Er bringt ihr ebenso einige zentrale Gedanken berühmter »Klassiker« nahe und erklärt, was Ökonomen etwa zum Phänomen der Liebe zu sagen haben.

Mit André Fourçans flüssigem Erzählstil, kenntnisreich unterstützt durch zahlreiche Originalzitate, spazieren junge und junggebliebene Leser leichtfüßig durch das komplexe Dickicht der Ökonomie.

Jacques Le Goff

Jacques Le Goff erzählt die Geschichte Europas

5. Auflage, 1999. 104 Seiten, gb.

ISBN 3-593-35685-6

Jacques Le Goff erzählt jungen Lesern die Geschichte Europas wie ein Reiseabenteuer. Er verbindet geschichtliche Ereignisse mit geografischen Gegebenheiten und zeigt an markanten Beispielen, wie die Vielfalt von Kulturen zum Kontinent Europa zusammenwächst.

Ein Reisender durchquert Europa. Dabei führt ihn sein Weg von der Atlantikküste bis an die Gebirgskette des Ural und vom Nordkap bis in die Spitze des italienischen Stiefels. Auf dieser Reise durch Räume und Zeiten erfährt der Leser, wie sich Europa zu dem entwickelt hat, was es heute ist.

Flüsse, Gebirge und das Meer setzten dem Menschen zuerst natürliche Grenzen. Entwickelte Völker wie die Römer überwanden diese Schranken und prägten den Ländern, die sie unterwarfen, ihre Lebensweise und Sprache auf. Große Völkerbewegungen, Raubzüge und Eroberungen formten Europa ebenso wie Handel und Erfindungen. Eingebettet in diese Ereignisse kamen und gingen große Epochen der Weltgeschichte.

Jacques Le Goff, einer der renommiertesten Historiker der Gegenwart, erzählt jungen Lesern die Geschichte Europas – eine Erzählung, die sich spannender liest als jedes fiktive Reiseabenteuer. Er erklärt die Vielfalt der Nationen, Kulturen und Sprachen aus ihren unterschiedlichen Lebensgebieten heraus. Viele Zeichnungen und Karten begleiten und illustrieren die unterhaltsame Reise durch unsere Historie.

CAMPUS VERLAG · FRANKFURT/NEW YORK